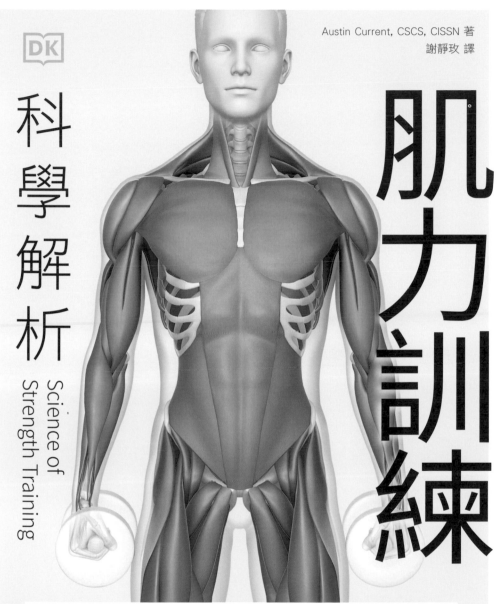

Austin Current, CSCS, CISSN 著

謝靜玫 譯

DK

科學解析

Science of
Strength Training

肌力訓練

從解剖學與生理學的觀點打好根基

鐵克健身中心站長　許育達 審校

旗標
FLAG

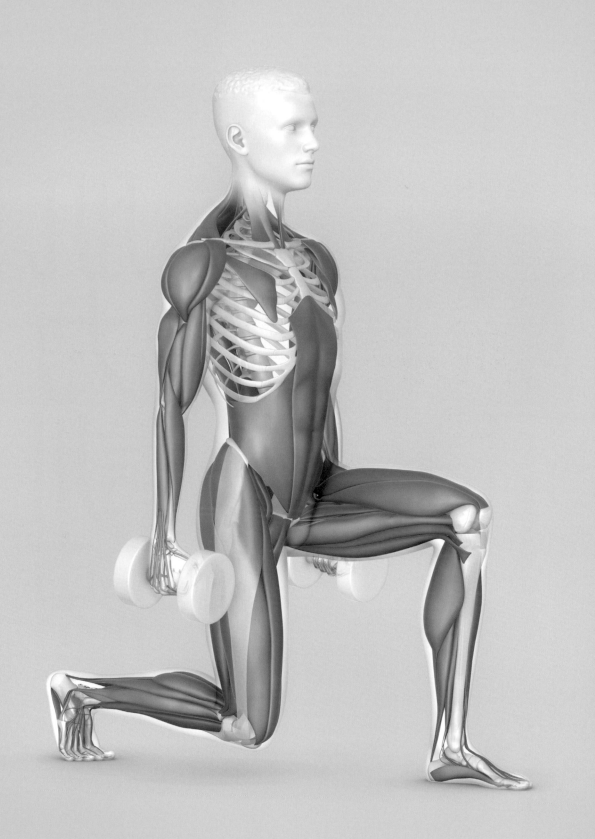

肌力訓練 科學解析

從解剖學與生理學的觀點打好根基

Science of Strength Training

鐵克健身中心站長　許育達 審校

Austin Current, CSCS, CISSN 著　謝靜玫 譯

目錄

1 人體生理學

2 主要肌群訓練動作

前言

「知識就是力量」這句話也適用於肌力訓練 (阻力訓練)。對很多人來說，參與肌力訓練的最大障礙在於缺乏健身的相關知識，因而產生誤解或排拒。這本書的目的就是要打破這道障礙，告訴你肌力訓練背後的科學原理、進行訓練的正確方式 (在健身房或家裡)，並為初學者和那些想要挑戰自我的人提供簡單明瞭的課程。無論你目前的健身知識或能力程度如何，都能在本書找到更好地學習、理解和自信地進行肌力訓練運動 (無論是單獨進行肌力訓練或是結合其它形式的運動) 所需要的資訊和工具。

肌力訓練的好處

本書中的訓練運動不僅能增強肌力和肌耐力，還可以改善整體健康狀況。將肌力訓練融入日常生活當中能帶來許多好處：

- 降低許多疾病的罹患風險，例如心血管疾病和第二型糖尿病。
- 促進肌肉生長和維持，並能減緩因年紀增長造成肌肉、肌力及骨質流失的現象。
- 改善認知功能、記憶力和注意力。

- 預防伴隨老化而來的疾病，例如阿茲海默症和失智症。
- 能降低罹患憂鬱症和焦慮症的風險或是減輕症狀。

如何使用本書

本書第 1 篇介紹骨骼肌的構造和運作機制，以及肌力訓練對身體產生哪些作用及其背後的科學原理。這有助於瞭解肌肉如何運作和成長，以及阻力是如何刺激肌肉以達到增肌和強化肌力的效果，並對骨骼和結締組織的正向影響。另外也會說明身體如何為肌肉提供能量，還有肌力訓練對大腦的益處，以及其對心理健康的重要影響。

第 2 篇用最大的篇幅介紹一系列涵蓋全身各主要部位的肌力訓練運動。而且還提供許多變化式，讓您可依照現有的訓練設備、個人喜好和技術能力去調整訓練動作，不一定要去健身房，即使居家也能有替代方案。這些肌力訓練運動都是按照目標肌群做分類。每個訓練動作都會提供精美詳細的人體解剖圖，標示該動作會使用到的肌肉與

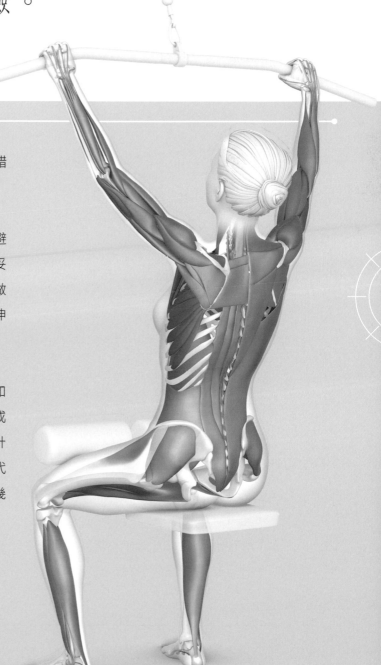

> "
> 持續的肌力訓練
> 能改善健康和增進愉悅感，
> 並降低罹患疾病的風險。

詳解，提示正確的姿勢和動作技巧以及常見的錯誤。

第 3 篇探討肌力訓練的常見傷害，並說明如何避免相關傷害以及受傷之後如何重返訓練。完整妥善的健身訓練流程應包含適當的熱身，讓身體做好運動的準備，本篇介紹的各種活動度運動和伸展運動，能幫助您留意身體對訓練的反應。

第 4 篇談到影響肌力訓練效果的相關變數，例如訓練量和疲勞管理，並針對增加肌肉量、肌力或肌耐力等不同需求，設計初級與進階的訓練計劃。對於想增加訓練頻率的人也提供合適的替代方案。您可以這些訓練計劃做為基礎，在未來幾個月或幾年內視訓練狀況或需求做調整。

Austin Current BSc, CSCS, CISSN
Fitness coach and educator

所有人都需要做肌力訓練

科學研究已經告訴我們，藉由規律的肌力訓練能讓身體得到許多好處，社會大眾透過媒體報導接收到許多關於肌力訓練的訊息與建議，然而我們發現其中有些說法是誤解甚至相互矛盾，接下來就要解開許多肌力訓練常見的迷思。此外，肌力訓練的成效與每個人天生的體型相關，因此也會幫助您找出自己是屬於哪種體型，以及瞭解對不同體型會有甚麼樣的影響。

迷思	真相
體型或基因	
" " 我的訓練成效不彰，是因為基因不好？	**基因很重要，但不是一切** 研究顯示運動表現和肌力訓練的成效會受到先天基因的影響，但由於大多數人都無法進行準確的基因檢測，因此不需要貼上自我限制的標籤而是要相信自己，如此才能產生正向的結果。
" " 一直看不到成果，表示訓練無效？	**個體存在差異，訓練計劃必須因人而異** 每個人從訓練得到的回饋不一定相同。你對某個訓練沒有反應，不代表對其它訓練也沒有反應。如果持續一段時間都看不到成效，就需要重新檢視目前的訓練方式和內容 (p.198) 並且做調整。
年齡	
" " 年紀太小，不適合從事肌力訓練？	**在指導之下，女孩可以從 11 歲，男孩可以從 13 歲開始從事肌力訓練** 經過適當設計和指導的肌力訓練計劃已被證實對孩童是相當安全的運動。除此之外還有許多其他附加的好處，包括從提升運動技能到促進身心健康，以及從小養成運動的習慣。
" " 年紀太大，不適合從事肌力訓練？	**肌力訓練能對抗老化造成的肌肉衰退** 肌力訓練是對抗隨年齡增長，肌肉量、肌力和爆發力下降最有效的運動方式。維持或強化肌力有助於預防年長者常見的身體功能衰退，以保有獨立活動的能力。

迷思	真相

迷思

> 肌力訓練只適合男性？

真相

任何人都能獲益

肌力訓練或阻力訓練帶來的種種好處 (pp.6-7) 不會因為性別而有差異。這是重塑身體、增加肌肉量、降低體脂、提高新陳代謝最有效的方法。不分男女都能從肌力訓練當中獲益。

> 肌力訓練會讓女性變得太壯？

雌激素會限制肌肉大量生長

女性增加大量肌肉組織的能力會受到先天激素的限制。女性的雌激素濃度較高，且睪固酮濃度較低不利於肌肉組織的修復和增長，因此女性即使非常努力訓練，也不容易變太壯。

> 男性的增肌效果比女性好？

每個人的肌肉生長程度相似

男性和女性接受肌力訓練後的肌肉生長程度相似，差異在於女性天生的肌肉量比男性少，因此是從較低的基準線開始。而男性確實會因先天睪固酮濃度較高，在相同增長比例下增加的淨肌肉量會較多。

男性 V.S. 女性

訓練會受限於體型嗎？

每個人的體型並非固定不變，如果覺得不滿意，是可以藉由肌力訓練做改變。你可能屬於右圖的三種體型之一，但不要讓目前的體型限制了訓練方式。管控壓力、睡眠、營養以及身體活動都會影響體型。

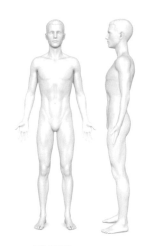

纖瘦型
ECTOMORPH
高䠂偏瘦的人比較難增加肌肉，但比較容易消除脂肪。

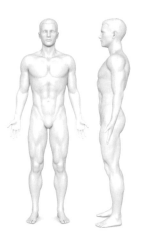

運動型
MESOMORPH
身材精實、肌肉較發達的人比較容易增加肌肉，消除脂肪也不困難。

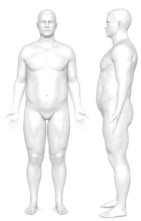

豐滿型
ENDOMORPH
體格粗大、身材圓潤的人比較容易增加肌肉，但比較難消除脂肪。

肌肉解剖學

人體有 600 多塊肌肉，**表層肌肉**位於皮膚下方可用手指觸壓到，**深層肌肉**被覆蓋在表層肌肉或臟器下方。**骨骼肌**藉由肌腱附著於骨骼上，收縮時會牽動骨骼產生動作。

骨骼肌

藉由骨骼肌纖維的收縮產生活動。學習並熟知身體各主要肌肉群的位置和相關知識，就能具體掌握這些肌肉的功能及運作方式，進而能在肌力訓練的過程中產生更大的機械張力（mechanical tension）。

從顯微鏡可見到肌原纖維呈現平行排列

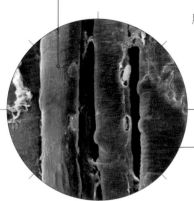

肌肉蛋白交互排列形成清楚可見的條紋（p.16）

骨骼肌肉纖維
橫紋肌在肌力訓練中扮演產生力量和動作的角色。單一塊肌肉是由數千條平行排列的肌原纖維所組成（pp.16-17）。

胸肌群
胸大肌
胸小肌

肋間肌

肱肌

腹部肌群
腹直肌
腹外斜肌
腹內斜肌（表層下方的深層肌肉）
腹橫肌

髖屈肌群
髂腰肌
（包括髂肌和腰大肌）
股直肌
（股四頭肌之一）
縫匠肌
內收肌群
（請見下方）

內收肌群
內收長肌
內收短肌
內收大肌
恥骨肌
股薄肌

股四頭肌
股直肌
股中間肌
股外側肌
股內側肌（表層下方的深層肌肉）

踝背肌群
脛前肌
伸趾長肌
伸拇趾長肌

肘屈肌群
肱二頭肌
肱肌（深層肌肉）
肱橈肌

表層肌肉

深層肌肉

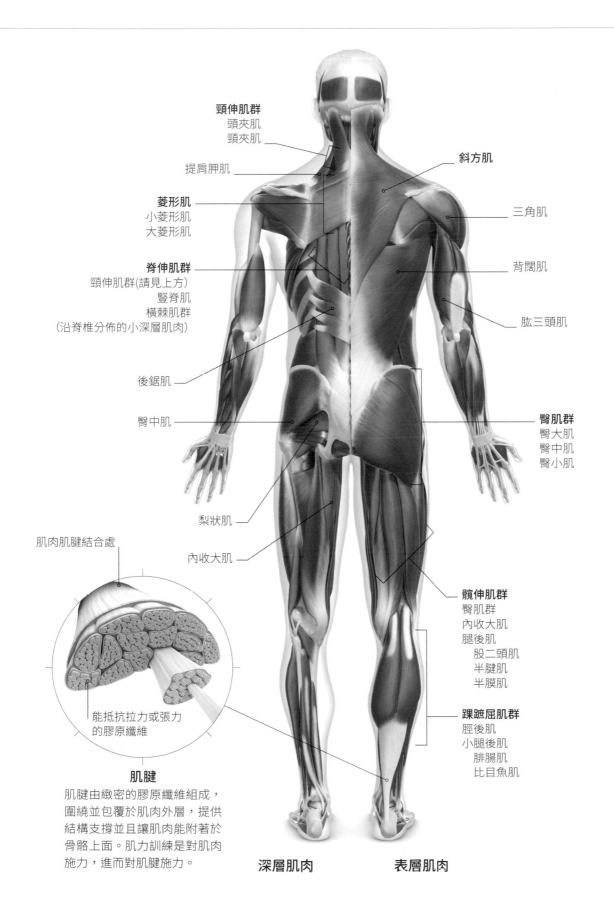

頸伸肌群
頭夾肌
頸夾肌

提肩胛肌

菱形肌
小菱形肌
大菱形肌

脊伸肌群
頸伸肌群(請見上方)
豎脊肌
橫棘肌群
(沿脊椎分佈的小深層肌肉)

後鋸肌

臀中肌

肌肉肌腱結合處

能抵抗拉力或張力
的膠原纖維

肌腱
肌腱由緻密的膠原纖維組成,
圍繞並包覆於肌肉外層,提供
結構支撐並且讓肌肉能附著於
骨骼上面。肌力訓練是對肌肉
施力,進而對肌腱施力。

梨狀肌

內收大肌

斜方肌

三角肌

背闊肌

肱三頭肌

臀肌群
臀大肌
臀中肌
臀小肌

髖伸肌群
臀肌群
內收大肌
腿後肌
　股二頭肌
　半腱肌
　半膜肌

踝蹠屈肌群
脛後肌
小腿後肌
腓腸肌
比目魚肌

深層肌肉　　　**表層肌肉**

肌肉如何運作

肌肉藉由肌腱附著在骨骼上,且肌腱具有伸縮性,能協助調節動作所產生的力量。肌肉通常是以成對拮抗(包括主動肌與拮抗肌)的方式運作去控制關節的活動,像是下圖的手臂彎曲動作,肌肉有不同的收縮方式。

肌肉收縮的類型

肌肉收縮分為等張收縮(isotonic)與等長收縮(isometric)。等張收縮又包括離心收縮(eccentric)與向心收縮(concentric)兩種。等張收縮代表肌肉收縮時的張力不變但是肌肉長度會改變,其中離心收縮時肌肉會拉長,向心收縮時肌肉會縮短。等長收縮則是肌肉有在出力,但長度維持不變,因此不會產生動作(pp.20-21)。

拮抗肌
肱二頭肌放鬆,
讓手臂能夠完成
伸展動作

主動肌
肱三頭肌收縮,驅動
手臂產生伸展的動作

伸展
關節角度增加

協同肌
肱肌和肱橈肌在手臂
彎舉兩個階段的作用
都是輔助主動肌

離心收縮
肌肉在離心收縮階段會拉長並產生力量。離心
收縮是肌肉在產生張力的狀態下拉長,其作用
是為了讓動作的速度減緩。圖示裡的肱二頭肌
進行離心收縮讓啞鈴下放的動作減速放慢。

肌肉如何共同運作

由於肌肉只能「拉」而不能「推」，因此肌肉通常是以成對拮抗的方式運作。主動肌是動作產生的主要驅動者，其與協同肌一起讓關節產生運動。拮抗肌是與主動肌角色相反的肌肉，負責協助控制關節另一側的運動。

改善動作品質

剛開始進行肌力訓練時，神經系統會試圖同時啟動主動肌和拮抗肌，這會導致動作不太順暢協調。經過一段時間的練習之後，神經系統就會適應（p.37），關節動作會變得更順暢敏捷，肌肉也能產生更大的力量。

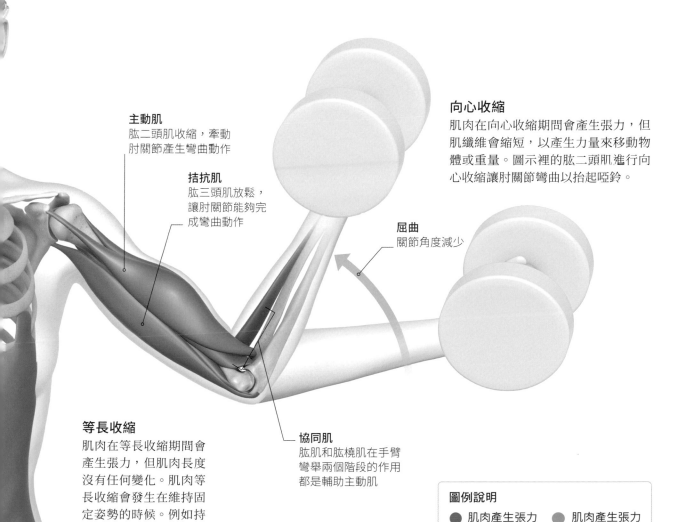

主動肌
肱二頭肌收縮，牽動肘關節產生彎曲動作

拮抗肌
肱三頭肌放鬆，讓肘關節能夠完成彎曲動作

向心收縮
肌肉在向心收縮期間會產生張力，但肌纖維會縮短，以產生力量來移動物體或重量。圖示裡的肱二頭肌進行向心收縮讓肘關節彎曲以抬起啞鈴。

屈曲
關節角度減少

等長收縮
肌肉在等長收縮期間會產生張力，但肌肉長度沒有任何變化。肌肉等長收縮會發生在維持固定姿勢的時候。例如持續收緊腹肌維持不動，或是雙掌在胸前互抵，此時的肌肉持續收縮但長度不會改變。

協同肌
肱肌和肱橈肌在手臂彎舉兩個階段的作用都是輔助主動肌

圖例說明

● 肌肉產生張力並縮短（向心收縮）

● 肌肉產生張力但長度不變，沒有產生動作（等長收縮）

● 肌肉產生張力並拉長（離心收縮）

細看肌肉的構造

骨骼肌是由多條稱為肌束的長柱狀肌纖維束構成。每個肌纖維（也就是肌細胞）都是由產生肌肉收縮的收縮蛋白肌絲構建而成。每塊肌肉還具有一個血管網路，用於輸送氧氣和化學物質以進行能量生產（pp.28-29），並清除肌肉收縮產生的廢棄物。

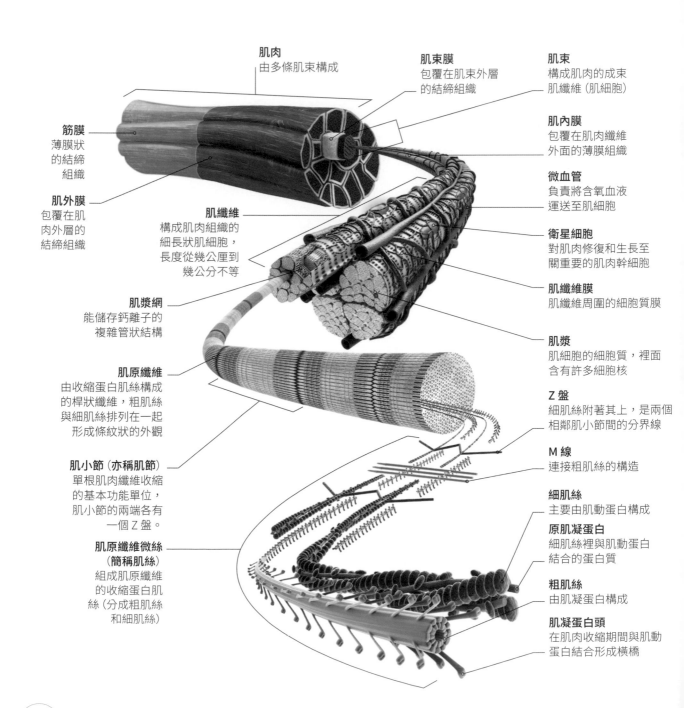

肌肉
由多條肌束構成

肌束膜
包覆在肌束外層的結締組織

肌束
構成肌肉的成束肌纖維（肌細胞）

筋膜
薄膜狀的結締組織

肌內膜
包覆在肌肉纖維外面的薄膜組織

肌外膜
包覆在肌肉外層的結締組織

肌纖維
構成肌肉組織的細長狀肌細胞，長度從幾公厘到幾公分不等

微血管
負責將含氧血液運送至肌細胞

衛星細胞
對肌肉修復和生長至關重要的肌肉幹細胞

肌漿網
能儲存鈣離子的複雜管狀結構

肌纖維膜
肌纖維周圍的細胞質膜

肌原纖維
由收縮蛋白肌絲構成的桿狀纖維，粗肌絲與細肌絲排列在一起形成條紋狀的外觀

肌漿
肌細胞的細胞質，裡面含有許多細胞核

Z 盤
細肌絲附著其上，是兩個相鄰肌小節間的分界線

肌小節（亦稱肌節）
單根肌肉纖維收縮的基本功能單位，肌小節的兩端各有一個 Z 盤。

M 線
連接粗肌絲的構造

細肌絲
主要由肌動蛋白構成

原肌凝蛋白
細肌絲裡與肌動蛋白結合的蛋白質

肌原纖維微絲
（簡稱肌絲）
組成肌原纖維的收縮蛋白肌絲（分成粗肌絲和細肌絲）

粗肌絲
由肌凝蛋白構成

肌凝蛋白頭
在肌肉收縮期間與肌動蛋白結合形成橫橋

慢縮肌纖維和快縮肌纖維

骨骼肌的肌纖維主要有兩種類型：慢縮肌纖維（或稱 I 型肌纖維）和快縮肌纖維（或稱 II 型肌纖維）。神經系統會根據運動型態自動選擇適合的肌纖維。大部分的骨骼肌兩種肌纖維的比例大約各佔 50%，讓肌肉能夠執行各種不同強度和持續時間的活動。

快縮肌纖維收縮速度快，但是容易疲勞，主要用於高強度或爆發性的動作

慢縮肌纖維收縮速度較慢，但能長時間維持收縮，主要用於需要肌耐力的活動

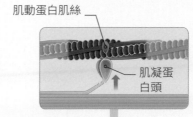

力量

時間 (毫秒)　　200

慢縮肌纖維與快縮肌纖維的比較

從顯微鏡觀察肌肉收縮

骨骼肌的縮短和拉長是肌原纖維裡的收縮蛋白肌絲，也就是肌動蛋白和肌凝蛋白交互作用的結果。由神經脈衝觸發肌纖維的一連串反應。肌動蛋白和肌凝蛋白的肌絲會歷經結合、彎曲、分離、然後重新結合，不斷重複的循環週期，將肌動蛋白肌絲往肌小節中央拉，在肌肉內產生張力。

肌肉收縮的橫橋週期

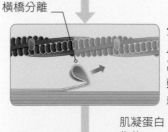

肌動蛋白肌絲

肌凝蛋白頭

結合
被觸發的肌凝蛋白頭與肌動蛋白肌絲上的結合位相連結，形成肌絲之間的橫橋。

肌動蛋白被拉動

肌凝蛋白頭轉動

動力滑動
肌凝蛋白頭轉動並彎曲，將肌動蛋白肌絲往 M 線方向拉動，讓 Z 盤往彼此靠近。

橫橋分離

分離
ATP（化學能量）分子與肌凝蛋白頭結合，讓其從肌動蛋白肌絲上面鬆開，也就是所謂的橫橋分離。

肌凝蛋白復位

復位
ATP 釋放能量，讓肌凝蛋白頭從彎曲位置回復到直立狀態，為下一個收縮週期做好準備。

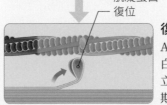

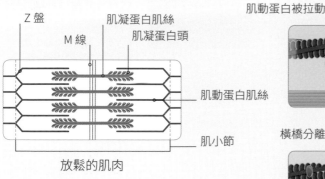

Z 盤

M 線

肌凝蛋白肌絲
肌凝蛋白頭

肌動蛋白肌絲

肌小節

放鬆的肌肉

橫橋將肌動蛋白肌絲向內拉，讓肌肉收縮並產生張力

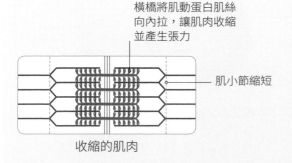

肌小節縮短

收縮的肌肉

肌肉如何成長

肌肉細胞成長也稱為肌肥大，通常意指骨骼肌的尺寸增加。肌力訓練透過三個主要機制以及活化衛星細胞以維持、修復和生長新肌肉的方式來刺激肌肉肥大。

肌肉生長的刺激

能促使骨骼肌生長的三大機制是機械張力（在肌力訓練過程中對肌纖維施加張力）；代謝壓力（訓練過程中代謝物堆積在肌纖維中）和肌肉損傷（讓肌纖維產生細微撕裂傷和 Z 盤斷裂）。

　能刺激肌肉生長的主要驅動力是機械張力。肌肉疲勞（一部分是由代謝壓力所引起）會提高機械張力，進而徵召更多肌肉運動神經元，並減緩肌纖維縮短的速度。這一連串的生理變化會增加受控制肌肉的數量，進而增強所產生的機械張力。這種交互影響的雙向關係會進一步讓張力增加：代謝壓力是機械張力的副產物，但又反過來讓肌肉裡的張力增加。

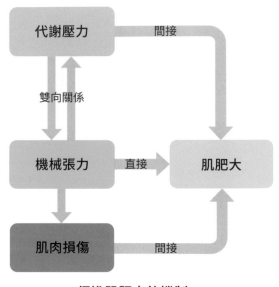

促進肌肥大的機制

如何讓肌肉長大

骨骼肌蛋白每天都會進行合成和分解（p.34）。每當肌蛋白合成率大於分解率時，肌肉就會成長。肌肥大被認為是肌肉組織裡肌纖維、肌漿和結締組織三種不同組織的肥大所造成的結果。

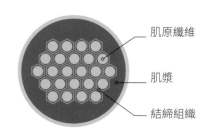

長大前的肌纖維
圖中的圓形是肌纖維的橫截面，裡面含有許多肌原纖維，周圍被肌漿和蜂窩狀的結締組織層包覆。

衛星細胞

衛星細胞是一種幹細胞，在肌纖維為了因應運動（尤其是肌力訓練）的刺激而進行維護、修復（和生長）以及重塑的過程中扮演著非常重要的角色。衛星細胞平常是處於休眠狀態，需要時才會被活化。當衛星細胞受到刺激時，會藉由貢獻細胞核來協助現有的肌纖維形成新的肌纖維，或者它們也可以返回衛星細胞池。

肌肉量隨著年齡老化而減少

肌肉萎縮（肌肥大的相反）意指肌肉組織的流失或縮小。40歲以後，身體肌肉量會逐年減少，肌肉量減少會導致疾病發生率增加且使生活品質降低。

然而，利用重量做肌肉的阻力訓練以及充足的蛋白質攝取量（見 pp.30-31）已被證實可以減緩肌肉流失速度。從事體能活動，特別是肌力訓練，可以預防和改善肌少症（肌肉流失）和力弱症（肌力減退）的現象。

肌纖維　肌細胞的細胞核　休眠的衛星細胞

完整的肌纖維 → 運動造成肌肉損傷 → 衛星細胞被活化

衛星細胞增生繁殖

有些細胞返回細胞池

被修復的肌纖維

肌母細胞與受損的肌纖維融合　←　衛星細胞現在變成肌細胞（肌母細胞）

肌小管成熟變成新的肌纖維　←　肌母細胞融合並且變成肌小管

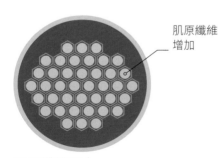

肌原纖維肥大

肌原纖維蛋白質佔了肌細胞蛋白質的 60%-70%。肌原纖維肥大是藉由增加肌小節讓肌原纖維的數量或尺寸增加。

肌原纖維增加

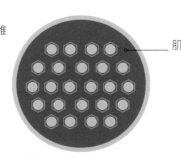

肌漿肥大

肌漿（包括粒線體、肌漿網、橫小管、酶和受質，例如糖原）體積增加也能讓肌纖維增大。

肌漿增加

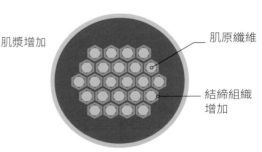

結締組織肥大

肌纖維的細胞外基質是構成結締組織的立體支架。其礦物質和蛋白質含量增加也會讓肌肉變大。

肌原纖維

結締組織增加

肌力訓練促進肌肉生長的原因

肌肥大三種刺激機制的作用方式各有不同,其中最主要的驅動力是機械張力,
而代謝壓力和肌肉損傷是透過間接作用產生效果 (p.18)。

機械張力

要產生肌肥大就必須有機械刺激(或
壓力),被稱為機械張力或肌肉張
力。當你在收縮肌肉抵抗阻力時,正
是藉由施加於肌肉的力量來製造機
械張力。只要肌肉內的力學感受器
(mechanoreceptors) 偵測到這種
張力,就會引發一連串促進肌肉生長
的化學反應。

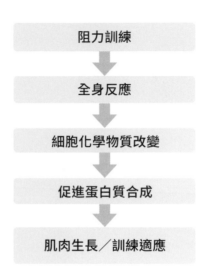

從訓練到肌肉生長
阻力訓練讓肌肉承受的機械張
力,會引發一連串的化學和生
物反應,能使肌肉變得更大、
更強壯。

讓肌肉產生張力

當肌肉主動收縮 (pp.14-15) 時,肌肉會產生張力,同時會縮短、
拉長或保持等長。張力大小取決於肌小節裡肌動蛋白和肌凝蛋白
的重疊程度 (p.17)。

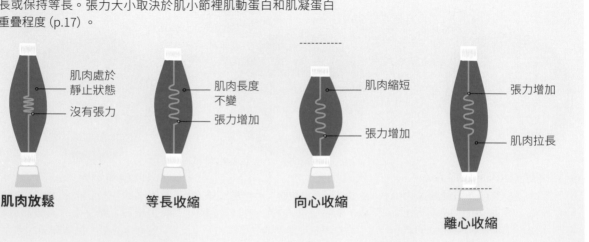

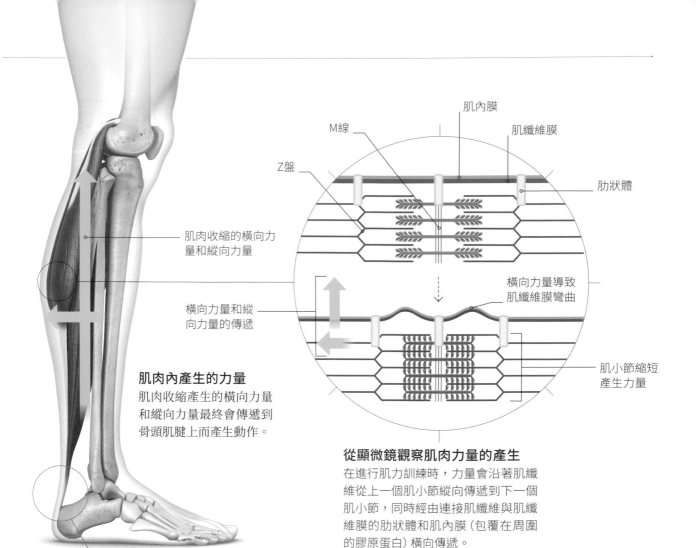

M線
肌內膜
肌纖維膜
Z盤
肋狀體

肌肉收縮的橫向力
量和縱向力量

橫向力量和縱
向力量的傳遞

橫向力量導致
肌纖維膜彎曲

肌小節縮短
產生力量

肌肉內產生的力量

肌肉收縮產生的橫向力量
和縱向力量最終會傳遞到
骨頭肌腱上而產生動作。

從顯微鏡觀察肌肉力量的產生

在進行肌力訓練時,力量會沿著肌纖
維從上一個肌小節縱向傳遞到下一個
肌小節,同時經由連接肌纖維與肌纖
維膜的肋狀體和肌內膜(包覆在周圍
的膠原蛋白)橫向傳遞。

肌肉
肌肉肌腱結
合處
肌腱
骨頭

對大腦的反饋

肌梭是存在於骨骼肌內的一種
力學感受器,它能藉由偵測肌
肉長度的變化,感知負荷的強
度和持續時間。位於關節、
肌肉和肌腱內的本體感覺受器
能感知張力和壓力。這兩種受
器會將身體姿勢和身體各部位
所處位置的相關資訊反饋給大
腦。

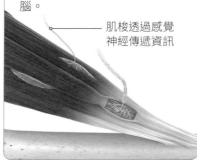

肌梭透過感覺
神經傳遞資訊

肌肉肌腱結合處

肌肉藉由肌腱連接到骨頭。肌腱與肌
肉相接的地方稱為肌肉肌腱結合處
(myotendinous junction),此區域
是容易受傷的部位 (p.178)。

代謝壓力

肌肥大的第二個驅動力是人體在運動過程中累積的代謝物，即被細胞內的酶催化的代謝反應中間產物，常見的代謝物有：乳酸鹽（p.26）、無機磷酸和氫離子。低血氧（缺氧）也能促進荷爾蒙和細胞因子（信號蛋白）在收縮期間釋放。主要的理論認為隨著肌肉疲勞和代謝物累積，會讓快縮肌纖維的張力增加，進而刺激肌肉生長。代謝壓力的另一個副作用是細胞水腫（又稱為肌肉幫浦作用），被認為會在肌肉收縮期間增加機械張力。肌肉內部壓力升高導致產生更多張力，進而讓收縮過程中的機械張力增加。

腿後肌健身球彎舉
此項運動能讓不同部位的肌肉同時進行等長收縮、向心收縮和離心收縮。離心收縮的控制非常重要，可大幅降低肌細胞受到的機械性損傷。

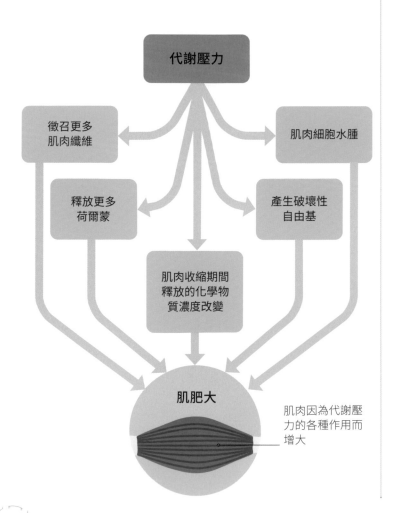

代謝壓力

徵召更多
肌肉纖維

肌肉細胞水腫

釋放更多
荷爾蒙

產生破壞性
自由基

肌肉收縮期間
釋放的化學物
質濃度改變

肌肥大

肌肉因為代謝壓
力的各種作用而
增大

肌肉損傷

另一個有助於肌肉生長的驅動力是運動引起的肌肉損傷。輕度肌肉損傷有助於肌肉生長，但若造成嚴重損傷，則可能導致組織的巨大破壞並對全身帶來負面影響。

損傷並非越多越好

一個常見的錯誤觀念是：若運動能誘發越多肌肉損傷（和痠痛）越好。雖然肌肉痠痛表示訓練的目標肌肉有承受到張力，但長期下來，大量的肌肉損傷反而會限制進步的能力。人們曾經認為肌肉損傷對增肌有益，因為更能刺激長出新肌肉。但現在人們知道，高強度訓練產生損傷後所出現的肌蛋白合成水準提高現象，其主要目的是為了協助重建和修復肌肉，而不會增加新的收縮蛋白。

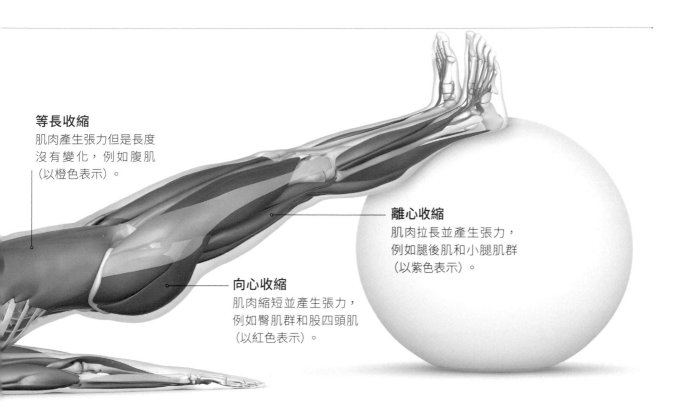

等長收縮
肌肉產生張力但是長度
沒有變化，例如腹肌
（以橙色表示）。

離心收縮
肌肉拉長並產生張力，
例如腿後肌和小腿肌群
（以紫色表示）。

向心收縮
肌肉縮短並產生張力，
例如臀肌群和股四頭肌
（以紅色表示）。

具破壞性的離心收縮

肌肉損傷通常是因高訓練量 (p.198) 和比
較猛烈的離心收縮所造成。與向心收縮或
等長收縮相比，離心收縮對肌肉細胞造
成更多的機械性損傷。離心收縮造成的損
傷是來自於肌動蛋白與肌凝蛋白的連結產
生機械性破壞，而非 ATP 作用所導致的
分離 (p.17)。肌小節在進行劇烈的離心
動作時會被拉得很長，導致肌纖維上的肌
小節一個接著一個裂開（試著想像吸管彎
曲的皺褶被拉開）。這些肌絲之後會再復
原，但會導致肌肉痠痛。

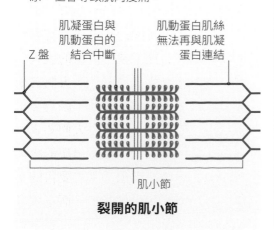

肌凝蛋白與　　肌動蛋白肌絲
肌動蛋白的　　無法再與肌凝
Z 盤　結合中斷　　蛋白連結

肌小節

裂開的肌小節

修復對肌肉生長至關重要

高強度健身訓練導致的暫時性肌肉損傷，最好能給予一段
較長的修復時間，這對重建受損肌纖維來說非常重要。
如果在兩次訓練之間沒有給肌肉足夠的時間修復，將會
錯過肌肉重建的機會，這會對運動表現帶來不利的影響
(p.177)。

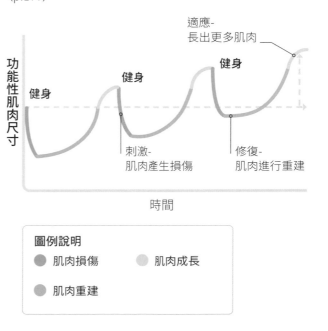

適應-
長出更多肌肉

功能性肌肉尺寸

健身

健身

健身

刺激-
肌肉產生損傷

修復-
肌肉進行重建

時間

圖例說明
● 肌肉損傷　　● 肌肉成長
● 肌肉重建

肌力訓練能增強骨骼力量的原因

骨骼是人體裡最複雜卻又最容易被忽視的構造之一，是人體從事各種動作的重要支撐架構 (pp.26-27)，與傷害發生率、生活品質、死亡率直接相關。

骨頭增生的原理

當骨頭承受壓力或機械性負荷時，造骨細胞會作用讓骨頭的直徑和強度增加。當人體缺乏活動或是運動量不足時，骨頭會被破骨細胞再吸收，導致強度、直徑和整體骨密度減少。人體承受的重力以及肌肉收縮時透過結締組織直接作用於骨骼的橫向力量都有助於維持骨骼結構。

血管
綿密的動脈和靜脈網絡架構能供應骨組織營養

海綿骨
由許多被稱為骨小樑 (trabeculae) 的骨質交織構成，而骨小樑是按照壓力線的方向排列

骨膜
覆蓋在骨頭表面的纖維膜 (關節除外)

骨髓
存在於骨腔內，能夠製造血液細胞的造血組織

骨元
構成緻密骨的圓柱狀基本功能單位

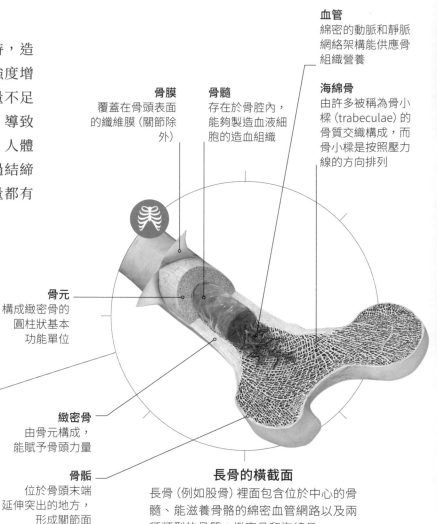

股骨
大腿的長骨

緻密骨
由骨元構成，能賦予骨頭力量

骨骺
位於骨頭末端延伸突出的地方，形成關節面

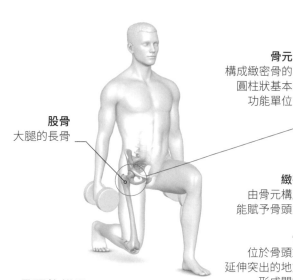

骨頭的構造
骨頭是由特化細胞和蛋白質纖維構成的活結締組織。內層海綿骨外面包覆著堅硬密實的緻密骨，讓骨頭重量輕卻又堅韌。

長骨的橫截面
長骨 (例如股骨) 裡面包含位於中心的骨髓、能滋養骨骼的綿密血管網路以及兩種類型的骨質：緻密骨和海綿骨。

終生持續強化骨骼與肌肉

持續規律的肌力訓練經證實可以降低骨質疏鬆症（骨骼變得脆弱）和肌少症（肌肉量流失）發生的風險。這兩種疾病是「危險的二重奏」（骨肌減少症候群），因為它們會增加老年人跌倒和骨折的機會。

骨骼與肌肉的變化

持續規律地進行阻力訓練（利用阻力來訓練肌力）已被證實對骨礦物質密度和含量有正向的影響，能降低骨質疏鬆發生的風險。

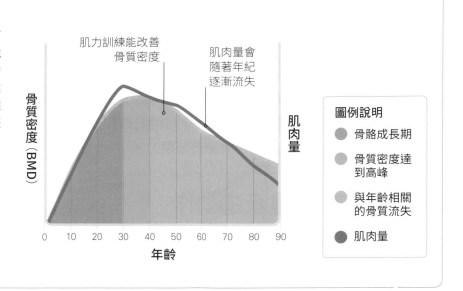

肌力訓練能改善骨質密度

肌肉量會隨著年紀逐漸流失

骨質密度（BMD）

肌肉量

年齡

圖例說明
- 骨骼成長期
- 骨質密度達到高峰
- 與年齡相關的骨質流失
- 肌肉量

骨骼重塑的過程

骨骼會不斷週而復始進行重塑：破骨細胞分解舊的骨骼，造骨細胞製造新的骨骼。其負荷的力量（體重也包括在內）對這個循環過程會產生何種影響，是根據張力和壓力兩者哪個作用力較大而定。如果骨骼沒有承受外在負荷，例如坐著的時候，破骨細胞會變得比較活躍。因此，久坐的生活型態對骨骼生長特別不利。

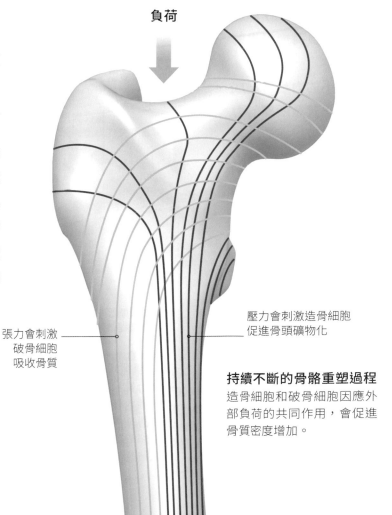

負荷

張力會刺激破骨細胞吸收骨質

壓力會刺激造骨細胞促進骨頭礦物化

持續不斷的骨骼重塑過程
造骨細胞和破骨細胞因應外部負荷的共同作用，會促進骨質密度增加。

肌肉活動的能量來源

人體猶如一台精密的機器，能夠應付快速且具爆發力的動作 (例如槓鈴後蹲舉)、耐力活動 (例如馬拉松) 以及介於兩者之間的所有活動。要執行這些動作或活動，人體需要有三個不同的能量製造系統。

能量轉換

生物系統裡的能量流動 (生物能量學，bio-energetics) 主要來自於將儲存的糖原 (又稱肝糖) 和巨量營養素例如脂肪、蛋白質和碳水化合物 (pp.30-31) 裡的化學能量轉化為生物可用的能量形式，產生出三磷酸腺苷 (adenosine triphosphate，簡稱 ATP) 分子儲存在肌肉細胞之中，以傳遞能量給肌肉使用。

ATP — 細胞的能量貨幣

ATP 可視為一種能量貨幣，生成 ATP 如同是存錢，用掉 ATP 就像是把錢花掉。幾乎所有的細胞活動都需要 ATP 提供能量，包括肌肉活動。ATP 是一種核苷酸，由附著在核糖上的腺嘌呤以及與腺嘌呤相接的三個磷酸基所構成。

　　這三種磷酸基藉由高能鍵彼此相互連接。當其中一個磷酸基脫離時，ATP 分子會釋放能量，同時轉換成能量較低的分子：二磷酸腺苷 (adenosine diphosphate，簡稱 ADP)。ADP 和 ATP 兩種形式的分子在為身體提供源源不斷的能量流的過程中會不斷地來回轉換。

有氧氧化代謝

人體的氧化系統主要是為持續時間長、強度低的活動 (例如超過 1.6 公里的跑步) 產生能量，以及協助人體在進行中強度與高強度活動的休息期間 (例如肌力訓練時的組間休息) 恢復能量。肌肉粒線體 (細胞的能量產生單位)、肌球蛋白 (能協助從血液中提取氧氣的蛋白質) 以及微血管密度的增加，都有助於讓更多的氧氣進入肌肉組織。

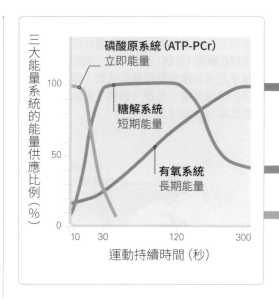

身體如何製造能量

能量轉換過程可大致分為無氧過程 (不需要氧氣) 和有氧過程 (需要氧氣)。無氧 (厭氧) 代謝的能量來源主要是磷酸原系統和糖解系統，有氧代謝則由氧化系統提供能量。請注意！這三個系統在任何時候都處於運作狀態，人體會依據活動的強度和持續時間，從中選擇適當的系統做為主要的能量供應來源。

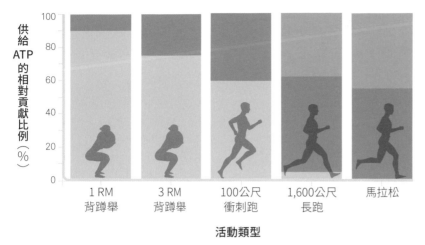

供給ATP的相對貢獻比例（%）

100
80
60
40
20
0

1 RM
背蹲舉

3 RM
背蹲舉

100公尺
衝刺跑

1,600公尺
長跑

馬拉松

活動類型

圖例說明

ATP-PCr系統

糖解作用

有氧代謝

RM 最大反覆次數

提供活動所需能量

三個能量系統在不同類型活動中的能量貢獻程度各不相同。ATP-PCr系統能提供肌力訓練所需的能量，但其他系統能協助人體在組間休息時補充 ATP。

厭氧糖解作用

糖解系統會在身體進行中等持續時間和高強度的活動時發生作用，例如從事訓練量較高的阻力訓練和衝刺耐力活動時。在進行高強度運動時，為了滿足肌肉的能量（也就是 ATP）需求，糖解過程會分解血液中的葡萄糖，但同時也會產生乳酸。

當乳酸在血液中堆積時會引起乳酸中毒，伴隨出現各種令人不舒服的症狀，例如肌肉疼痛、肌肉灼熱感、疲勞、呼吸急促、胃痛和噁心。幸運的是，這個過程通常只是暫時且可逆的。乳酸會被代謝成丙酮酸，供其他細胞能量轉換途徑再次利用。在運動期間分泌越多的糖酵解酶，更有效率地生產 ATP，以及在肌肉儲存更多的糖原，能讓人體對糖解過程產生適應。

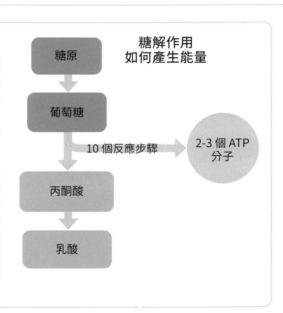

糖解作用如何產生能量

糖原 → 葡萄糖 → 10 個反應步驟 → 2-3 個 ATP 分子

葡萄糖 → 丙酮酸 → 乳酸

厭氧磷酸原系統

人體的磷酸原系統主要是作用於短時間的劇烈活動，例如高強度阻力訓練 (1-3 reps) 和衝刺跑 (100 公尺短跑)。磷酸原系統有時亦稱為 ATP-PCr 系統，因為它會在作用的過程中使用和重新製造磷酸肌酸（簡稱 PCr）。不論是哪種強度的運動，磷酸原系統在所有運動初期就開始發生作用。從事肌力訓練有助於人體對這個系統產生適應。額外補充水合性肌酸能大幅改善肌肉內磷酸肌酸的儲存量 (p.36)。

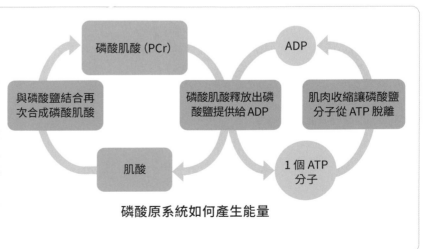

磷酸肌酸 (PCr)

ADP

與磷酸鹽結合再次合成磷酸肌酸

磷酸肌酸釋放出磷酸鹽提供給 ADP

肌肉收縮讓磷酸鹽分子從 ATP 脫離

肌酸

1 個 ATP 分子

磷酸原系統如何產生能量

肌力訓練的能量來源

「巨量營養素（macronutrients）」這個詞聽起來或許有點陌生，但你一定知道這三種營養素：碳水化合物、脂肪和蛋白質。這些巨量營養素會釋放卡路里做為體內化學反應的能量，包括讓肌肉產生力量去抵抗阻力。還有「微量營養素（micronutrients）」包括維生素和礦物質，對維持人體各種機能的正常運作至關重要。

巨量營養素

三種巨量營養素均由分子組成，這些分子可以合成然後再被分解做為生產能量的燃料，這個過程稱為生物能量學（pp.28-29）。碳水化合物除了以葡萄糖的形式存在，還會以糖原的形式儲存在於肌肉和肝臟中。蛋白質由胺基酸組成。脂肪以三酸甘油酯和自由脂肪酸的形式存在於人體內。

**巨量營養素是
生產能量的燃料**

無論這些能量是以碳水化合物、蛋白質或是脂肪的形式存在，身體都會將其分解成小分子藉由血液輸送到肌肉。肌肉細胞會使用這些燃料來製造能量，也就是 ATP（pp.28-29）。除了糖原和三酸甘油酯，肌肉還會儲存ATP 和胺基酸。

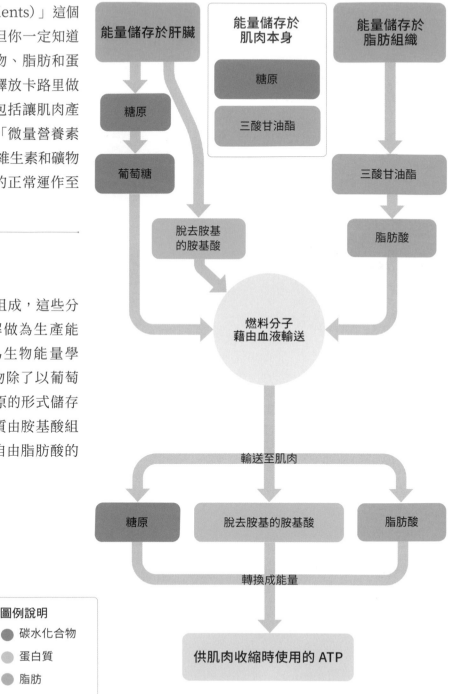

能量儲存於肝臟　　能量儲存於肌肉本身　　能量儲存於脂肪組織

糖原　　三酸甘油酯

糖原

葡萄糖

三酸甘油酯

脫去胺基的胺基酸

脂肪酸

燃料分子藉由血液輸送

輸送至肌肉

糖原　　脫去胺基的胺基酸　　脂肪酸

轉換成能量

供肌肉收縮時使用的 ATP

圖例說明
- 碳水化合物
- 蛋白質
- 脂肪

碳水化合物

肌力訓練最主要的能量來源來自碳水化合物，其以糖原的形式儲存，透過厭氧代謝轉化為能量（pp.28-29）。攝取碳水化合物能讓糖原儲存量在兩次訓練之間獲得補充，讓肌肉能充分恢復，對後續的運動表現至關重要。

雖然人體也能用蛋白質和脂肪製造出葡萄糖，但碳水化合物應該佔日常能量需求的最大比例，若有在進行肌力訓練更需要如此。在肌力訓練期間，碳水化合物提供 ATP 的貢獻比例高達 80%。

每公克碳水化合物能提供 4 大卡的熱量

有運動習慣的成年人建議攝取量是 2-5 公克/每公斤體重/天

70 公斤成年人每日需要攝取 140-350 公克碳水化合物 *

* 視個人熱量需要和身體組成而定

蛋白質

蛋白對維持生命和健康很重要，它是建立和維持肌肉、修復組織與細胞不可或缺的養份，同時也是構成結締組織、骨骼和器官中的重要成份。與碳水化合物和脂肪不同之處在於人體不會儲存多餘的蛋白質，所以必須透過每日飲食攝取足夠的蛋白質。

維持身體功能需要 20 種胺基酸，其中還可細分成必需胺基酸和非必需胺基酸。人體無法自行合成必需胺基酸，所以必須從日常飲食中攝取，但非必需胺基酸則可從其他蛋白質來源合成。

每公克蛋白質能提供 4 大卡的熱量

有運動習慣的成年人建議攝取量是 1.6-2.2 公克/每公斤體重/天

70 公斤的成年人每日需要攝取 112-154 公克蛋白質 *

* 視個人熱量需要和身體組成而定

脂肪

脂肪又稱為脂質，是不可或缺的重要營養素，在許多身體功能當中扮演著重要角色，包括保護內臟器官、幫助神經訊號傳遞，促進維生素吸收，並有助於細胞膜的生長和荷爾蒙的分泌。

脂肪是儲存在人體的脂肪組織內。充足的脂肪攝取量已被證實會影響睪固酮濃度，在建立肌肉和調節新陳代謝方面亦起著重要作用。營養師建議大部分的脂肪攝取最好能來自優質必需脂肪酸，特別是多元不飽和脂肪酸。

每公克脂肪能提供 9 大卡的熱量

有運動習慣的成年人建議攝取量是 0.5-1.0 公克/每公斤體重/天

70 公斤的成年人每日需要攝取 35-70 公克脂肪 *

*視個人熱量需要和身體組成而定

🏋 微量營養素是魔法棒

微量營養素是人體微量或少量需要的維生素和礦物質。世界衛生組織將微量營養素稱為能協助人體製造生長發育所需的酶和荷爾蒙的魔法棒。維生素和礦物質能幫助我們為日常生活的生理需求做好最佳準備，並延緩老化造成的生理機能衰退。日常生活越活躍的人，越需要攝取各式各樣富含微量營養素的食物，例如蔬菜水果。最新的研究顯示，應該儘量從食物中攝取微量營養素，而不應單靠營養補充品。

計算每日熱量需求

每日總能量平衡代表攝取熱量（來自巨量營養素的卡路里）與活動消耗熱量之間的關係。熱量攝取的多寡會直接影響到身體增加、減少或維持體重的能力。

每日能量平衡

解釋能量平衡最常見的簡化說法就是「卡路里進 V.S. 卡路里出」，但事實上其比單純考慮飲食攝取內容以及運動消耗的熱量還要複雜一些。身體的每日總能量消耗包括各種活動，而不僅只有運動（見下圖，百分比是一般人的平均值）。當攝取的卡路里少於消耗的卡路里時，代表有熱量赤字；當攝取的卡路里大於消耗的卡路里時，則代表有熱量盈餘。

基礎代謝率
身體處於靜態時能維持生理功能正常運作所需消耗的熱量

運動活動
運動期間消耗的能量，例如從事肌力訓練

70%

5%

15%

10%

非運動性活動產熱
一般走動、身體搖晃抖動、打掃和煮飯等非運動的所有活動所消耗的能量

攝食產熱效應
人體消化巨量營養素時所消耗的能量

每日卡路里攝取量

為充份了解維持目前體重或體脂率需要多少能量，就必須做一點算術。一般的做法是先把體重（以公斤為單位）乘以 22，接著從下面圖表中選擇最符合自己生活型態的活動量，再乘以活動乘數，就可計算出維持目前體重的每日卡路里攝取量。

活動量程度

久坐少動 （每日走路少於 8000 步） 若每週做 3～6 天的肌力訓練，則活動乘數分別為	輕度活躍 （每日走路 8000-10000 步） 若每週做 3～6 天的肌力訓練，則活動乘數分別為
1.3 - 1.6	**1.5 - 1.8**
活躍 （每日走路 10000-15000 步） 若每週做 3～6 天的肌力訓練，則活動乘數分別為	非常活躍 （每日走路 15000 步以上） 若每週做 3～6 天的肌力訓練，則活動乘數分別為
1.7 - 2.0	**1.9 - 2.2**

22 kcal x 公斤體重 x 活動乘數

以一個體重 92kg，生活型態符合「久坐少動」
（活動乘數 1.3～1.6）的人為例：
22 X 92 = 2,024 KCAL
則
2,024 X（1.3～1.6）= 2,630～3,240 KCAL
這是維持他目前體重的每日卡路里攝取量。

計算每日卡路里的攝取目標

找到你的熱量需求範圍，選擇你覺得最能維持身體狀態的卡路里攝取目標。然後依此計算巨量營養素需求（見下文）。

以體重 70 公斤、輕度活躍和每週進行 3 天肌力訓練的人為例。

70 (kg) x 22 (kcal) x 1.5 (活動乘數) = 估計每天需攝取 2,310 大卡 (kcal) 以維持現有體重。

為了確認這是能維持現有體重的卡路里，你可以追蹤卡路里攝取 1-2 週，觀察體重在這段期間內的變化狀況。如果體重在這段期間內下降，嘗試增加 100 大卡，看看是否能有效維持體重。如果體重在這 1-2 週的期間上升，則減少攝入 100 大卡，看看是否有助於維持體重。

計算每日巨量營養素的攝取目標

蛋白質
有運動習慣之成年人的蛋白質建議攝取量為 1.6-2.2g 蛋白質 / 每公斤體重 / 天。

70 kg x 1.6g 蛋白質 / 每公斤體重 / 天 = 112g 蛋白質 / 天

脂肪
脂肪的現行建議攝取量約為 0.5-1.0g 脂肪 / 每公斤體重 / 天。

70 kg x 0.7g 脂肪 / 每公斤體重 / 天 = 49g 脂肪 / 天

碳水化合物
為了計算需要從碳水化物攝取的熱量，先加總由蛋白質和脂肪提供的卡路里，再從每日卡路里的攝取目標中扣除之即得。

112g x 4 kcals/g = 448 kcal（來自蛋白質）
49g x 9 kcals/g = 441 kcal（來自脂肪）
合計 = 889 kcal

每日熱量攝取量 2,310kcal，扣除由蛋白質和脂肪攝取的 889 kcal，就是應從碳水化合物攝取的熱量：

2,310 – 889 = 1,421 kcal

然後再除以 4 kcals/g 計算出需從碳水化合物攝取的量：

1,421 / 4 = 355g

1 **2** **3**

蛋白質 20%

脂肪 19%

碳水化合物 61%

減重，從熱量赤字開始
想要以均衡的方式降低卡路里攝取以達到減重目標，您必須先找到能維持現有體重的卡路里攝取量。然後將該卡路里乘以 10-15%（適當的熱量赤字）並扣除它。這裡就以上面的例子計算 15% 的熱量赤字。
2,310 kcal x 0.15 = 346.5 kcal
2,310 - 346.5 = 1,963.5 kcal（新的卡路里攝取量）

增重，從卡路里盈餘開始
想要以均衡的方式增加卡路里攝取以達到增重目標，必須將能維持現有體重的卡路里攝取量乘以 10 ～ 15%（適當的熱量盈餘），並將其加入日常攝取目標裡。這裡就以上面的例子計算 15% 的熱量盈餘
2,310 kcal x 0.15 = 346.5 kcal
2,310 + 346.5 = 2,656.5 kcal（新的卡路里攝取量）

如果你想攝取較多某個巨量營養素以滿足偏好，那也可以由其他巨量營養素的攝取量裡挪用，只要總熱量不超出建議的攝取需求範圍就好。

肌力訓練的飲食建議

均衡飲食能供給肌力訓練充足的能量，但它確實需要花心思做些準備和計劃，讓飲食內容能包含各種蔬菜、水果、精瘦蛋白質和健康脂肪。掌握運動前與運動後的適當進食時機，對運動表現和恢復有很大的影響

建立均衡飲食

為了讓肌肉以最佳狀態運作，必須持續供給能量（pp.30-31），同時提供修復和恢復所需的巨量和微量營養素，因此飲食內容必須能滿足這些需求。選擇馬鈴薯（屬於澱粉）以外的任何蔬菜，並選擇精瘦蛋白質（例如雞肉、魚肉、豆腐和優酪乳）以及健康脂肪（堅果、種子和富含油脂的食物，例如酪梨和橄欖油）。

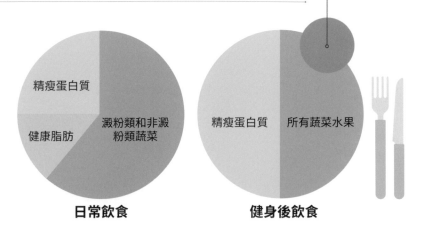

額外的澱粉：馬鈴薯、麵條、米飯或麵包

精瘦蛋白質

健康脂肪

澱粉類和非澱粉類蔬菜

精瘦蛋白質

所有蔬菜水果

日常飲食

健身後飲食

正確飲食比例
上面的圓餅圖顯示日常飲食的餐盤裡該有哪些食物與適當的比例，以及肌力訓練之後的飲食內容和比例應如何調整。

要特別注意蛋白質的攝取

規律的肌力訓練搭配每日攝取蛋白質，有助於提升年長者的行動能力、抓握力（肌力的衡量標準）以及生活自理能力，對年輕族群也有相同助益。研究證據顯示，增加每日蛋白質攝取，例如高蛋白食品或蛋白粉（p.36），能促進肌肉蛋白質合成，避免肌肉流失。

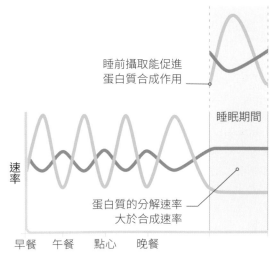

睡前攝取能促進蛋白質合成作用

睡眠期間

圖例說明
— 肌肉蛋白質合成
— 肌肉蛋白質分解

速率

蛋白質的分解速率大於合成速率

早餐　午餐　點心　晚餐

肌肉蛋白質每日的合成與分解作用

為肌肉提供蛋白質
配合身體的蛋白質合成和分解的循環週期，可以製造機會讓人體即使在睡覺時也能充分利用時間繼續製造蛋白質。

健身前後的營養攝取

健身前後的營養攝取可能是影響整體表現和恢復很重要的一項因素。在選擇訓練前後食用的點心時，要先了解不同來源的碳水化合物，在消化吸收率和產生能量能力上的差異性。成分以葡萄糖和果糖為主的碳水化合物，非常適合用來補充肌肉和肝臟裡的糖原儲存量（能為下一次健身提供能量）。

攝取的內容和適當時機

營養攝取的時機，特別是健身後的「代謝窗口（anabolic window）」，一直存在著爭論。儘管如此，不同派都認同的一點是，健身後攝取高質量蛋白質（作為點心或是正餐）有助於肌肉的增長。

健身前

如果訓練的時間是在用餐完很久之後或是未吃早餐之前，則結合碳水化合物和蛋白質的點心很重要。這種食物能補充糖原儲存量並刺激蛋白質合成。不過，請記得避免食用高纖維食物，因為它們需要較多的消化時間，可能無法及時補充能量。

健身期間

在肌力訓練期間，只需要補充水分，不需要喝其他飲料。若事前已攝取適當的營養，便足以提供訓練所需的能量，因此在訓練時沒有必要進食。

健身後

有些專家建議在訓練結束後要儘快攝取蛋白質以儘快恢復，也有其他專家建議要在訓練完後 1-3 小時內吃高蛋白餐。兩種意見都表示健身後補充蛋白質確實有好處，能夠抑制蛋白質分解，刺激蛋白質合成。

訓練前　　　　訓練中　　　　訓練後

3小時　　2　　1　　　　　　　　1　　2　　3

在訓練前 2-3 小時攝取碳水化合物和蛋白質

最後一次點心在訓練前 30 分鐘前吃

高蛋白奶昔

富含蛋白質的正餐

體液平衡

由於水佔了人體的 55% 至 60%，因此水是日常飲食很重要的一部分，也是生存最重要的元素。水可作為溶劑、化學反應的催化劑和潤滑劑，同時也是礦物質的重要來源，並有助於控制體溫（藉由流汗）。身體水分進出的調節被稱為體液平衡。這種微妙的平衡對於運動表現和身體健康至關重要。要隨時注意水分的攝取，不要造成身體脫水（沒有喝足夠的水）或水中毒（喝過多的水造成低血鈉症）。

每日適當的水份攝取量

現行健康指南建議每公斤體重應攝取 30-40 ml。每個人必須要根據自己的體重、活動量、流汗率和環境因素去調整每日的水份攝取量。

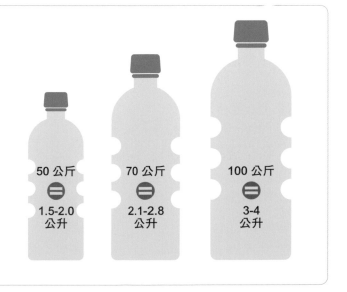

50 公斤
＝
1.5-2.0 公升

70 公斤
＝
2.1-2.8 公升

100 公斤
＝
3-4 公升

有需要吃營養補充品嗎？

營養補充品對整體健康、運動表現和恢復有益處。雖說如此，均衡的飲食還是比較重要，不能光仰賴營養補充品，而忽略了營養均衡的正餐。對健康和運動表現最有全面影響性的營養補充品列在下圖左方。研究顯示，攝取額外的營養補充品沒有害處，因此可在經濟條件許可下使用。

針對健康和運動表現的營養補充品

證實有效的營養補充品	額外的營養補充品
魚油* 維生素 D、K* 肌酸* 乳清蛋白* 褪黑激素 綜合維他命 咖啡因 鈣**	支鏈胺基酸群 (BCAAs) 必需胺基酸群 (EAAs) 瓜胺酸蘋果酸

*這些營養補充品已經證實對所有年齡層都有益處。

**檸檬酸鈣是補充鈣的最佳來源。

蛋白粉有什麼作用？

如果你在日常飲食中已經獲取足夠的優質蛋白質，那麼再添加蛋白粉可能用處不大。但如果經常從事肌力訓練、舉重等訓練，補充蛋白粉可以最大限度地增加肌肉，對於難以滿足蛋白質攝取量需求的素食者有幫助。蛋白粉是高濃縮的粉狀蛋白質，有些來自於動物蛋白，例如來自牛奶的乳清蛋白 (whey protein) 或來自於雞蛋的酪蛋白 (casein protein)，有些則提取自植物蛋白 (黃豆、豌豆、漢麻籽或米)。

素食者的訓練飲食

植物性飲食可以達到跟動物性飲食一樣的效果，即使相對來說稍微不容易，但它運用的是相同的能量可用性原理。蛋白質 (特別是白胺酸) 是巨量營養素裡面最難攝取充足和儲存的營養素。蛋白質的攝取對肌肉組織的維持與生長以及整體的代謝健康來說非常重要，因此學會如何以最佳方式攝取所需的營養，對所有素食者來說是很重要的事。

白胺酸的重要性

白胺酸 (leucine) 是支鏈胺基酸群裡的一種必需胺基酸。它對骨骼肌的生長非常重要，因為它可以刺激肌肉蛋白質的合成 (p.34)。每餐攝取一定份量的白胺酸能刺激合成的發生。雖然白胺酸已被證實能驅動肌肉蛋白質合成，但是要完成和維持這個過程需要其他必需胺基酸，因此需要一個完整的蛋白質來源，例如富含蛋白質的食物或是蛋白質補充劑。研究顯示，年長者平均每餐約需要兩倍的白胺酸才能達到提升肌肉蛋白質合成的門檻。

注意營養攝取的均衡完整

營養充足對個人健康非常重要，不均衡的植物性飲食可能會導致巨量營養素攝取不足，以及維生素、礦物質等各種微量營養素缺乏的風險。可以參考下列這些適合素食者的食物來源，以補充容易缺乏的營養素。

蛋白質：豆類、穀物、豆腐、藜麥、堅果、種子、蔬菜

維生素 B12：營養強化食品、植物奶、營養酵母

維生素 D：營養強化食品、植物奶、營養酵母

鐵：豆類、穀物、堅果、種子、添加鐵的食品、綠色蔬菜

鋅：豆類、堅果、種子、燕麥、小麥胚芽

鈣：豆腐、羽衣甘藍、青花菜、豆芽菜、花椰菜、小白菜、營養強化植物奶

碘：海藻、小紅莓、馬鈴薯、加州梅乾、白腎豆、碘鹽

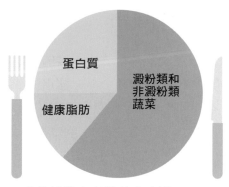

動物性飲食者的飲食建議
上圖營養素攝取的大概比例，適合均衡飲食同時有肌力訓練習慣者。

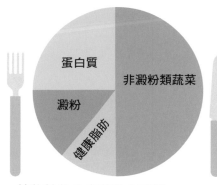

植物性飲食者的飲食建議
儘管各營養素的攝取比例不同，但是對素食者來說，蛋白質最重要。

何謂「完全蛋白質」

優質蛋白質對促進骨骼肌發展不可或缺。蛋白質的品質主要取決於必需胺基酸（人體無法製造的胺基酸）的組成。當蛋白質含有能夠促進瘦肌肉組織生長和維持所需的九種必需胺基酸時，被稱之為「完全蛋白質」，相對而言「不完全蛋白質」的必需胺基酸含量低。

所有動物性蛋白質（明膠除外）都屬於完全蛋白質。植物性蛋白質經常缺乏足夠的必需胺基酸，因此被視為不完全蛋白質。因此，任何素食者必須對蛋白質的品質有更多認識，要懂得如何將不完全蛋白質做最好的搭配，以打造出完全蛋白質。

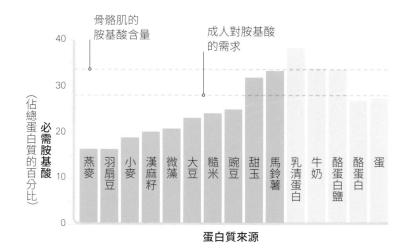

兩種蛋白質的比較
植物性蛋白質的胺基酸含量大多低於人體需求，而動物性蛋白質的胺基酸含量則大多超過人體需求。

圖例說明
- 植物性蛋白質
- 動物性蛋白質

素食蛋白粉

乳清蛋白是最常見的蛋白質補充品，因為它的白胺酸含量很高，吸收消化率高，能有效刺激蛋白質合成。對素食者來說，大豆蛋白是最能與乳清蛋白比擬的替代方案。但是近期有專家建議豌豆蛋白可作為乳清蛋白的最佳替代品，因為它在肌肉增長和肌力提升方面顯現出相似的效果。

肌力訓練和大腦之間的關係

人體對肌力訓練產生的生理適應，初期主要是發生在神經系統。專家認為肌力訓練一開始 2-4 週的效果會表現在神經系統的相關反應上。

肌肉的控制

神經系統包括大腦和脊髓，以及能接收來回於大腦與身體之間訊息的無數神經細胞。運動神經藉由脊髓將大腦運動皮質區發出的動作訊息傳遞給肌肉，而感覺神經則是將肌肉發出的訊息傳遞到大腦和脊髓。

神經適應性

適應是身體面對特定環境進行調整適應的動態過程。肌力訓練有助於發展運動路徑，進而增強大腦與身體的協調性。

「神經適應性」代表大腦徵召肌肉進行收縮以產生特定動作的能力。經常練習能訓練大腦啟動正確的肌肉去執行動作，且會越來越流暢。當神經系統和肌肉系統都產生適應性之後，運動的技巧性、協調性和效率性就會逐漸提高。

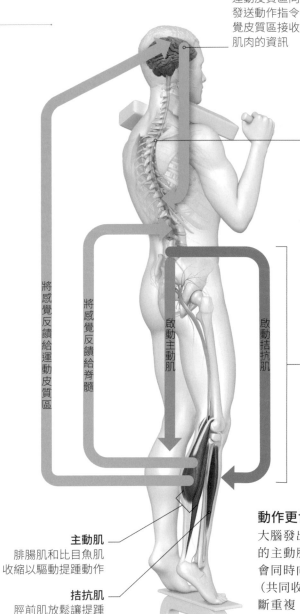

大腦
運動皮質區向肌肉發送動作指令；感覺皮質區接收來自肌肉的資訊

脊髓
訊息進出大腦的傳遞管道

將感覺反饋給運動皮質區

將感覺反饋給脊髓

啟動主動肌

啟動拮抗肌

藉由練習，執行動作時的拮抗肌共同收縮現象會減少

主動肌
腓腸肌和比目魚肌收縮以驅動提踵動作

拮抗肌
脛前肌放鬆讓提踵動作能夠完成

動作更協調流暢
大腦發出訊號去啟動動作的主動肌。最初，大腦也會同時向拮抗肌發出訊息（共同收縮）。隨著動作不斷重複，大腦就會知道哪個肌肉最有效率，共同收縮現象會減少，動作技巧會提升。

肌力訓練對大腦神經的助益

持續規律的肌力訓練已被證實能讓神經營養因子（neurotrophins）的分泌增加。神經營養因子是一系列能調節神經細胞或神經元發展和維持的生長和生存因子。尤其是腦源性神經營養因子（BDNF）和類胰島素生長因子（IGF-1）這兩種神經營養因子，已被證實對神經新生和神經可塑性有正向影響。

神經新生

生長新的神經元，也就是所謂的神經新生（neurogenesis），只是肌力訓練和運動對大腦的其中一個正向影響。科學家們曾經認為神經細胞的數量（大約 860 億個）在人一出生時就已固定，無法再長出新的神經元。但後來的研究顯示，神經新生是可能發生的，而且就發生在大腦的關鍵區域，例如海馬迴（或稱海馬體）這個掌管記憶的重要構造。

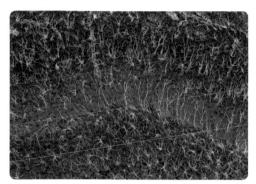

新的大腦細胞
在這個大腦海馬迴的顯微圖像裡，粉紅色的部分是神經元細胞體。肌力訓練能促進神經新生，製造新的神經元。

大腦－肌肉連結

進行肌力訓練時最好不要分心，這樣才能集中注意力在每個訓練動作上。你也可以藉由建立大腦－肌肉連結（mind-muscle connection，簡稱 MMC）來提升訓練的效果，也就是大腦有意識地去控制動作和驅動目標肌肉，有研究顯示這樣做確實能夠提升肌肉力量。藉由這種有意識的訓練方式能讓你在做某個動作時徵召更多的肌纖維，進而讓肌肉收縮更有力量，健身訓練更有成效。

神經可塑性

大腦內的路徑越常使用就會變得越牢固，不斷重複能加強並持續構建神經網絡。這種形成新連結和路徑的能力被稱為神經可塑性（neuroplasticity），改變了大腦迴路的連接方式。學習一種新技巧，例如肌力訓練所需的技巧，可以改善現有神經元的運作方式，並能提升大腦的整體功能。

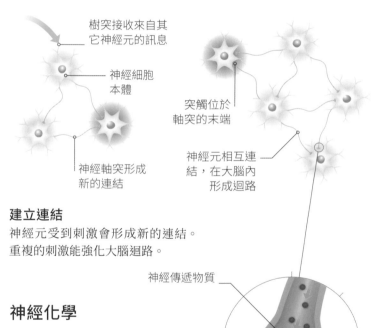

樹突接收來自其它神經元的訊息

神經細胞本體

突觸位於軸突的末端

神經元相互連結，在大腦內形成迴路

神經軸突形成新的連結

建立連結

神經元受到刺激會形成新的連結。重複的刺激能強化大腦迴路。

神經傳遞物質

神經化學

兩個相鄰神經元之間的微小間隙，被稱為突觸（synapse）。為了將電子訊號從一個神經元傳輸到下一個神經元，大腦會使用一種叫做神經傳遞物質的分子系統。藉著這些化學物質的分泌並擴散越過間隙，將電子訊號傳到下一個相連的神經元。肌力訓練能增加某些神經傳遞物質的分泌，例如多巴胺和腦內啡，這些物質有助於改善情緒和消除焦慮。

突觸（特寫圖）
某個神經元接收到訊號而分泌出的神經傳遞物質分子大約在 1 毫秒內越過突觸，將訊號傳遞給下一個相連的神經元。

肌力訓練對大腦功能的益處

除了身體健康方面的益處（pp.6-7）之外，有研究顯示持續規律的肌力訓練還會對心理健康和大腦功能帶來許多正向影響，包括減輕心理壓力、提高生產力、集中注意力和增強記憶力，這些還只是其中的一部分。

增強長期記憶

研究顯示，參與體能活動能增加大腦海馬迴的體積，而效果最顯著的是有氧運動搭配肌力訓練，同時還能促進神經營養因子的分泌，進而改善記憶力。

增強認知功能

肌力訓練能促進神經營養因子的分泌，例如腦源性神經營養因子（BDNF），其對神經新生和神經可塑性有正向影響，進而改善學習和認知能力。

改善注意力

肌力訓練需要高度專注力和技巧性去控制肌肉與動作姿勢，這有助於改善注意力。投入肌力訓練有助改善心理健康狀態，進而提高專注於單一任務的能力。

提高創造力

肌力訓練能讓腦源性神經營養因子的分泌增加，其有助於大腦海馬迴裡新神經元的生長。這些神經元建立新的連結，能提供嶄新的思路和想法。

遠離憂鬱症

有多項整合分析研究都顯示，運動（尤其是阻力訓練）能夠減輕或有助於預防憂鬱症的發生。

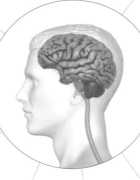

改善心情

肌力訓練過程產生的腦內啡具有提振精神的作用。除此之外，與沒有從事重量訓練的人相比，有在訓練的人比較不會沉浸在悲傷情緒。

提升大腦運作速度

最近有某個整合分析研究發現，有氧運動和阻力訓練有助於改善老年人的認知和執行功能。

建立肌肉記憶

當停止訓練一段時間再恢復鍛鍊時，大腦對過去運動模式和任務所保存的記憶會讓重返訓練變得比較容易。這些記憶能讓肌肉較快恢復至往常水準，這是因為重新學習這些訓練動作會比全新學習所花的時間來得少。

減輕壓力和焦慮

在健身房訓練可當做一種社交活動，能夠紓緩壓力。除此之外，阻力訓練已被證實可以顯著改善健康個體和身體或精神疾病患者的壓力和焦慮相關症狀。

預防老年癡呆症

肌力訓練已被證實可以提高神經營養因子的分泌，其似乎可以減少腦組織流失以及可能造成阿茲海默症等疾病的病變和斑塊。

心理上的勝利感

運用心理學技巧找出自己從事肌力訓練的動機，並依據想達成的長期目標去建立可持續的習慣。設定目標只是確立方向的一種手段，但是建立日常習慣才是朝著目標持續進步的關鍵。

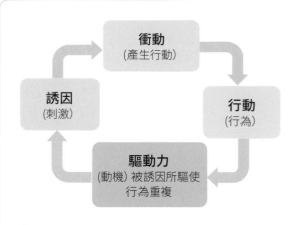

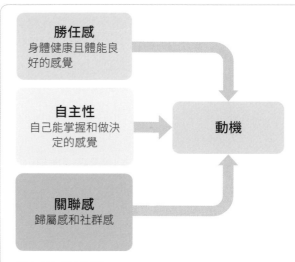

找到你的動機

實現目標的動機會受到各種基本心理需求的影響，但還需要進一步探究你想達成這個目標的真正原因。動機可能是內在的（受基本需求驅使；令人感到滿足的東西；你擅長的事情）和外在的（為了取悅他人）。當你朝著自己的目標努力時，外在動機會漸漸減弱，而逐漸由內在動機主導。

建立能持之以恆的習慣

建立能堅持不懈的例行常規和習慣會讓你更容易達成目標，做起事來得心應手、不假思索。行為重複的次數越多，誘因和行動之間的連結關係就會越強。習慣養成的過程一開始可能很困難，但隨著例行常規的執行次數增加，就會自然而然地形成習慣。萬事起頭難，遇到這種情況時不妨讓自己先從一小步開始做起，試著找到你喜歡做的事情。

訂定切實可行的目標

確認改變的動機之後，接下來就要思索如何訂定你能達成的目標。訂定目標會有助於達成想要實現的結果，同時減少遭遇失敗或挫折的機會。訂定目標必須符合 SMART 原則（見下文）。

SMART 原則的目標

為了提高目標達成率，訂定目標時要把握 SMART 原則。SMART 這五個字母分別表示明確的（**S**pecific）— 確認想要達成的目標；可衡量的（**M**easurable）— 設定時程表和想要追蹤的項目；可達成的（**A**chievable）— 一開始的執行進度可以慢一點、寬鬆一點，再逐漸增加挑戰性或投入程度；切合實際的（**R**ealistic）— 考量對日常生活的影響性；有期限的（**T**imely）— 為目標設定開始和結束的期限。

適度的平衡

訂定目標要找到適宜區間（不能太難，也不能太簡單，要恰到好處），目標的挑戰性必須難易適中。

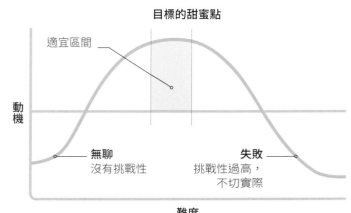

2

腿部
pp.52–89

胸部
pp.90–107

背部
pp.108–121

肩部
pp.122–139

手臂
pp.140–153

腹部
pp.154–171

主要肌群
訓練動作

肌力訓練的目標是從每次鍛鍊中獲得最大效益。本篇包含 31 種主要
肌群的訓練動作，其中許多訓練都有變化式，可以讓你在家中進行，
或是使用其它替代器材進行訓練。每個訓練動作都會提供正確技巧和
訣竅，以達到最大效益並避免受傷風險。你可以由本篇找到鍛鍊每個
主要肌肉群的最佳訓練動作。

訓練的相關基本知識

本篇的訓練動作會依照主要肌群作分類,指導鍛鍊特定肌肉群的最佳方式。但首先要了解正確執行訓練的基本知識、如何控制呼吸,以及如何安全地在不同場所(包括家裡或健身房)進行訓練。

! 常見錯誤

本篇在介紹各種訓練動作時,多數會出現一個常見錯誤的說明框請多加留意。在移動負重時需專注於作用中的肌肉(全神貫注是大腦與肌肉連結的關鍵),不要為了追求大重量而犧牲了姿勢的標準性和正確性,也不要為求輕鬆而動作不確實(在反覆次數上偷懶取巧)。

主要訓練動作和變化式

訓練動作是按照肌群分類,然後再進一步分成主要訓練動作和變化式。每個主要訓練動作都是經過篩選,能有效地訓練特定肌肉群,其中大部分是屬於多關節複合式運動。變化式與主要訓練動作相輔相成,同時提供不同的鍛鍊肌肉方法。每個主要訓練動作會搭配人體肌肉構造圖,列出每個階段使用到的肌肉以及正確執行該動作的步驟。本書最後會針對不同目標和需求,利用本篇介紹過的動作設計出適合的訓練計劃(pp.201-214),讓你在健身房或是家裡都可以進行有系統性的訓練。

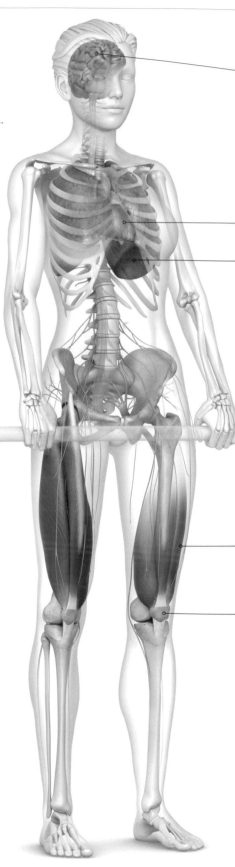

呼吸的重要性

人體在運動時需要呼吸和循環系統運作以提供肌肉能量。要讓健身效率達到最大化，關鍵是要全程收緊核心。本篇所有訓練動作都會提供呼吸指示，提醒你在動作的哪個階段吸氣和吐氣。

大腦和神經系統
改善神經系統和肌肉間的連結有助於提升肌力和協調性。

心血管系統
心臟泵出攜帶氧氣和營養的血液為肌肉供給能量，同時帶走代謝廢物。

呼吸系統
進行訓練時，呼吸必須和動作協調一致。你需要學習在維持肌肉張力的狀態下正確呼吸（見右圖）。

肌肉系統
施加更多機械張力和壓力在目標肌肉上能刺激更多肌肉生長。

骨骼系統
肌肉附著骨頭上，藉由槓桿作用去移動各個部位。正確的姿勢和動作能減輕關節周邊組織承受的張力，減少受傷的機會。

正確執行動作

在執行一個動作時，需要整個身體去驅動相關肌群並控制協調四肢。正確執行訓練動作對於施加張力在目標肌肉上、建立肌肉、提升肌肉力量和協調性、避免受傷以及最大化地增加訓練壓力（在更短的時間內達到更大的訓練負荷）來說非常重要。

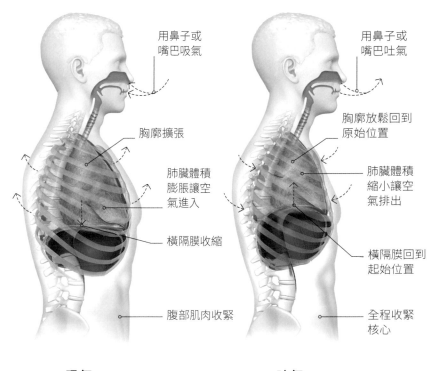

用鼻子或嘴巴吸氣

胸廓擴張

肺臟體積膨脹讓空氣進入

橫隔膜收縮

腹部肌肉收緊

吸氣

用鼻子或嘴巴吐氣

胸廓放鬆回到原始位置

肺臟體積縮小讓空氣排出

橫隔膜回到起始位置

全程收緊核心

吐氣

🎛 肌力訓練的術語

了解這些專業術語的意思對於理解訓練相關指令很有幫助（其他亦可見 pp.198-200）。一開始就必須知道的重要術語如下：

反覆次數（REP）
反覆次數（REPetition）係指完成一個動作的完整過程（包含離心收縮和向心收縮）。反覆次數的數量多寡會與所用的重量有關。

訓練量
訓練量係指在一定時間（可能是一堂訓練課，也可能是一週的訓練期）內進行訓練或健身的總數量。

組數（Set）
連續重複執行一個動作數次稱之為 1 組，例如"進行 3 組，每組 6-8 次反覆（次數）"。本書最後依不同目的設計的訓練計劃，每個動作都會提供建議的組數和反覆次數（pp.201-214）。

節奏
係指進行每個動作的速度，在訓練過程中應全程控制好節奏，通常也會搭配呼吸。

從事訓練的場所

肌力訓練可以在健身房或是在自己家裡進行，不過要注意！若環境會讓你覺得不自在、焦慮不安或是擔心周遭衛生狀況，都可能影響到訓練效果。無論你想在健身房訓練，或是在家裡搭建小型健身房，或者兩個地方都去，只要能朝著自己的目標前進即可。

> **注意！**
>
> 如果你有任何生理上的問題（例如疾病），請諮詢合格的專業人士是否適合。若在進行某個動作時感覺疼痛，則請先避開該動作以免受傷。

在家訓練

如果自家有可供訓練的空間，那麼設備和設施就可以依照自己的需求做調整。在家訓練可以自己控制運動的環境，排除公眾健身房各種會讓自己感覺不舒服的因素，例如空調過冷、聲音吵雜，或某些人健身禮儀不佳與衛生習慣不好等等。

優點

在家訓練的好處是：

- 可以利用多功能訓練機、彈性阻力帶和自由重量等各種訓練器材作訓練組合，規劃出適合居家的訓練方式。

- 可選擇能激勵自己的音樂，跟著音樂的節奏作運動也能帶來訓練的樂趣。

- 隨時都可以進行訓練，只要不會影響到鄰居即可。

缺點

在家訓練的壞處是：

- 沒有動力。在家訓練很容易偷懶，而且也沒有訓練夥伴可以互相砥礪。

- 添購器材的經濟負擔。儘管器材已相較以往便宜，但要買齊能達到健身目標的器材可能所費不貲。

- 一般家庭的空間有限，難以容納大型健身器材，若只靠自體重量或是阻力帶之類的簡易器材，訓練效果還是有一定的限制。

在健身房訓練

健身房是一個環境舒適宜人且能激勵你進行訓練的場所。找到一個讓你覺得自在安心且不會有心理壓力的健身房很重要，而且去回的交通一定要便利，否則很容易就懶得去了。如果離大型健身中心太遠，也可以在住家附近找小型的社區型健身房。

優點

在健身房訓練的好處是：

- 設備和設施齊全。一間設備完善的健身房能滿足你的需求並提供更多服務，包括提供私人教練。

- 環境具有激勵作用。當處於健身環境中，看到四周的人都在運動，自然就會受到激勵。

- 能拓展社交圈。可以結交志同道合的朋友，彼此討論健身的心得並互相鼓勵。

缺點

在健身房訓練的壞處是：

- 無法掌控環境。有可能健身房太熱或太冷，或因為有人長時間佔用器材而造成不快。某些人遇見朋友就大肆聊天，不僅干擾到旁人也浪費自己的訓練時間

- 侷促不安的感覺。這可能是缺乏經驗或是人數太多引起，可考慮換一個時段前往，或甚至換另一間健身房。

- 健身房的衛生條件。如果沒有確實做好清潔工作，或有些人的衛生習慣不好，就有可能散佈病菌。

適合在家訓練的健身器材

經濟實惠的多用途健身器材讓在家訓練變得容易。下面列出的幾種器材都是常見且能從運動器材專賣店或是網路店商買到，你可視自己的健身需求購買。

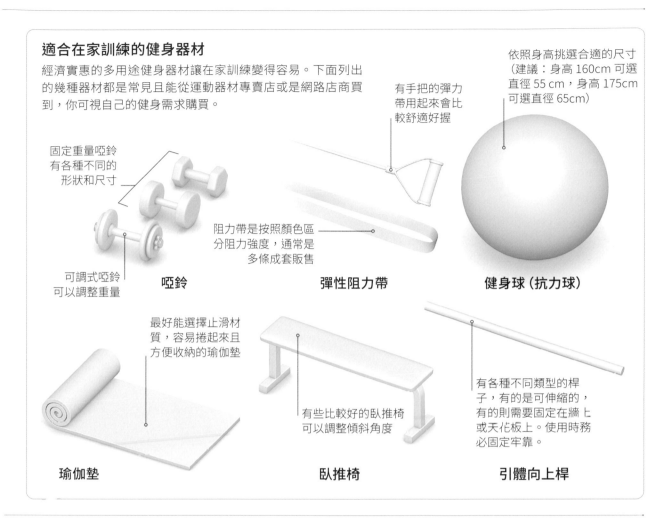

固定重量啞鈴有各種不同的形狀和尺寸

可調式啞鈴可以調整重量

啞鈴

有手把的彈力帶用起來會比較舒適好握

阻力帶是按照顏色區分阻力強度，通常是多條成套販售

彈性阻力帶

依照身高挑選合適的尺寸（建議：身高160cm可選直徑55 cm，身高175cm可選直徑65cm）

健身球（抗力球）

最好能選擇止滑材質，容易捲起來且方便收納的瑜伽墊

有些比較好的臥推椅可以調整傾斜角度

有各種不同類型的桿子，有的是可伸縮的，有的則需要固定在牆上或天花板上。使用時務必固定牢靠。

瑜伽墊

臥推椅

引體向上桿

良好的健身房禮儀

在公共場所（例如健身房）訓練時必須注意禮儀不要影響到他人。
為了保持和諧的氣氛，尊重並體諒其他使用者，必須注意以下幾件事。

槓片、啞鈴用完放回架上
舉重器材不要隨地擺放。槓鈴要放回架上並卸下槓片擺放整齊，為下一個使用者設想，將躺椅上的汗水擦掉。

注意他人使用設備器材的狀況
觀察有誰正在排隊等候特定的器材，不要插隊搶用。

注意社交禮儀
與他人保持適當距離、眼神接觸時互相尊重，維持人與人之間合誼的舉止。

不要隨意拍攝照片或影片
請確認健身房的政策是否允許拍攝照片或影片，並最好取得周圍的人同意，以免旁人被迫入鏡引起爭端。

平等共用設備
尊重他人使用器材的權利，勿長時間佔用特定器材或區域（例如坐在器材上滑手機），尤其是在尖峰時段。

聽音樂時請戴耳機
音樂留給自己享受就好，不要放出來干擾到周圍健身的人。

特別措施
健身房原本就會固定清潔設備與器材，在發生傳染性疾病疫情的時候，必須採取更嚴格謹慎的措施，以確保會員的健康和安全並防止疾病傳播。

健身者務必在使用器材的前後擦拭消毒並勤洗手，若忍不住咳嗽和打噴嚏則要掩住口鼻，勿接觸他人用過的毛巾或水瓶，如果感到身體不適則避免去健身房，保護自己也要保護別人。

重量的選擇

健身房中的器材很多種類型，調整重量的方式也有些差異，你必須知道
如何選擇適當的訓練重量，因為這會影響到訓練的安全性和有效性。初
次接觸者建議每個訓練動作都要從可以輕鬆舉起的重量開始，之後再依
據訓練結果以及反覆次數範圍去評估是否該增加重量。

健身機器

一般會分兩種不同類型的機器：一種是用插銷調整
重量的可調式機器。另一種是外掛槓片式機器，透
過加掛槓片來增減負重。通常用於訓練大肌群（腿
部、胸部、背部）用的重量要比訓練較小肌群（手
臂、肩膀、小腿）來得重，如果初次使用某台健身
機器，可先從較輕的重量開始，然後再做調整。

自由重量

自由重量包括槓鈴和啞鈴。槓鈴槓一般為 20 公斤
（45 磅）、直徑 2.85 公分、長度 2.15 公尺的長槓，
另外也有比較短的槓鈴槓。在為槓鈴加重量時，
要將槓片套進槓身並最好用卡扣鎖好固定。而啞
鈴的重量會標示在側邊，通常成對使用（即重量與
尺寸相同）。從你可以完成訓練計劃規定的反覆
次數的重量開始做起。如果是第一次接觸槓鈴，
可以從空槓開始練習，再逐漸增加重量，一般會
以 2.25 - 4.5 公斤（5 - 10 磅）為單位遞增。

利用機器健身

每台機器都需要依據個別使
用者的體型去做最適調整。
如果你是健身機器初學者，
最好找位教練上幾堂課以了
解每台機器的運動原理以及
最適合你的機器設定方式。

　　最常調整的地方是座墊、
椅背和大腿靠墊，但也要注
意機器上的旋轉軸，讓雙腿
可以正確地擺放。如果在做
的時候感到不舒服或是難以
出力，請調整設定直到能順
暢動作為止。

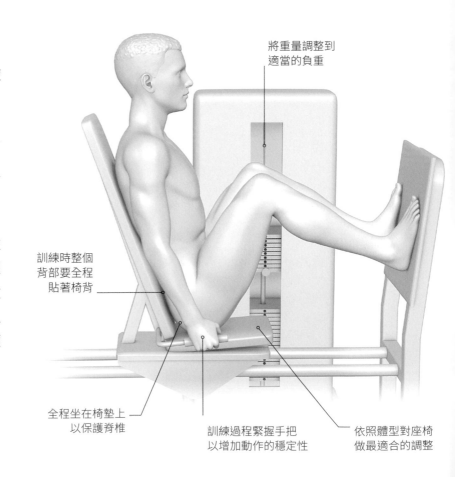

將重量調整到
適當的負重

訓練時整個
背部要全程
貼著椅背

全程坐在椅墊上
以保護脊椎

訓練過程緊握手把
以增加動作的穩定性

依照體型對座椅
做最適合的調整

啞鈴與槓鈴的抓握姿勢

安全是肌力訓練最重要的考量。無論是在健身房還是在家訓練，要保持安全就必須全程全神貫注。訓練過程中保持專注不僅能確保安全，還能夠讓你按照訓練計劃持續鍛鍊而不會因受傷而中斷。雙手抓握重量的方式是一個重點，抓握槓鈴或啞鈴的姿勢以及握距的遠近都有影響。

抓握的姿勢

抓握槓鈴或是啞鈴的姿勢對穩定支撐重量以及減輕手部疼痛來說很重要。常見的抓握姿勢有反握、對握（亦稱中立握）和正握（可參考下圖以及 p.50 的腕關節）；半反握介於反握和對握之間；半正握介於正握與對握之間。

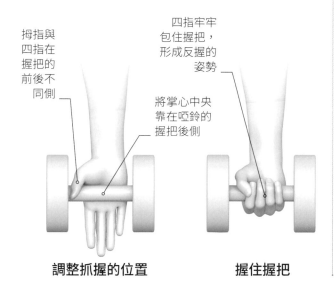

拇指與四指在握把的前後不同側

四指牢牢包住握把，形成反握的姿勢

將掌心中央靠在啞鈴的握把後側

調整抓握的位置　　　　**握住握把**

握距與握姿

抓握槓身或機器握把（pp.110-111）的握距，以及手腕的姿勢，都會直接影響到哪個肌肉槓桿作用較大以及能夠出力最多。因此，即使是相同的訓練動作，採取寬握距、窄握距或是中握距所刺激到的肌肉會稍有不同。

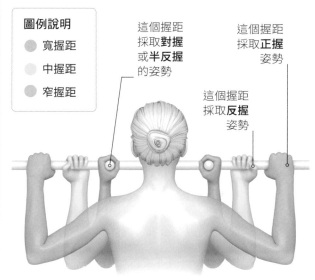

圖例說明
- 寬握距
- 中握距
- 窄握距

這個握距採取**對握**或**半反握**的姿勢

這個握距採取**正握**姿勢

這個握距採取**反握**姿勢

記錄健身狀況

將每次的健身記錄下來有助於追蹤和保持進度。例如，你只要參考上週訓練使用的重量，就能以其做為本週增加重量的基準點，若重量太具挑戰性也可附註其中。保持記錄（無論是用健身手冊或手機 app）是個很好的習慣。右邊的表格可作為需要追蹤哪些細節的參考。

健身日期

訓練動作	反覆次數和組數	每組使用的重量	組間休息	附註
腿部推舉	每組 10 次，總共 4 組	1 組 XX 公斤/磅	60 秒	下週要增加 XX 公斤/磅
肩部推舉	每組 10 次，總共4組	1 組 XX 公斤/磅	60 秒	有挑戰性；下週維持相同重量

人體動作術語

人體有許多動作需要關節的參與才能完成，在這一節會以圖文並茂的方式解說每個動作。本書所有動作說明和指導都會使用專業術語和箭頭標示方向，這將有助你在進行本書的運動時能正確地執行動作，所以你可以在本頁特別做標記，以方便之後參考。

脊椎

其作用除了為上半身提供結構支撐之外，還能將上半身的負重傳遞至下半身。脊椎可以執行伸展、屈曲、旋轉、側屈以及結合兩種以上的複合式動作。

脊椎中立位

伸展
從腰部的位置彎曲讓軀幹往後移動。

屈曲
從腰部的位置彎曲讓軀幹往前移動。

旋轉
以身體中線為軸心，讓軀幹往右或往左旋轉。

側屈
以身體中線為起點，讓軀幹往右或往左彎曲。

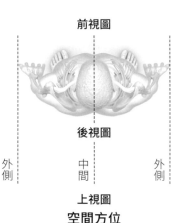

前視圖

後視圖

外側　　中間　　外側

上視圖
空間方位

肘關節

任何用手支撐的運動和某些手臂運動，都會使用到肘關節。

伸展
伸直手臂，關節角度增加。

屈曲
彎曲手臂，關節角度減少。

腕關節

腕關節應保持中立位，與前臂直直對齊。

旋後
旋轉前臂，讓掌心朝上。

旋前
旋轉前臂，讓掌心朝下。

髖關節

髖關節能夠在多個活動平面上執行多角度動作，所有這些動作都是以腿伸直的姿勢為基準，如下圖所示。

內收
讓大腿向內往身體中線方向移動。

外展
讓大腿向外往遠離身體中線方向移動。

外旋
讓大腿向外側旋轉。

內旋
讓大腿向內側旋轉。

伸展
讓大腿往後伸展，讓身體在髖關節處伸直。

屈曲
讓大腿往前移動，讓身體從髖關節處彎曲。

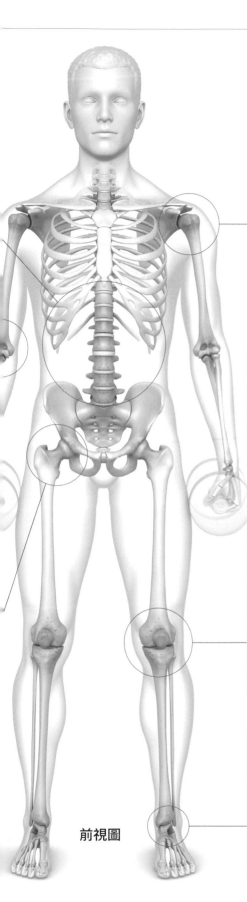

前視圖

肩關節

這個結構複雜的關節能在多個活動平面上執行多角度動作。它可以讓手臂往前和往後移動，在身體側邊上下移動，也可以在肩關節處旋轉。

屈曲
讓手臂從肩關節處往前移動。

伸展
讓手臂從肩關節處往後移動。

內收
讓手臂往身體方向移動。

外展
讓手臂往遠離身體方向移動。

外轉
讓手臂從肩關節處向外旋轉。

內轉
讓手臂從肩關節處向內旋轉。

膝關節

膝關節必須能夠承受高達身體 10 倍重量的負荷。它的主要動作是屈曲和伸展，很多肌力訓練都會涉及這兩個動作。

屈曲
膝蓋彎曲，關節角度減少。

伸展
膝蓋伸直，關節角度增加。

踝關節

在肌力訓練裡會使用到的兩個主要踝關節動作是背屈和蹠屈。

背屈
踝關節彎曲，讓腳尖朝上。

蹠屈
踝關節伸展，讓腳尖朝下。

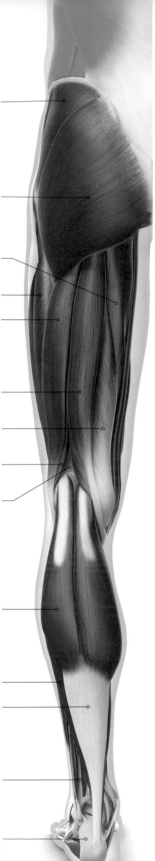

臀中肌
呈扇形排列的肌肉，
作用是讓髖關節能往
更外側伸展和旋轉腿部

臀大肌
人體裡最大的肌肉之一。
作用是伸展髖關節和旋轉腿部

內收大肌
負責讓髖關節向內收的
肌肉，但同時也是很有
力的髖關節伸展肌

股外側肌
股四頭肌的其中一塊肌肉

股二頭肌長頭
腿後肌最外側的肌肉，
作用是伸展髖關節、
彎曲膝關節和旋轉腿部

半腱肌
腿後肌的其中一塊肌肉

半膜肌
腿後肌的其中一塊肌肉

股二頭肌短頭
腿後肌的其中一塊肌肉

股骨
大腿骨，是人體內最長、
最強壯、最重的骨頭

腓腸肌
小腿最大塊的肌
肉；它有兩個頭，
作用是協助踝關節
蹠屈和彎曲膝關節

比目魚肌
位於腓腸肌底下的
平坦大肌肉

阿基里斯腱（跟腱）
是腓腸肌和比目魚肌的
共同肌腱，其往下延伸
至腳後跟跟骨

腓骨
位於小腿外側的細骨頭

跟骨
腳後跟的骨頭

髂腰肌
主要由腰大肌與髂肌所組成，
作用是彎曲髖關節

闊筋膜張肌
經常簡寫為TFL。其能協助穩
定股骨以及髖關節和膝蓋關節

恥骨肌
作用為彎曲和內收髖關節

內收長肌
呈扇形排列的肌肉，
是內收肌群的一員

股薄肌
位於淺層的扁薄長條狀肌肉，
能協助髖關節和膝關節的彎曲
和內收

縫匠肌
其作用是讓髖關節彎曲、外展
和橫向旋轉以及膝關節彎曲

股直肌
股四頭肌的其中一塊肌肉。
作用是彎曲髖關節和伸展膝關節

股內側肌
股四頭肌的其中一塊肌肉

髕骨
也稱為膝蓋骨，與股四頭肌
肌腱相連

脛前肌
作用是讓踝關節背屈

腓骨長肌
能讓踝關節和腳掌往不同
方向活動。它的肌腱沿著
腳踝外側繞到腳底

脛骨
小腿骨

伸趾長肌
能讓外側四根腳趾頭伸展
以及踝關節背屈

屈趾長肌
能讓外側四根腳趾頭彎曲，
協助踝關節蹠屈

伸拇長肌
作用是彎曲大腳趾，
協助踝關節蹠屈

後視圖　　　　　　　　　　前視圖

腿部訓練

腿部負責下半身活動的主要肌群有：位於大腿前側的股四頭肌，是構成大腿外觀形狀最主要的肌肉；位於大腿後側的腿後肌；位於骨盆後側的臀肌以及位於小腿後側的小腿肌。

股四頭肌的主要作用是伸展膝關節，而其四塊肌肉之一的股直肌還具有彎曲髖關節的功能。腿後肌的作用則是彎曲膝關節和伸展髖關節。臀肌群的作用是伸展髖關節，還能協助大腿執行外轉和內轉的動作。小腿肌主要功能是蹠屈腳踝與彎曲膝蓋。

結合下半身多個肌群的訓練能提升髖關節、膝關節和踝關節的動作協調性。

● 複合式訓練（動作涉及多個關節）會使用到下半身各處的肌肉去執行動作，同時控制每個關節周圍的力量。像是背蹲舉和硬舉便屬於複合式訓練。

● 孤立式訓練（動作只涉及單一關節）比較偏重在某一個肌群，但還是會使用到其它肌肉以協助穩定關節周圍的力量。像是腿部伸展和提踵便屬於孤立式訓練。

增加腿部肌肉量和肌力
　　能提高各種健身訓練的表現。

槓鈴背蹲舉
BARBELL BACK SQUAT

這個多關節運動（也就是複合式訓練）能夠強化股四頭肌、內收肌群和臀肌群。它也能鍛鍊腿後肌、豎脊肌和臀肌。維持正確的動作是避免脊椎受傷的關鍵。

概述

維持良好的協調性、正確的動作姿勢和發力方式很重要。收緊核心能增加穩定性和控制力，並避免下背部拉傷。先從較輕的重量開始，等你覺得動作變得輕鬆時再增加負荷。初學者可以從一組 8-10 次，總共 4 組開始做起。除此之外，還可以參考 pp.56-57 的變化式和 pp.201-214 依據不同目的設定不同的目標組數。

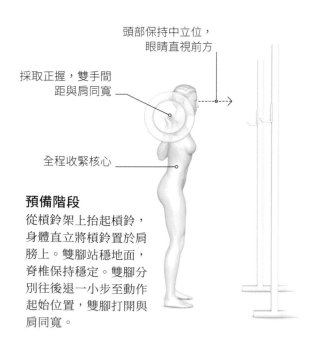

頭部保持中立位，眼睛直視前方

採取正握，雙手間距與肩同寬

全程收緊核心

預備階段
從槓鈴架上抬起槓鈴，身體直立將槓鈴置於肩膀上。雙腳站穩地面，脊椎保持穩定。雙腳分別往後退一小步至動作起始位置，雙腳打開與肩同寬。

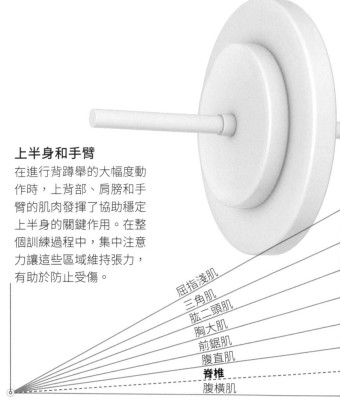

上半身和手臂
在進行背蹲舉的大幅度動作時，上背部、肩膀和手臂的肌肉發揮了協助穩定上半身的關鍵作用。在整個訓練過程中，集中注意力讓這些區域維持張力，有助於防止受傷。

屈指淺肌
三角肌
肱二頭肌
胸大肌
前鋸肌
腹直肌
脊椎
腹橫肌

階段一
吸氣並收緊核心，將髖部往後推並開始下蹲。膝蓋彎曲的過程中要保持對齊腳尖方向。接近下蹲底部位置（此時大腿應該與地板大致平行）時要放慢速度。

雙腿
股四頭肌、臀肌群和內收肌群是主要的作用肌肉，而腿後肌和小腿後肌則分別扮演協助穩定骨盆和膝蓋的角色。往下蹲形成深蹲姿勢的階段屬於離心動作。這個訓練動作能對下半身許多組織施加大量張力。

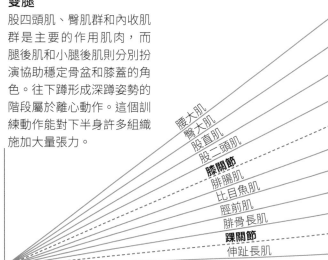

腰大肌
臀大肌
股直肌
股二頭肌
膝關節
腓腸肌
比目魚肌
脛前肌
腓骨長肌
踝關節
伸趾長肌

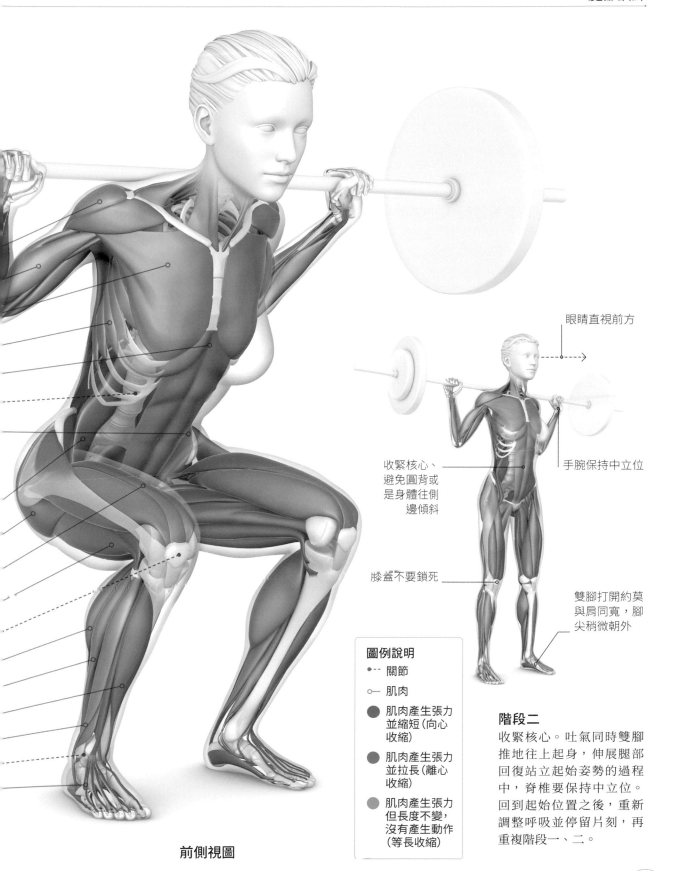

眼睛直視前方

手腕保持中立位

收緊核心、
避免圓背或
是身體往側
邊傾斜

膝蓋不要鎖死

雙腳打開約莫
與肩同寬，腳
尖稍微朝外

圖例說明

●-- 關節

○- 肌肉

● 肌肉產生張力
並縮短（向心
收縮）

● 肌肉產生張力
並拉長（離心
收縮）

● 肌肉產生張力
但長度不變，
沒有產生動作
（等長收縮）

階段二

收緊核心。吐氣同時雙腳
推地往上起身，伸展腿部
回復站立起始姿勢的過程
中，脊椎要保持中立位。
回到起始位置之後，重新
調整呼吸並停留片刻，再
重複階段一、二。

前側視圖

》變化式

所有與深蹲有關的動作都是以臀肌、股四頭肌以及腿後肌為目標肌肉，這裡介紹的幾個槓鈴背蹲舉變化式，可藉由改變負重方式讓難度降低，或是讓其他肌肉獲得更多的鍛鍊。在挑戰槓鈴前蹲舉之前，請先利用啞鈴蹲舉掌握蹲舉的動作要領。

圖例說明
● 主要目標肌肉群
● 次要目標肌肉群

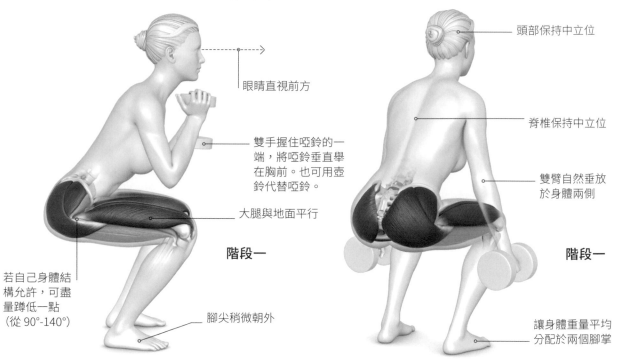

眼睛直視前方

雙手握住啞鈴的一端，將啞鈴垂直舉在胸前。也可用壺鈴代替啞鈴。

大腿與地面平行

階段一

若自己身體結構允許，可盡量蹲低一點（從 90°-140°）

腳尖稍微朝外

頭部保持中立位

脊椎保持中立位

雙臂自然垂放於身體兩側

階段一

讓身體重量平均分配於兩個腳掌

啞鈴高腳杯深蹲

這個變化式無需槓鈴，在家裡即可訓練。如果你是蹲舉初學者，建議從這個簡易版的變化式開始做起，其負重的位置是在身體前方，能讓軀幹更容易保持挺直。

預備階段

雙腳打開與肩同寬。雙手握住啞鈴的一頭，將啞鈴舉在胸前位於下巴下方的位置。讓前臂保持與地面接近垂直的姿勢。

階段一

吸氣，將臀部往後推，膝蓋彎曲，讓身體往下蹲低。保持雙膝朝外張開且與腳尖朝同方向。不要讓膝蓋往內夾。

階段二

從深蹲姿勢起身回復到站立姿勢，過程中吐氣。整個過程中保持腹部收緊。然後重複階段一、二。

啞鈴深蹲

這個蹲舉動作要用到一對啞鈴，是另一種簡易版的變化式。雙手握住啞鈴自然垂放於身體兩側，隨著身體下蹲讓啞鈴跟著順勢往下降。這個訓練動作能讓前臂、手臂和上背部的肌肉獲得更多的鍛鍊。

預備階段

身體站立，雙腳打開約莫與肩同寬並呈平行。雙手握住啞鈴，雙臂伸直置於身體兩側。眼睛朝前直視，收緊軀幹肌肉。

階段一

收緊核心同時吸氣，髖關節和膝關節彎曲讓身體往下蹲，膝蓋位於腳掌正上方。眼睛直視前方，保持雙臂垂直朝下。

階段二

吐氣同時從深蹲姿勢起身回復到站立姿勢。腹部要全程保持收緊。重複階段一、二。

深蹲是多關節運動，可以鍛鍊膝關節、臀部和軀幹周圍的肌肉。改善活動力和平衡感並且讓肌肉更強健。

讓槓鈴橫跨在鎖骨的位置

頭部保持中立位，眼睛直視前方

手肘與地面呈平行

收緊軀幹肌肉

避免膝蓋往內夾

腳尖稍微朝外

階段一

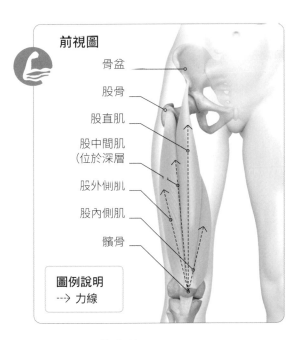

前視圖

骨盆
股骨
股直肌
股中間肌（位於深層
股外側肌
股內側肌
髕骨

圖例說明
--> 力線

槓鈴前蹲舉

如果你發現槓鈴背蹲舉會導致下背部疼痛或原本就有肩傷，可以嘗試這個變化式，由於前蹲舉將負重移至身體前方，能讓上背部肌肉獲得更多的鍛鍊。

預備階段
身體站立，雙腳打開約莫與肩同寬並呈平行。舉起槓鈴，置於肩膀上面與鎖骨平行。

階段一
吸氣同時收緊核心，身體下降形成深蹲姿勢，軀幹盡可能保持挺直。眼睛直視前方，槓鈴保持穩定不動。

階段二
吐氣同時收緊核心，雙腳用力推地並藉由地面反作用力伸展髖關節和膝關節讓雙腿伸直，使身體回到站立姿勢。重複階段一、二。

股四頭肌的力線
股四頭肌並非只有一塊肌肉，而是由數塊肌肉構成，共同運作；這些肌肉有不同的力線（也就是拉力），這取決於它們在執行動作的整個過程中何時最需要參與發力。例如，在進行深蹲運動，股四頭肌的不同肌肉在深蹲各階段會同步運作，只是參與程度會有差異。

腿部推舉
LEG PRESS

這個雙腿朝前直推的複合式動作可以鍛鍊到大範圍的腿部肌肉。機械式腿部推舉訓練除了能強化股四頭肌、內收肌群和臀肌群，也能鍛鍊到腿後肌。腿部推舉跟背蹲舉（pp.54-55）類似，但對脊椎的負荷較輕，所以更能避免傷害發生或是讓舊傷加劇或復發。

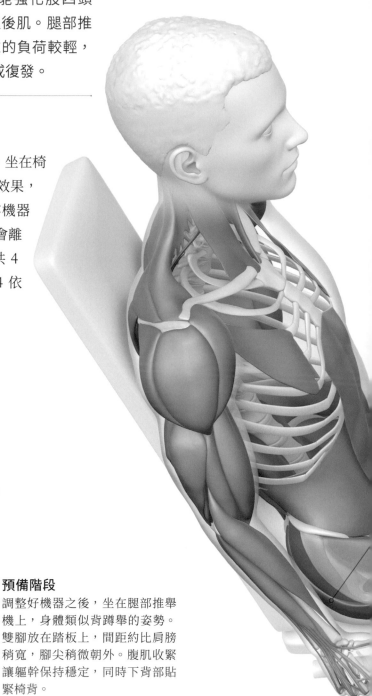

圖例說明
- •-- 關節
- ○- 肌肉
- ● 肌肉產生張力並縮短（向心收縮）
- ● 肌肉產生張力並拉長（離心收縮）
- ● 肌肉產生張力但長度不變，沒有產生動作（等長收縮）

概述

腿部推舉能鍛鍊到整個腿部。設定好重量，坐在椅墊上並調整腳踏板的位置。為了達到最大效果，只需髖關節和膝關節彎曲。過程中要抓牢機器上的把手以增加軀幹的穩定性，讓臀部不會離開座椅。初學者可以從 1 組 8-10 次，總共 4 組開始做起。另外也可以參考 pp.201-214 依據不同目的採取建議的目標組數。

頭部位於中立位，眼睛直視前方

膝蓋彎曲90度並對齊腳趾

收緊核心

全程雙手抓牢把手以穩定軀幹和骨盆

預備階段
調整好機器之後，坐在腿部推舉機上，身體類似背蹲舉的姿勢。雙腳放在踏板上，間距約比肩膀稍寬，腳尖稍微朝外。腹肌收緊讓軀幹保持穩定，同時下背部貼緊椅背。

階段二
吸氣，髖關節和膝關節彎曲，膝蓋要對齊第一和第二腳趾的方向。控制好踏板下降的力道，在接近起始位置時適度減速。重新調整呼吸並重複階段一、二。

腿部
在這項訓練中，雙腿是抵抗阻力和推動負重的主要肌肉。股四頭肌、臀肌群和內收肌群是主動肌，腿後肌、腰肌、腹肌和小腿後肌則負責協助骨盆和膝蓋保持穩定。雙腿往前推時是向心收縮動作。

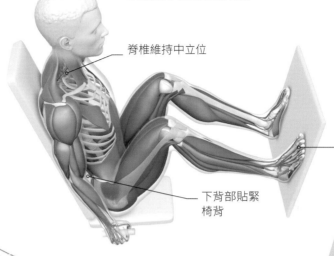

脊椎維持中立位

腳掌平貼踏板，同時腳尖稍微朝外

下背部貼緊椅背

外展拇肌

踝關節

伸趾長肌

腓骨短肌

股直肌

臀大肌

闊筋膜張肌

內收長肌

腓骨長肌

內收大肌

脛前肌

股二頭肌

比目魚肌

股內側肌

腓腸肌

膝關節

階段一
保持腹肌緊收，下背部貼緊椅背。吐氣，身體坐穩於椅墊上，雙腿藉由兩隻腳掌平均施力將踏板往前推，讓髖關節和膝關節伸展，直到雙腿近乎伸直（膝蓋不要鎖死）。

上側視圖

哈克深蹲
HACK SQUAT

哈克深蹲可以強化股四頭肌、內收肌群和臀肌群，還可以鍛鍊腿後肌。這個機械式的訓練運動是在設定好的固定路徑上執行，所以能在鍛鍊大腿肌肉的同時，將傷害風險降至最低以及避免舊傷加劇或復發。

概述

這種多關節複合式深蹲動作經常被納入訓練計劃中，以補強其他下半身肌力訓練。保持核心收緊以避免下背部緊繃，並且必須在關節活動度範圍內進行訓練。訓練開始之前要先設定好重量並躺在機器上調整好上下移動的位置。初學者可以每組 8-10 次，總共 4 組開始做起。另外也可以參考 pp.201-214 依據不同目的採取建議的目標組數。

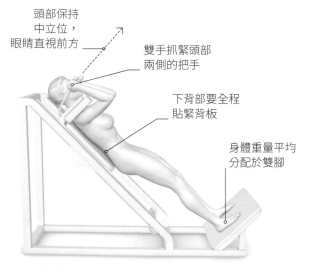

頭部保持中立位，眼睛直視前方

雙手抓緊頭部兩側的把手

下背部要全程貼緊背板

身體重量平均分配於雙腳

預備階段
背部靠在機器的背墊上面並調整好位置，讓身體呈站立姿勢。雙腳踩在踏板上的起始站姿近似背蹲舉 (pp.54-55)，雙腳打開稍微比肩膀寬的距離，腳尖微幅朝外。

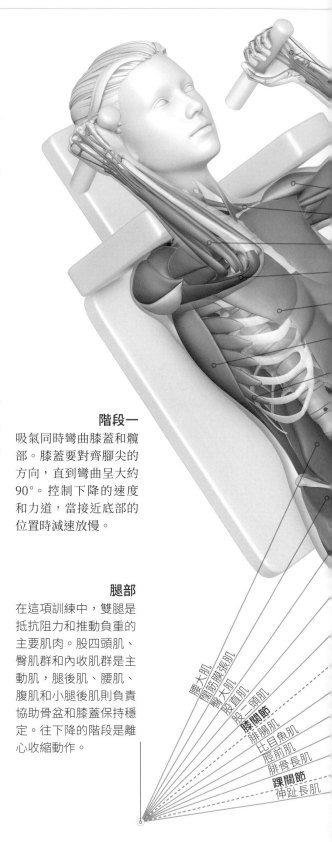

階段一
吸氣同時彎曲膝蓋和髖部。膝蓋要對齊腳尖的方向，直到彎曲呈大約 90°。控制下降的速度和力道，當接近底部的位置時減速放慢。

腿部
在這項訓練中，雙腿是抵抗阻力和推動負重的主要肌肉。股四頭肌、臀肌群和內收肌群是主動肌，腿後肌、腰肌、腹肌和小腿後肌則負責協助骨盆和膝蓋保持穩定。往下降的階段是離心收縮動作。

腰大肌
闊筋膜張肌
臀大肌
股直肌
股二頭肌
髖關節
腓腸肌
比目魚肌
脛前肌
腓骨長肌
踝關節
伸趾長肌

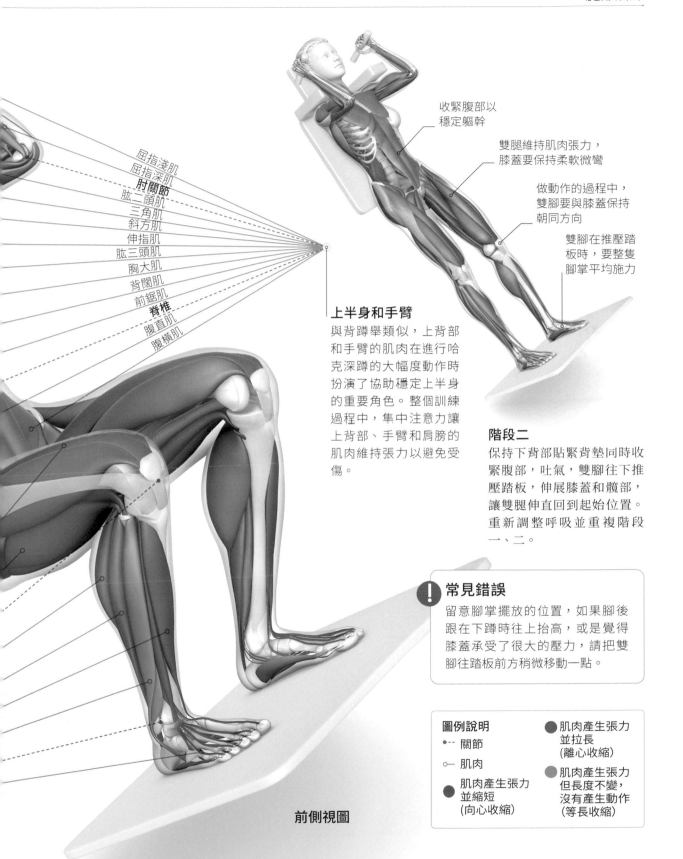

屈指淺肌
屈指深肌
肘關節
肱二頭肌
三角肌
斜方肌
伸指肌
肱三頭肌
胸大肌
背闊肌
前鋸肌
脊椎
腹直肌
腹橫肌

收緊腹部以
穩定軀幹

雙腿維持肌肉張力，
膝蓋要保持柔軟微彎

做動作的過程中，
雙腳要與膝蓋保持
朝同方向

雙腳在推壓踏
板時，要整隻
腳掌平均施力

上半身和手臂

與背蹲舉類似，上背部
和手臂的肌肉在進行哈
克深蹲的大幅度動作時
扮演了協助穩定上半身
的重要角色。整個訓練
過程中，集中注意力讓
上背部、手臂和肩膀的
肌肉維持張力以避免受
傷。

階段二

保持下背部貼緊背墊同時收
緊腹部，吐氣，雙腳往下推
壓踏板，伸展膝蓋和髖部，
讓雙腿伸直回到起始位置。
重新調整呼吸並重複階段
一、二。

! 常見錯誤

留意腳掌擺放的位置，如果腳後
跟在下蹲時往上抬高，或是覺得
膝蓋承受了很大的壓力，請把雙
腳往踏板前方稍微移動一點。

前側視圖

圖例說明
- •-- 關節
- ○- 肌肉
- ● 肌肉產生張力
  並縮短
  (向心收縮)
- ● 肌肉產生張力
  並拉長
  (離心收縮)
- ● 肌肉產生張力
  但長度不變，
  沒有產生動作
  (等長收縮)

啞鈴弓步蹲
STATIONARY LUNGE WITH DUMBBELLS

弓步蹲是訓練股四頭肌和臀肌群很有用的運動，同時也能鍛鍊核心肌群。訓練過程中雙腿都會施力，但鍛鍊的主要目標是前腿的肌肉。

概述

往下蹲時要由髖關節彎曲帶動身體直直往下降，避免身體前傾。處於弓步蹲姿勢時，耳朵、髖部、手肘和手要在一直線上。在整個訓練過程中，軀幹保持穩定並收緊核心，身體重量平均分佈於整個前腳和後腳的前腳掌。雙手持啞鈴自然垂放於身體兩側，並隨著身體下蹲順勢往下降。為了確保雙腿獲得平均鍛鍊，要左右兩腿輪流交替下蹲，或是持續用同一條腿下蹲完成一組之後再換另一條腿。初學者可以從每組 8-10 次，總共 4 組開始做起。除此之外，還可以參考 pp.64-65 的變化式和 pp.201-214 依據不同目的採取建議的目標組數。

! 常見錯誤

往前跨步時太小步或太大步，會導致姿勢不正確或不穩定。要避免上背部往前傾。

上半身

核心、上背部、手臂和肩膀的肌肉協助穩定上半身。肌肉全程維持張力有助於提升最大肌力。

斜方肌
三角肌
胸小肌
脊椎
肱三頭肌
肱二頭肌
脊伸肌群
腹直肌
腹橫肌
臀中肌
腰大肌
臀大肌
股直肌
股外側肌
股二頭肌
膝關節
比目魚肌
伸趾長肌
踝關節
外展小趾肌

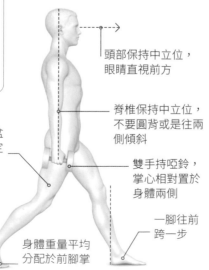

預備階段
雙腳打開與肩同寬，雙手持啞鈴置於身體兩側。依照平常的步距，一腿往前跨步，擺出起始姿勢。

後腿施力協助骨盆保持平衡穩定

頭部保持中立位，眼睛直視前方

脊椎保持中立位，不要圓背或是往兩側傾斜

雙手持啞鈴，掌心相對置於身體兩側

一腳往前跨一步

身體重量平均分配於前腳掌

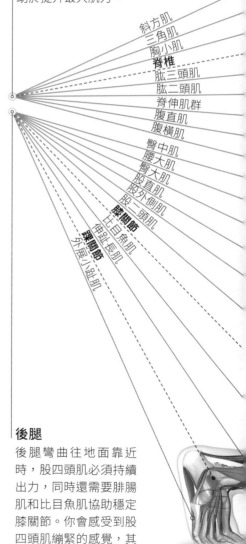

後腿

後腿彎曲往地面靠近時，股四頭肌必須持續出力，同時還需要腓腸肌和比目魚肌協助穩定膝關節。你會感受到股四頭肌繃緊的感覺，其中又以股直肌得到的刺激最多。

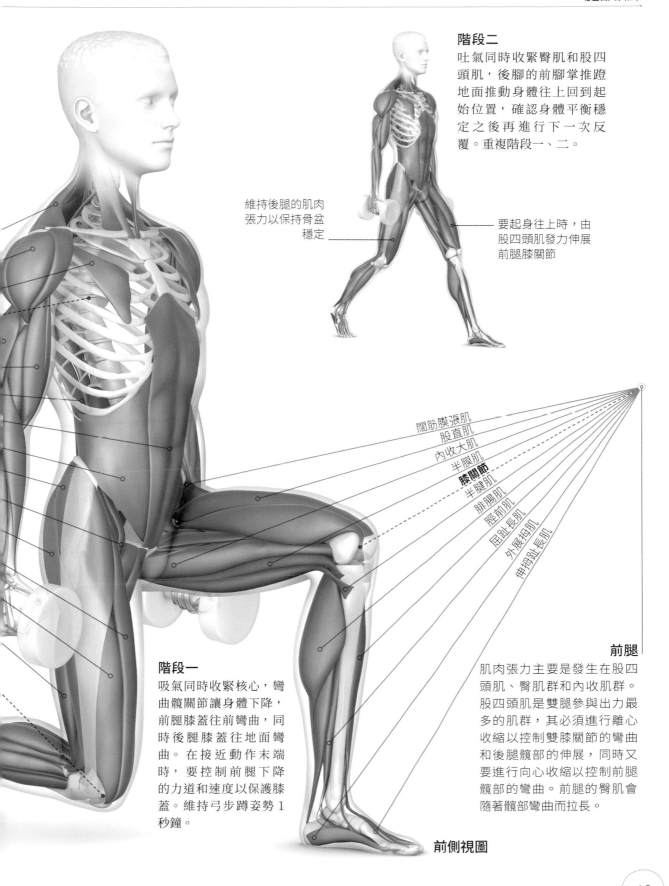

階段二
吐氣同時收緊臀肌和股四頭肌，後腳的前腳掌推蹬地面推動身體往上回到起始位置，確認身體平衡穩定之後再進行下一次反覆。重複階段一、二。

維持後腿的肌肉張力以保持骨盆穩定

要起身往上時，由股四頭肌發力伸展前腿膝關節

闊筋膜張肌
股直肌
內收大肌
半膜肌
膝關節
半腱肌
腓腸肌
脛前肌
屈趾長肌
外展拇長肌
伸拇趾長肌

階段一
吸氣同時收緊核心，彎曲髖關節讓身體下降，前腿膝蓋往前彎曲，同時後腿膝蓋往地面彎曲。 在接近動作末端時，要控制前腿下降的力道和速度以保護膝蓋。維持弓步蹲姿勢 1 秒鐘。

前腿
肌肉張力主要是發生在股四頭肌、臀肌群和內收肌群。股四頭肌是雙腿參與出力最多的肌群，其必須進行離心收縮以控制雙膝關節的彎曲和後腿髖部的伸展，同時又要進行向心收縮以控制前腿髖部的彎曲。前腿的臀肌會隨著髖部彎曲而拉長。

前側視圖

»變化式

剛開始進行弓步蹲可先採取無負重訓練。所有弓步蹲運動都是以股四頭肌、腿後肌和臀肌群為目標肌群。若雙手持啞鈴，應自然垂放於身體兩側，隨著身體的動作順勢上升和下降。

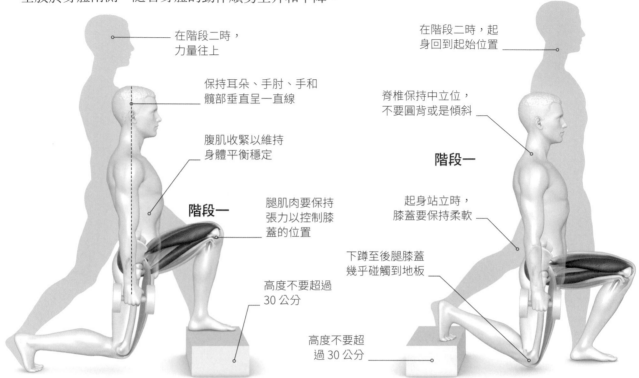

在階段二時，力量往上

保持耳朵、手肘、手和髖部垂直呈一直線

腹肌收緊以維持身體平衡穩定

階段一

腿肌肉要保持張力以控制膝蓋的位置

高度不要超過30公分

在階段二時，起身回到起始位置

脊椎保持中立位，不要圓背或是傾斜

階段一

起身站立時，膝蓋要保持柔軟

下蹲至後腿膝蓋幾乎碰觸到地板

高度不要超過30公分

前腳抬高啞鈴分腿蹲

這個變化式是將前腳抬高放在台階或穩固的箱子上，以增加關節的活動範圍，同時減輕前腿膝蓋的負荷。雙腿施力以協助骨盆維持穩定。如果你對弓步蹲動作還不熟練，可先從這個比較簡易的版本開始做起。

預備階段
採取雙腳左右打開與肩同寬的前後跨步站姿。前腳踩到箱子上。雙膝保持放鬆同時後腿施力以維持平衡。

階段一
吸氣，髖部往下沉並將前腿膝蓋往前推，同時後腿膝蓋往地面下降。保持腹肌收緊。

階段二
吐氣，股四頭肌和臀肌發力產生往上的力量。重複階段一、二，完成預計執行的反覆次數之後，換另一條腿重複相同動作。

後腳抬高啞鈴分腿蹲

這個變化式是利用台階或穩固的箱子增加髖部彎曲的程度，進而提升對股四頭肌的挑戰性。但如果台階太高，髖部可能會偏離正確位置。保持軀幹靜止不動，兩隻手臂置於身體兩側。

預備階段
背對箱子站立，雙腳打開與肩同寬。一條腿向後跨步，踮腳尖支撐於箱子上。後腿施力以保持穩定。

階段一
吸氣，後腿膝蓋彎曲讓身體下降，同時前腿膝蓋彎曲。全程保持腹肌收緊、脊椎中立位。

階段二
吐氣，股四頭肌和臀肌發力產生往上的力量。重複階段一、二，完成預計執行的反覆次數之後，換另一條腿重複相同動作。

啞鈴跨步蹲

這個變化式比弓步蹲困難度更高且需要更高的協調性。在進行這項訓練之前，請先以極輕負重或無負重的方式練習跨步蹲動作，確認自己是否能保持平衡和協調。等動作熟練覺得有信心之後，可視情況增加負重。

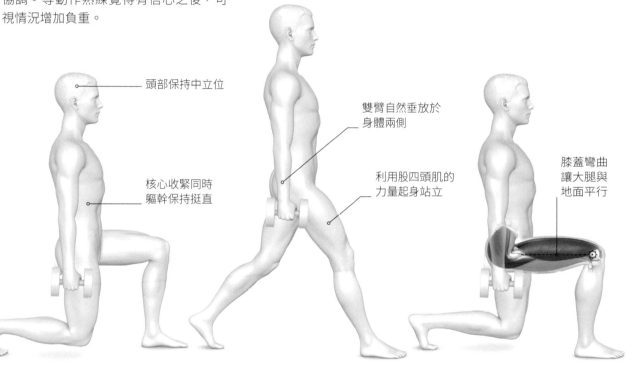

頭部保持中立位

核心收緊同時軀幹保持挺直

雙臂自然垂放於身體兩側

利用股四頭肌的力量起身站立

膝蓋彎曲讓大腿與地面平行

預備階段

雙腳打開與肩同寬。吸氣同時跨大步向前形成弓步蹲的姿勢，前腿膝蓋彎曲呈 90°，後腿膝蓋幾乎觸地。

階段一

股四頭肌發力，吐氣同時起身站立，換另一條腿向前跨一大步。全程軀幹保持挺直並收緊腹肌。

階段二

吸氣，髖部往下沉並將前腿膝蓋往前推，讓後腿膝蓋下降至幾乎觸地的高度。重複相同動作，雙腿輪流交替往前跨步下蹲。

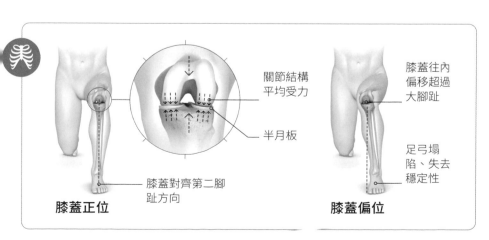

關節結構平均受力

半月板

膝蓋對齊第二腳趾方向

膝蓋正位

膝蓋往內偏移超過大腳趾

足弓塌陷、失去穩定性

膝蓋偏位

膝蓋偏位

膝蓋往內偏移超過大腳趾是常見的膝蓋偏位現象，其可能導致膝蓋疼痛和受傷。膝蓋必須與第二腳趾的方向一致，這會有助於維持膝蓋周圍的穩定性，降低受傷的風險。

三要肌群訓練動作 | 啞鈴登階

啞鈴登階
STEP UP WITH DUMBBELLS

這個運動可以加強股四頭肌和臀肌群，同時也能鍛鍊到核心肌群。

概述

此運動需要用到至少 30 公分高的健身台階或踏板。前腿是訓練重點，全程須將前腿置於台階上並收緊核心。前腿腳掌必須整個踏在台階上，同時雙腳離左右距離要與肩同寬。站上台階的動作是由前腿啟動發力撐起身體，而不是用後腿推蹬地面將身體往上推。為了確保雙腿都能獲得鍛鍊，要左右兩腿輪流交替登階，或是持續訓練同一腿，完成一組之後再換另一腿。初學者可以從每組 8-10 次，總共 4 組開始做起。另外也可以參考 pp.201-214 依據不同目的所採取建議的目標組數。

髖部和腿部

在做登上台階的動作 (向心階段) 時，要把注意力集中在臀肌群和股四頭肌上。前腿啟動發力讓股四頭肌和膝蓋完全伸展，完成登階動作的過程能鍛鍊到臀肌群、近端膕腿後肌和股四頭肌，小腿後肌也需參與以協助維持穩定。在做下台階的動作 (離心階段) 時，前腿股四頭肌和臀肌群需維持全程肌肉張力，而不是放鬆讓身體直接落地。

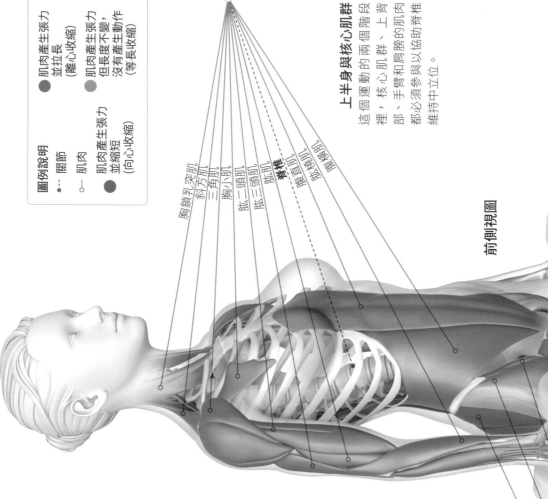

胸鎖乳突肌
斜方肌
三角肌
胸小肌
肱二頭肌
肱三頭肌
脊椎
腹直肌
腹橫肌
腹橫肌

上半身與核心肌群

這個個運動的兩個階段裡，核心肌群、上背部、手臂和肩膀的肌肉都必須參與以協助脊椎維持中立位。

前側視圖

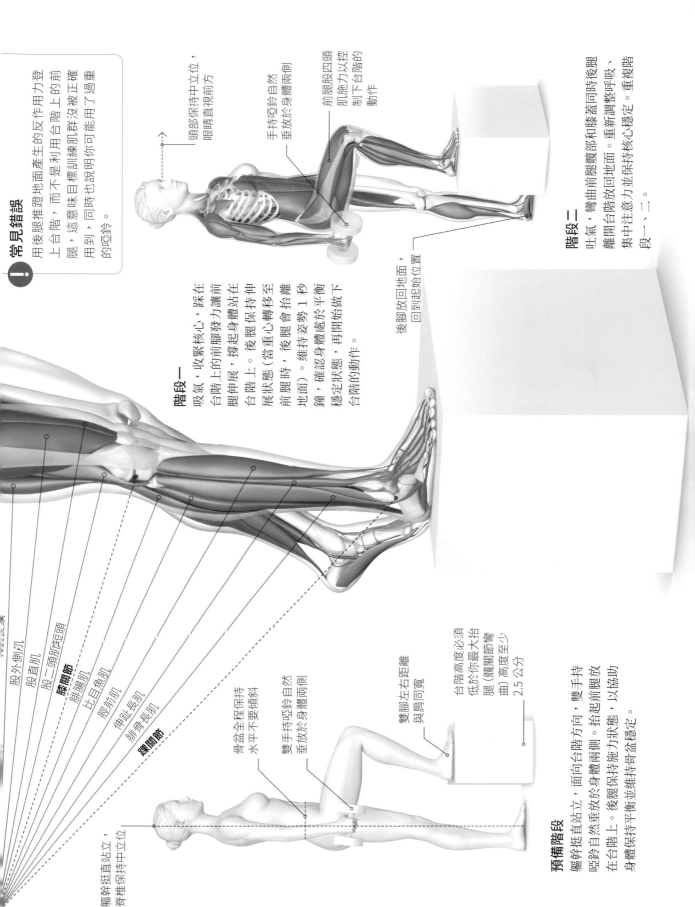

頭部保持中立位,眼睛直視前方

手持啞鈴自然垂放於身體兩側

前腿股四頭肌施力以控制下台階的動作

階段二

吐氣,彎曲前腿髖部和膝蓋同時後腿離開台階放回地面。重新調整呼吸、集中注意往往保持核心穩定。重複階段一、二。

後腳放回地面,回到起始位置

階段一

吸氣,收緊核心,踩在台階上的前腳撐力讓站在台階上的後腿伸展力讓站在台階上。後腿保持伸展狀態(當重心轉移至前腿時,後腿會抬離地面)。維持姿勢於平衡1秒鐘,確認身體處於平衡穩定狀態,再開始做下台階的動作。

股外側肌
股直肌
股二頭肌[長頭]
膝關節
腓腸肌
比目魚肌
脛前肌
伸趾長肌
腓骨長肌
踝關節

軀幹挺直站立,脊椎保持中立位

骨盆全程保持水平不要傾斜

雙手持啞鈴自然垂放於身體兩側

雙腳左右距離與肩同寬

台階高度必須低於你最大抬腿(髖關節彎曲)高度至少2.5公分

預備階段

軀幹挺直站立,面向台階方向,雙手持啞鈴自然垂放於身體兩側。抬起前腿放在台階上。後腿保持施力狀態,以協助身體保持平衡並維持骨盆穩定。

俯臥腿部彎舉
LEG CURL

這項運動訓練的是大腿的腿後肌和小腿最主要的腓腸肌。這兩者是協助膝蓋彎曲的重要肌肉。利用這樣的俯臥姿勢,可以用比較大的力量彎曲膝蓋,又不至於對脊椎造成太大的壓力。

概述

進行腿部彎舉時,雙腿從伸展到彎曲的過程中要把注意力放在膝關節上。腹肌必須收緊以穩定軀幹並避免下背部拉傷。開始訓練之前先設定好重量並檢查腳踝靠墊。初學者可以從每組 8-10 次,總共 4 組開始做起。除此之外,還可以參考 pp.70-71 的變化式和 pp.201-214 依據不同目的採取建議的目標組數。

圖例說明
- ●--- 關節
- ○— 肌肉
- ● 肌肉產生張力並縮短(向心收縮)
- ● 肌肉產生張力並拉長(離心收縮)
- ● 肌肉產生張力但長度不變,沒有產生動作(等長收縮)

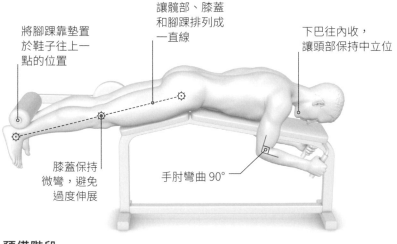

將腳踝靠墊置於鞋子往上一點的位置

讓髖部、膝蓋和腳踝排列成一直線

下巴往內收,讓頭部保持中立位

膝蓋保持微彎,避免過度伸展

手肘彎曲 90°

預備階段
俯臥於機器上面,雙腿伸展,將腳踝靠墊置於鞋子往上一點的位置。雙手緊握機器上的手把,收緊腹肌和背闊肌,同時臀肌夾緊以協助穩定骨盆。

上半身與手臂
上半身和手臂肌肉施力參與控制動作,例如背闊肌、肱二頭肌和三角肌,會有助於提高進行這項運動時的穩定度。上半身的穩定度越高,下半身肌肉的力量越能有效輸出,在目標肌肉產生更多的張力。

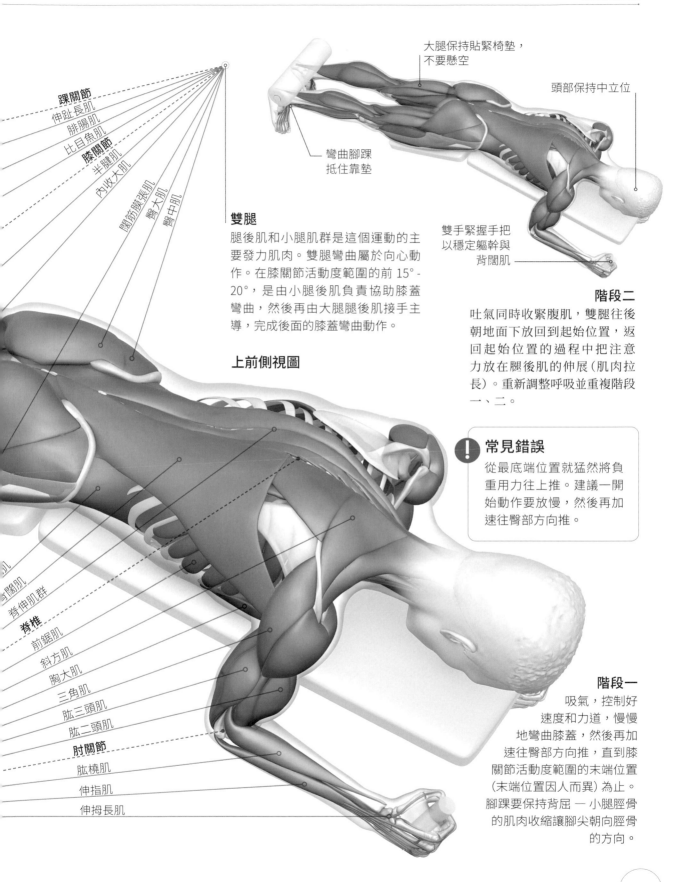

大腿保持貼緊椅墊，
不要懸空

頭部保持中立位

彎曲腳踝
抵住靠墊

踝關節
伸趾長肌
腓腸肌
比目魚肌
膝關節
半腱肌
內收大肌
闊筋膜張肌
臀大肌
臀中肌

雙腿

腿後肌和小腿肌群是這個運動的主要發力肌肉。雙腿彎曲屬於向心動作。在膝關節活動度範圍的前 15°-20°，是由小腿後肌負責協助膝蓋彎曲，然後再由大腿腿後肌接手主導，完成後面的膝蓋彎曲動作。

上前側視圖

雙手緊握手把
以穩定軀幹與
背闊肌

階段二

吐氣同時收緊腹肌，雙腿往後朝地面下放回到起始位置，返回起始位置的過程中把注意力放在腿後肌的伸展（肌肉拉長）。重新調整呼吸並重複階段一、二。

常見錯誤

從最底端位置就猛然將負重用力往上推。建議一開始動作要放慢，然後再加速往臀部方向推。

背闊肌
脊伸肌群
脊椎
前鋸肌
斜方肌
胸大肌
三角肌
肱三頭肌
肱二頭肌
肘關節
肱橈肌
伸指肌
伸拇長肌

階段一

吸氣，控制好速度和力道，慢慢地彎曲膝蓋，然後再加速往臀部方向推，直到膝關節活動度範圍的末端位置（末端位置因人而異）為止。腳踝要保持背屈 — 小腿脛骨的肌肉收縮讓腳尖朝向脛骨的方向。

》變化式

如同前兩頁的俯臥腿部彎舉，這裡介紹的所有變化式也是以腿後肌和腓腸肌為目標肌群。腿部彎舉可以調整成站姿或是坐姿的做法，如此就能夠在家裡或是利用健身房不同器材進行訓練。

圖例說明
● 主要目標肌群
● 次要目標肌群

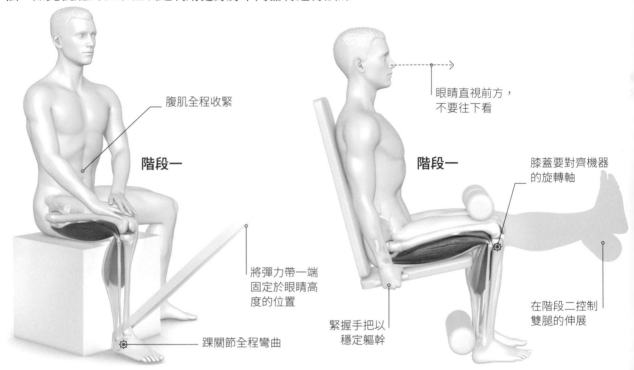

腹肌全程收緊

階段一

將彈力帶一端固定於眼睛高度的位置

踝關節全程彎曲

眼睛直視前方，不要往下看

階段一

膝蓋要對齊機器的旋轉軸

在階段二控制雙腿的伸展

緊握手把以穩定軀幹

坐姿單腿彈力帶彎舉

選一條合適的彈性阻力帶 (p.47)，將一端固定於穩固的地方，固定點應位於眼睛高度的位置。這個運動每次只訓練一腿，因此請務必雙腿輪流交替做。

預備階段
固定好彈性阻力帶。身體坐直，雙腳打開超過肩膀的寬度，兩隻腳掌平貼地面。要訓練的腿往前伸展，同時將彈性阻力帶套在訓練腿的鞋後跟往上一點的位置。

階段一
吸氣，然後吐氣，同時小腿往座位方向做彎舉的動作，腳掌保持離地。感受彈力帶阻力增加的感覺。

階段二
保持腹肌收緊和腳踝背屈，吸氣同時腿部往前伸展回到起始位置，過程中要控制好力道和速度。重複階段一、二。

坐姿腿部彎舉

這種機械式坐姿腿彎舉能在骨盆更穩定的狀態下執行膝蓋彎曲動作和鍛鍊腿後肌。你可以利用不同的健身房機器做這個運動以有效訓練腿後肌和腓腸肌。

預備階段
調整好並坐在機器上，後背緊靠椅背，膝後窩靠在椅墊邊緣。將腳踝放在機器下方的靠墊上面，雙手握住手把。

階段一
以適度的力道和速度，讓膝蓋慢慢彎曲同時吐氣。持續彎曲，直到達到膝關節彎曲的末端位置。腳踝全程保持背屈。

階段二
吸氣同時雙腿以適度的力道和速度往前伸展；感受腿後肌在腿部伸展過程中逐漸拉長的感覺。重複階段一、二。

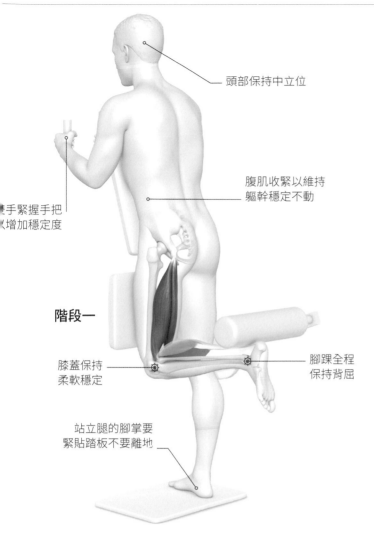

頭部保持中立位

腹肌收緊以維持
軀幹穩定不動

雙手緊握手把
以增加穩定度

階段一

膝蓋保持
柔軟穩定

腳踝全程
保持背屈

站立腿的腳掌要
緊貼踏板不要離地

> 腿部彎舉的幾個變化式，是在安全可控的環境下，鍛鍊腿後肌和其它膝屈肌很好的運動。

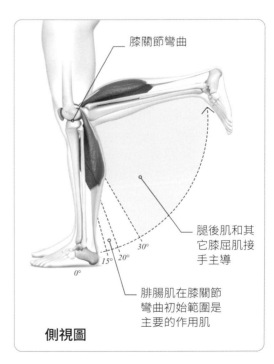

膝關節彎曲

腿後肌和其它膝屈肌接手主導

腓腸肌在膝關節彎曲初始範圍是主要的作用肌

0°　15°　20°　30°

側視圖

站姿單腿彎舉

這個站姿的變化式需要利用健身房機器進行訓練。由於這個運動是一次訓練一腿，因此必須讓左右腿的訓練反覆次數相等，確保雙腿得到平均的鍛鍊。雙手握緊手把有助於穩定背闊肌（位於背部），進而讓骨盆更加穩定。

預備階段

調整好機器。雙腿前側緊貼著靠墊站立，訓練腿的後側緊靠機器下方的腿靠墊。眼睛直視前方。

階段一

吸氣，腹肌收緊，訓練腿往後彎曲，直到達到膝關節彎曲範圍的末端位置，過程中吐氣。小腿脛骨肌肉施力讓腳踝全面保持背屈。

階段二

吸氣，訓練腿往前伸展返回起位置，過程中要維持肌肉張力抵抗機器的阻力。重複階段一、二。

腓腸肌在膝關節彎曲時的作用

腓腸肌和其他膝屈肌（例如腿後肌）相互配合，讓膝關節在整個活動範圍內能全程保持穩定。為了避免在膝蓋彎曲動作開始時產生大量動量（很常見的錯誤），最好能讓小腿後肌和腿後肌協調運作，正確發力並全程維持張力以控制膝關節彎曲的速度和力道。

健身球腿後肌彎舉
HAMSTRING BALL CURL

這個運動針對的目標肌群是大腿腿後肌和小腿腓腸肌。在訓練腿後肌時又不會對脊椎造成負擔，也不需要使用到健身機器。在滾動健身球的過程中會大量使用到核心肌群和臀肌來支撐抬高的軀幹。

概述

這個運動需要一個直徑至少 55-65 公分的健身球。身體仰躺、背部平貼地面，同時伸展髖部，將小腿下段與腳後跟置於健身球上。接著將身體往上抬高形成橋式的姿勢。這個運動的最大挑戰是在維持身體姿勢、臀部離開地面和軀幹穩定的狀態下，利用腿後肌完成膝蓋彎曲的動作。初學者可以從每組 8-10 次，總共 4 組開始做起。另外也可以參考 pp.201-214 依據不同目的採取建議的目標組數。如果發現臀部開始下沉，可減少每組的反覆次數，改成增加組數。若想增加核心肌群的挑戰性，可以兩隻手臂交疊置於胸前。

大腿
腿後肌向心收縮讓膝蓋彎曲。腳後跟嵌進健身球裡，將注意力放在膝蓋彎曲動作，而非將球往身體方向拉。維持橋式需靠臀肌收緊發力，髖部彎曲時則需要臀肌伸展。髖屈肌群向心收縮讓髖部彎曲。腓腸肌向心收縮讓膝蓋彎曲並把腳後跟往身體方向拉。

膝關節
股二頭肌短頭
腓腸肌
股直肌
股外側肌
股二頭肌長頭
股內側肌
臀大肌
闊筋膜張肌
臀中肌

上半身
兩隻手臂具有平衡作用，協助上半身維持穩定，避免身體翻覆。核心肌群發力支撐下背部並讓身體在健身球上能保持平衡。

腹外斜肌

脊椎
肱三頭肌
三角肌
脊伸肌群

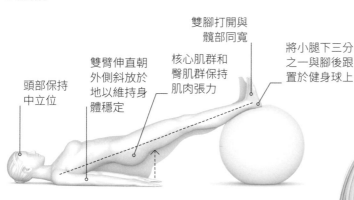

頭部保持中立位

雙臂伸直朝外側斜放於地以維持身體穩定

核心肌群和臀肌群保持肌肉張力

雙腳打開與髖部同寬

將小腿下三分之一與腳後跟置於健身球上

預備階段
仰躺在地板上，雙臂往身體兩側伸展，掌心朝下置於地面。將雙腿和腳後跟放在健身球上，核心肌群和臀肌發力將身體往上抬高形成橋式。頭部和脊椎保持中立位。

圖例說明
- •-- 關節
- ○- 肌肉
- ● 肌肉產生張力並縮短 (向心收縮)
- ● 肌肉產生張力並拉長 (離心收縮)
- ● 肌肉產生張力但長度不變，沒有產生動作 (等長收縮)

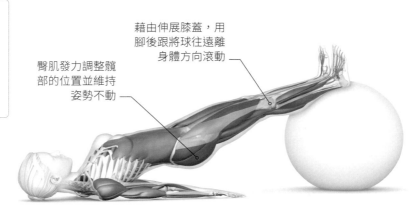

藉由伸展膝蓋，用腳後跟將球往遠離身體方向滾動

臀肌發力調整髖部的位置並維持姿勢不動

階段二
吸氣，膝蓋和髖部伸展，慢慢將球滾回起始位置。維持這個姿勢停留片刻，重新調整呼吸和髖部的位置，軀幹保持穩定。重複階段一、二。

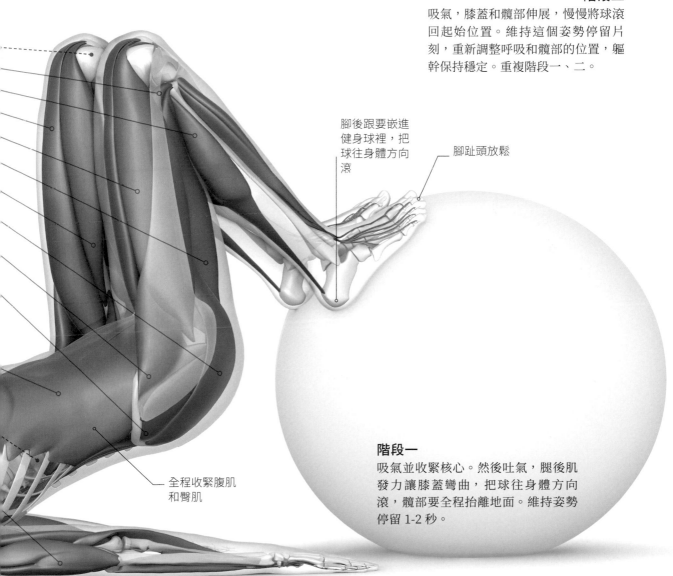

腳後跟要嵌進健身球裡，把球往身體方向滾

腳趾頭放鬆

全程收緊腹肌和臀肌

階段一
吸氣並收緊核心。然後吐氣，腿後肌發力讓膝蓋彎曲，把球往身體方向滾，髖部要全程抬離地面。維持姿勢停留 1-2 秒。

前側視圖

腿部伸展
LEG EXTENSION

這個運動能在腿部彎曲和伸展的過程中單獨鍛鍊股四頭肌。它是很好的機械式訓練，即便是初學者也適用，因為它能安全地針對股四頭肌進行單關節訓練，並在向心收縮階段充分刺激股四頭肌。

概述

調整好椅背，坐在椅墊上時讓膝後窩能剛好靠著椅墊邊緣並對齊機器的旋轉軸。小腿一開始往上挺起時要緩慢，最後再加速推到頂端位置。往下返回起始位置時也要控制好速度和力道。初學者可以從每組8-10 次，總共 4 組開始做起。除此之外，還可以參考 pp.76-77 的變化式和 pp.201-214 依據不同目的採取建議的目標組數。

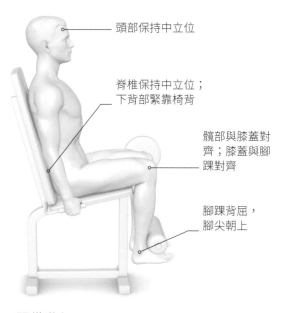

頭部保持中立位

脊椎保持中立位；
下背部緊靠椅背

髖部與膝蓋對齊；膝蓋與腳踝對齊

腳踝背屈，
腳尖朝上

預備階段
設定好重量坐在機器上面，腳踝緊貼腳踝靠墊下方。調整腳踝靠墊的位置，使其剛好位於鞋子上緣。握住手把，讓大腿與後背貼住靠墊並坐穩，使骨盆能夠全程保持穩定。先吸氣。

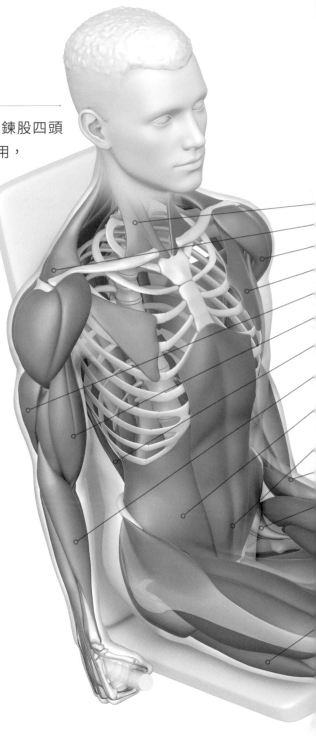

階段一
慢慢伸展膝蓋時吐氣，把腳踝靠墊往上推，然後加速，直到達到膝關節伸展範圍的末端位置（末端位置因人而異）。腳踝全程保持背屈。目標是讓股四頭肌充分收縮。如果想要增加挑戰性，可以在動作的頂峰位置停留 1-2 秒。

軀幹和手臂

上背部、手臂和肩膀肌肉必須施力 (藉由緊握手把) 以幫助穩定骨盆。骨盆越穩定，股四頭肌能產生的力量就越強。

胸鎖乳突肌
斜方肌
三角肌
胸小肌
肱三頭肌
肱二頭肌
背闊肌
腹橫肌
腹直肌

腿部

這個運動全程需要股四頭肌參與施力。股直肌 (股四頭肌裡穿越髖關節的肌肉) 在雙腿伸展階段會向心收縮 (肌肉縮短)，協助骨盆維持穩定。雙腿從高點往下降時 (離心動作) 要控制好力道和速度，維持股四頭肌的張力。

闊筋膜張肌
髂腰肌
股內側肌
股直肌
股二頭肌
內收大肌
膝關節
脛前肌
腓腸肌
伸趾長肌
比目魚肌

上前側視圖

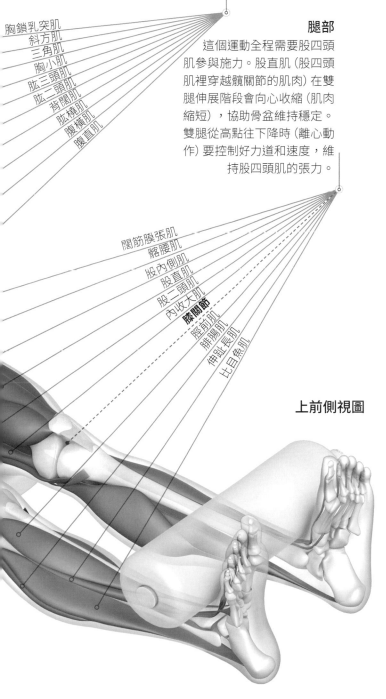

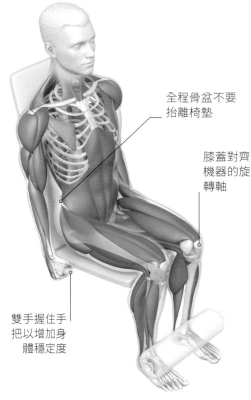

全程骨盆不要抬離椅墊

膝蓋對齊機器的旋轉軸

雙手握住手把以增加身體穩定度

階段二

收緊腹肌，下背部靠在椅背上。吸氣，雙手握住手把將身體往下拉坐穩於椅墊上，慢慢地彎曲膝蓋，控制下降的速度和力道，讓腳踝靠墊返回至起始位置。重新調整呼吸並重複階段 一、二。

❗ 常見錯誤

動作過猛過快，例如將腳踝靠墊猛然地抬高，這樣很容易受傷，並可能讓目標肌群的張力消失。若每進行一次反覆，身體都會抬離椅墊，代表軀幹和骨盆穩定度不足。

圖例說明

•-- 關節
○- 肌肉
● 肌肉產生張力並縮短 (向心收縮)
● 肌肉產生張力並拉長 (離心收縮)
● 肌肉產生張力但長度不變，沒有產生動作 (等長收縮)

≫ 變化式

這幾種腿部伸展變化式看似簡單，只要操作得當，每種動作
都能提供絕佳的鍛鍊效果，且能在向心收縮 (肌肉縮短) 階段
孤立刺激股四頭肌，這是其它類型訓練動作難以做到的。

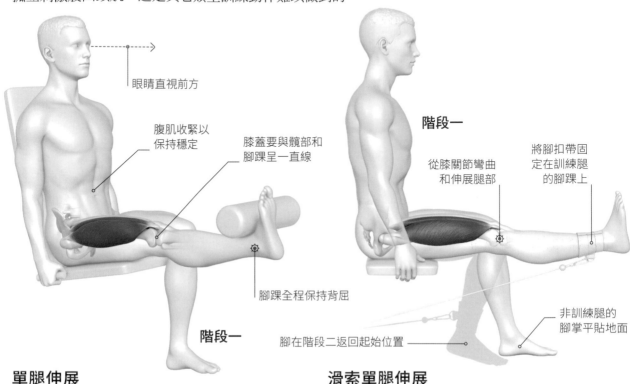

眼睛直視前方

腹肌收緊以
保持穩定

膝蓋要與髖部和
腳踝呈一直線

階段一

從膝關節彎曲
和伸展腿部

將腳扣帶固
定在訓練腿
的腳踝上

腳踝全程保持背屈

階段一

腳在階段二返回起始位置

非訓練腿的
腳掌平貼地面

單腿伸展

這個運動可以一次鍛鍊一腿。這種單邊運動對正在
建立肌肉以及受傷或停止訓練一段時間之後想恢復
肌力的人來說是很好的訓練方式。與所有單邊訓練
運動一樣，兩腿的反覆次數務必相同，讓雙腿獲得
均衡的訓練。

預備階段

設定好機器。坐在機器上，背靠椅背，單腿膝
蓋彎曲，非訓練腿的膝後窩靠在座椅前緣，訓
練腿的腳放在腳踝靠墊下方。雙手握住手把，
將身體往下拉坐穩於椅墊上。

階段一

吐氣，彎曲腳踝，伸展訓練腿的膝蓋，將腳踝
靠墊往上抬。脊椎保持中立位，腹肌收緊。

階段二

吸氣，持續握緊手把，讓身體坐穩椅墊，以適
度的力道和速度讓訓練腿返回起始位置。換另

滑索單腿伸展

這個運動是利用滑索訓練機將腳扣帶綁在腳上進行訓
練，若沒有機器也可以利用彈性阻力帶。在向心階段
(階段一)，肌肉必須全程維持張力不能放鬆，若想加
強鍛鍊效果，可以在動作頂峰位置停留或是用力收縮
肌肉 1-4 秒。

預備階段

將滑索調整到較低的位置，將腳環扣帶綁在訓
練腿的腳踝上。身體坐直，脊椎中立位，臀部
坐滿整個椅面 (不要懸空或只坐一半)。

階段一

吐氣，腳踝背屈，從膝關節開始彎曲，讓訓練
腿伸展，抵抗滑索的阻力將腳往上抬高。

階段二

雙手抓住椅子邊線，吸氣並慢慢地將雙腿返回
至起始位置。完成預計的反覆次數之後，將腳
環扣帶綁在另一腿上然後重複相同動作。

能充分鍛鍊到股直肌

腿部伸展訓練之所以特別，是因為它是唯一能夠讓股直肌充分縮短（收縮）的運動。它是股四頭肌裡面唯一同時跨越髖關節和膝關節的肌肉，其作用是讓膝關節伸展和髖部彎曲。

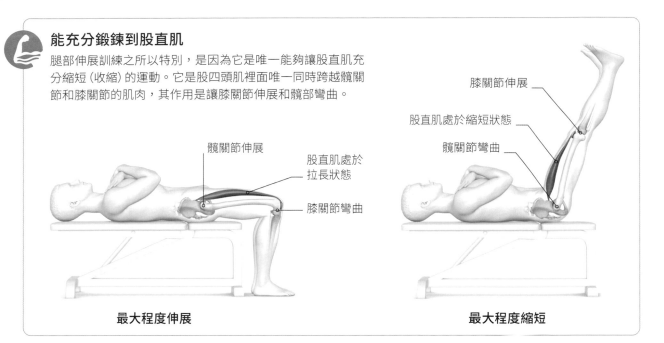

膝關節伸展

股直肌處於縮短狀態

髖關節彎曲

髖關節伸展

股直肌處於拉長狀態

膝關節彎曲

最大程度伸展

最大程度縮短

仰臥彈力帶腿部伸展

這種運動無需借助機器，只需要一條彈性阻力帶就可以在家裡或是健身房進行。你需要選擇一條合適的彈性阻力帶（p.47），並且要找到穩定的固定處來固定它。

腳踝全程保持背屈

將腳環扣帶綁在訓練腿腳踝上

在階段二膝蓋彎曲的過程中要抵抗彈力帶的阻力

訓練腿朝上方伸展至與地面成 90°

眼睛往上看著伸展至頂端位置的訓練腿

雙手放在訓練腿後側輔助支撐

將彈力帶固定在前方靠近地面的位置

非訓練腿的腳掌置於地面

脊椎保持中立位

階段一

預備階段

將彈力帶固定在前方靠近地面的位置。仰躺於地，非訓練腿膝蓋彎曲，並將彈力帶繫於訓練腿的腳踝上。

階段一

腳踝背屈，雙手放在訓練腿後側輔助支撐，吐氣同時伸展訓練腿的膝蓋，讓腿部朝天花板方向伸直。維持這個姿勢 1-4 秒。

階段二

吸氣同時抵抗彈力帶的阻力，慢慢地彎曲訓練腿的膝蓋。完成預計的反覆次數之後，將彈力帶繫於另一腿上然後重複相同動作。

槓鈴臀部橋式
BARBELL GLUTE BRIDGE

臀部橋式另一個常見的名稱為「臀推」（hip thrust）。這個運動藉由髖關節彎曲和伸展的過程去訓練臀肌。就如同針對股四頭肌的腿部伸展訓練（pp.74-75）一樣，這個運動能在向心收縮階段有效刺激臀肌，又不會至於對脊椎造成壓力。

上半身和手臂

腹部肌肉在訓練過程中扮演穩定脊椎和骨盆的重要角色，有助於上半身和下半身之間動作的協調。手臂和肩膀的肌肉有助於在動作過程中讓槓鈴維持平衡穩定。

概述

這個運動需要一個可讓身體倚靠的舉重椅或是台階。雙手抓握槓鈴置於髖部前側的摺痕處（恥骨往上的位置），藉由伸展和彎曲髖關節，讓身體上抬和下降，如果覺得被槓鈴壓著不舒服，可以加一個墊子。腳掌、腳踝和膝蓋必須正確對齊，做動作時才能輕鬆施力同時又能避免受傷。初學者可以從每組 8-10 次，總共 4 組開始做起。除此之外，還可以參考 pp.80-81 的變化式和 pp.201-214 依據不同目的採取建議的目標組數。

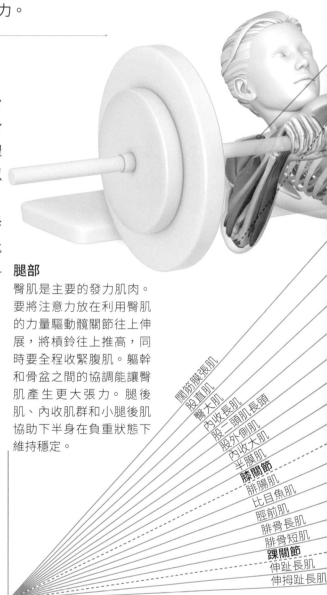

腿部

臀肌是主要的發力肌肉。要將注意力放在利用臀肌的力量驅動髖關節往上伸展，將槓鈴往上推高，同時要全程收緊腹肌。軀幹和骨盆之間的協調能讓臀肌產生更大張力。腿後肌、內收肌群和小腿後肌協助下半身在負重狀態下維持穩定。

闊筋膜張肌
股直肌
臀大肌
內收長肌
股二頭肌長頭
股外側肌
內收大肌
半膜肌
膝關節
腓腸肌
比目魚肌
脛前肌
腓骨長肌
腓骨短肌
踝關節
伸趾長肌
伸拇趾長肌

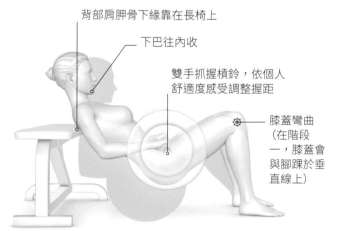

背部肩胛骨下緣靠在長椅上

下巴往內收

雙手抓握槓鈴，依個人舒適度感受調整握距

膝蓋彎曲（在階段一，膝蓋會與腳踝於垂直線上）

預備階段

坐在地上背靠舉重椅，雙腿彎曲，雙腳打開比肩膀略寬的距離。雙手抓握槓鈴置於髖關節前側的摺痕處（恥骨往上的位置），臀肌收緊，將髖部往上推離地面至頂端的起始位置。吸氣以收緊核心。

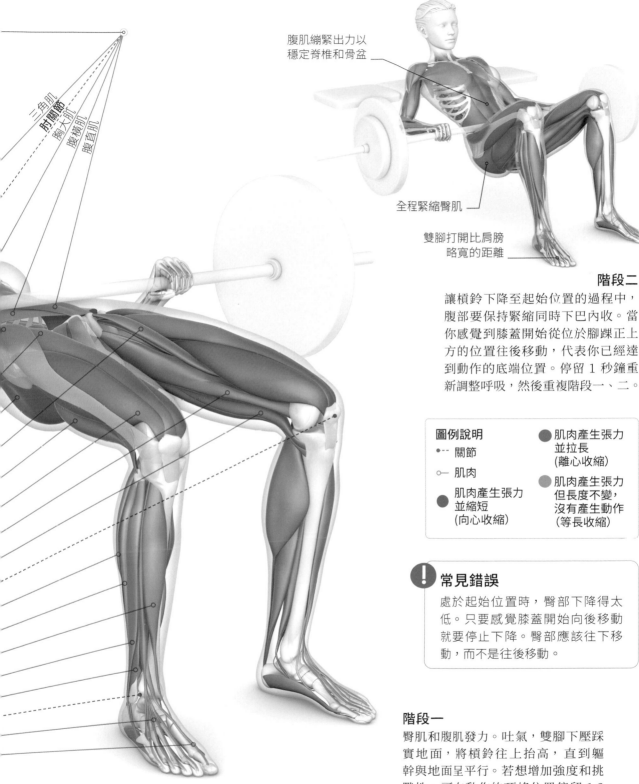

三角肌
肘關節
胸大肌
腹橫肌
腹直肌

腹肌繃緊出力以
穩定脊椎和骨盆

全程緊縮臀肌

雙腳打開比肩膀
略寬的距離

前側視圖

階段二

讓槓鈴下降至起始位置的過程中，腹部要保持緊縮同時下巴內收。當你感覺到膝蓋開始從位於腳踝正上方的位置往後移動，代表你已經達到動作的底端位置。停留 1 秒鐘重新調整呼吸，然後重複階段一、二。

圖例說明

- •--- 關節
- ○── 肌肉
- ● 肌肉產生張力並縮短（向心收縮）
- ● 肌肉產生張力並拉長（離心收縮）
- ● 肌肉產生張力但長度不變，沒有產生動作（等長收縮）

❗ 常見錯誤

處於起始位置時，臀部下降得太低。只要感覺膝蓋開始向後移動就要停止下降。臀部應該往下移動，而不是往後移動。

階段一

臀肌和腹肌發力。吐氣，雙腳下壓踩實地面，將槓鈴往上抬高，直到軀幹與地面呈平行。若想增加強度和挑戰性，可在動作的頂峰位置停留 1-2 秒，同時用力緊縮臀部。

》變化式

這裡介紹的變化式都是以臀肌為主要目標肌群，而在髖關節伸展階段也能鍛鍊到腿後肌。單邊訓練的方式因為能增加訓練的強度，讓訓練肌的臀肌獲得更多的刺激，因此效果會特別好。

圖例說明
● 主要目標肌群
● 次要目標肌群

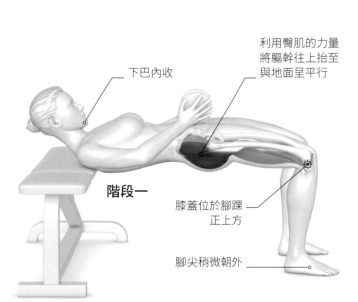

下巴內收

利用臀肌的力量將軀幹往上抬至與地面呈平行

階段一

膝蓋位於腳踝正上方

腳尖稍微朝外

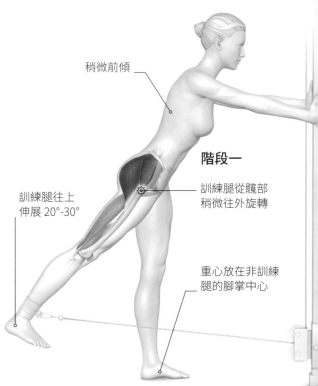

稍微前傾

階段一

訓練腿從髖部稍微往外旋轉

訓練腿往上伸展 20°-30°

重心放在非訓練腿的腳掌中心

啞鈴臀部橋式

這個變化式與前面介紹的槓鈴臀部橋式的動作做法一樣，只是改使用啞鈴。使用較小的負重能幫助你改善動作，等掌握正確姿勢的要領之後再增加重量。

預備階段
倚靠在舉重椅上，雙腿彎曲。將啞鈴放在髖部前側的摺痕處（恥骨往上的位置），讓臀部稍微抬離地板。

階段一
臀部和腹肌發力，吐氣，將軀幹和啞鈴往上推高。可以的話，在動作的頂峰位置停 1-2 秒。

階段二
腹部要保持緊縮同時下巴內收。軀幹下降至起始位置並停留片刻，接著重複階段一、二。

站姿滑索臀部後踢

如果你無法使用自由重量的訓練方式或是想加強鍛鍊臀肌，可利用這個變化式搭配其他臀肌訓練運動。往後踢時，背部不要往後拱，也不要藉助腿部擺動的動量。

預備階段
將滑索固定於鞋後跟往上的腳踝位置。身體站立，雙腳打開與髖部同寬，雙手放在滑索訓練機上以增加穩定度。

階段一
吸氣讓腹肌緊縮。然後吐氣，同時訓練腿往後踢，外展至大約 20°-30° 的位置。若想增加挑戰性，可停留 1-2 秒。

階段二
在回到起始位置的過程中要保持腹肌緊縮和脊椎中立位，同時要控制好力道和速度並吸氣。重複階段一、二。

單腿臀部橋式

如果覺得負重不足或是想要提高挑戰性，可以嘗試這個單腿訓練運動。一次只用一腿進行訓練，可以提高訓練腿的負荷強度。做這項運動時可以負重也可以不負重。務必讓兩邊的反覆次數相同，讓雙腿獲得均衡的訓練。

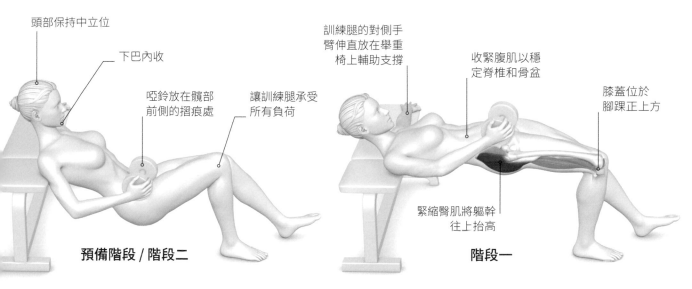

頭部保持中立位

下巴內收

啞鈴放在髖部前側的摺痕處

讓訓練腿承受所有負荷

預備階段 / 階段二

訓練腿的對側手臂伸直放在舉重椅上輔助支撐

收緊腹肌以穩定脊椎和骨盆

膝蓋位於腳踝正上方

緊縮臀肌將軀幹往上抬高

階段一

預備階段
上背倚靠舉重椅，訓練腿彎曲，對側腿腳跟置於前方地面。收緊臀肌，稍微將臀部抬離地面。

階段一
臀肌和腹肌發力同時吐氣，對側腿不施力，只利用訓練腿的力量將軀幹往上抬高。若想提高挑戰性，可在動作的頂峰位置停留 1-2 秒。

階段二
軀幹慢慢地往下降至起始位置，過程中要保持腹肌收緊和下巴內收。在重複階段一、二階段之前先停留片刻。

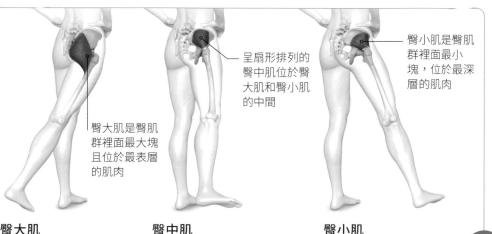

臀大肌是臀肌群裡面最大塊且位於最表層的肌肉

呈扇形排列的臀中肌位於臀大肌和臀小肌的中間

臀小肌是臀肌群裡面最小塊，位於最深層的肌肉

臀大肌
臀大肌的作用是讓髖關節向後伸展和腿部旋轉。

臀中肌
臀中肌能協助臀大肌讓髖關節增加側向伸展的程度，並輔助腿部旋轉的動作。

臀小肌
臀小肌能協助臀大肌讓髖關節增加側向伸展的程度。

構成臀肌群的三塊肌肉
臀肌在行走、跳躍、衝刺和肌力訓練等活動時，發揮讓髖部維持穩定和產生力量的重要作用。臀大肌、臀中肌和臀小肌能協助髖關節伸展、外旋、內旋和外展 (p.50)。強壯有力的臀肌有助於減輕腰部疼痛，並讓站立、走路和爬樓梯等日常活動更加輕鬆。

站姿小腿提踵
CALF RAISE
主要肌群訓練動作 | 站姿小腿提踵

這個利用機器進行的運動，能訓練小腿的腓腸肌和比目魚肌執行蹠屈（踮腳尖站立）動作的能力，同時也能訓練到跟腱（阿基里斯腱）。增強小腿肌力有助於維持膝關節健康。

概述

站在機器的踏板上時，可依足舒適度決定腳尖要平行朝前或是稍微朝外。踮起腳尖和腳後跟下降的過程中，前腳掌要完全貼緊踏板。姿勢和動作的正確性很重要，做動作時應緩慢並控制好力道和速度。在保持腿部肌肉張力的同時，膝蓋要保持微彎，避免過度伸展，也就是膝蓋不要鎖死。初學者可以從每組 8-10 次，總共 4 組開始做起。除此之外，還可以參考 pp.84-85 的變化式和 pp.201-214 依據不同目的採取建議的目標組數。

圖例說明
- 關節
- 肌肉
- 肌肉產生張力並縮短（向心收縮）
- 肌肉產生張力並拉長（離心收縮）
- 肌肉產生張力但長度不變，沒有產生動作（等長收縮）

伸指肌
斜方肌
三角肌
脊伸肌群
肱二頭肌
前鋸肌
肱三頭肌
背闊肌
腹橫肌

上半身和手臂

利用手臂和肩膀的肌肉握住手把，協助上半身維持穩定。腹部肌肉也要保持收緊，以減輕脊椎的負荷並避免受傷。小腿後肌在執行動作的過程中，身體要維持穩定。

! 常見錯誤

在踮腳尖時腳踝往外推（踝關節內翻）會對跟腱和膝蓋造成壓力，所以做動作時務必讓腳踝和膝蓋成一垂直線。不要藉由彎曲腳踝和膝蓋產生動量去完成提踵運動，這樣會無法有效地鍛鍊到小腿肌肉。

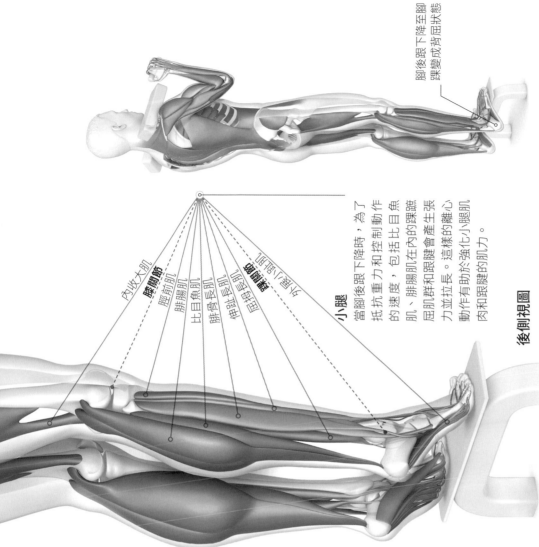

小腿

當腳後跟下降時，為了抵抗重力和控制動作的速度，包括比目魚肌、腓腸肌在內的踝蹠屈肌群和跟腱會產生張力並拉長。這樣的離心動作有助於強化小腿肌肉和跟腱的肌力。

內收大肌

膝關節
脛前肌
腓腸肌
比目魚肌
腓骨長肌
伸趾長肌
屈拇長肌

踝關節

屈趾長肌

後側視圖

腳後跟下降至全腳踝變成背屈狀態

階段二

吸氣，讓腳後跟緩緩下降，過程中要注意動作的流暢和節奏的控制。當腳後跟降到最底端位置停留 1-2 秒，以釋放跟腱的被動張力。重新調整呼吸，然後重複階段一、二。

階段一

吸氣讓核心維持穩定。吐氣同時收縮小腿後肌慢慢地抬高腳後跟，直到身體呈踮腳尖站立的姿勢，過程中要控制好力道和速度。全程腳踝要與膝蓋成垂直線。

預備階段

設定好重量，將肩膀靠在肩墊下方，腳後跟懸空站在踏板邊緣，雙腳打開與髖部同寬。確認軀幹和骨盆維持穩定之後，將腳後跟下降至起始位置。

雙手握住手把以增加穩定度

收緊腹肌

臀肌發力

膝蓋保持微彎不要過度伸展

腳後跟懸空站在踏板邊緣

≫ 變化式

強化小腿肌力有助於維護膝關節的健康和穩定。與前兩頁介紹的站姿提踵一樣，這些變化式主要也是訓練腓腸肌和比目魚肌，同時也能鍛鍊到跟腱。

圖例說明
● 主要目標肌群

身體坐直

選擇你能負荷的重量

階段一

大腿上抬至高過水平高度

腳掌內側保持出力

使用 30 公分高的健身台階或是瑜伽磚

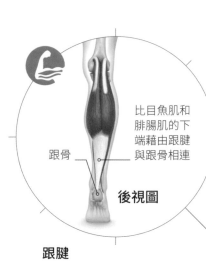

比目魚肌和腓腸肌的下端藉由跟腱與跟骨相連

跟骨

後視圖

跟腱
跟腱能提供足部彈性和吸震能力，並讓足部可以做出蹠屈的動作 (p.51)。跟腱在行走和跑步時發揮非常重要的功能，是人體最強壯的肌腱，能夠承受高達身體重量 10 倍的力量。

腹肌收縮，身體挺直站立於支撐物旁

階段一

坐姿小腿提踵

以坐姿進行提踵訓練，因為雙膝處於彎曲狀態，所以比目魚肌獲得的刺激會大於腓腸肌。無論是在家還是在健身房，這個坐姿提踵訓練都可以為你的例行訓練增添變化性。

預備階段
身體坐直，雙腳打開與髖部同寬，將前腳掌放在身體前方的瑜伽磚或是健身台階上。雙手各握一個啞鈴放在膝蓋上。

階段一
吸氣以收緊核心。吐氣同時收縮小腿後肌將腳後跟抬高，帶動雙足往上抬、腳踝向前推，過程中要控制好力道和速度。

階段二
吸氣，讓腳後跟緩緩下降，全程維持腳踝與膝蓋於垂直線上。當腳後跟降到最底端位置時停留 1-2 秒。重複階段一、二。

單腿提踵

這個單邊訓練的變化式不需要額外負重，因為在進行提踵動作時以單腿支撐體重，就已經有足夠的負荷。進行訓練時務必讓兩條腿獲得均衡的鍛鍊。

預備階段
身體挺直站立。將訓練腿的前腳掌放在台階上，非訓練腿勾住訓練腿的後側。腳後跟下降至起始位置。

階段一
吸氣以收緊核心。吐氣同時收縮小腿後肌將腳後跟抬高。如果覺得無法保持平衡，請站在可供手扶的支撐物旁。

階段二
吸氣，控制力道和速度讓腳後跟下降，腳掌內側保持出力。當腳後跟降到最底端位置時停留 1-2 秒。重複階段一、二。

訓練小腿後肌不僅能增加小腿的肌肉量和肌力，
還能增加膝關節的穩定性。

腿推舉提踵

這個變化式藉助機器模擬站姿小腿提踵的動作，但身體是處於更穩定的姿勢，不會對脊椎造成壓力。對於任何進行站姿小腿提踵無法保持穩定或覺得不舒適的人來說，這是一個很好的選擇。

腳踝背屈和蹠屈

腳踝肌肉在背屈和蹠屈動作裡扮演重要角色。它們與足部肌肉共同運作以維持步態穩定，並維護足部和腳踝的健康功能。適度地訓練腓腸肌、比目魚肌和其他小腿肌肉，有助於建立良好的動作模式，進而減少受傷的機會。

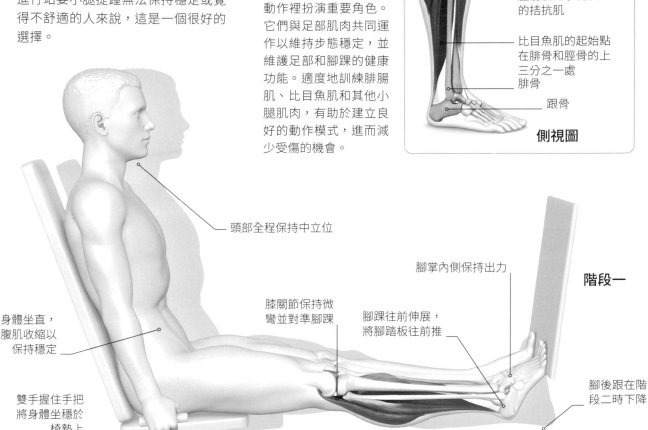

股骨

脛骨

腓腸肌的起始點在股骨，終止點在跟骨

脛前肌是小腿後肌的拮抗肌

比目魚肌的起始點在腓骨和脛骨的上三分之一處

腓骨

跟骨

側視圖

頭部全程保持中立位

腳掌內側保持出力

階段一

身體坐直，腹肌收縮以保持穩定

膝關節保持微彎並對準腳踝

腳踝往前伸展，將腳踏板往前推

雙手握住手把將身體坐穩於椅墊上

腳後跟在階段二時下降

預備階段

設定好重量。坐在座位上，雙腳打開與髖部同寬，前腳掌置於腳踏板上，腳後跟下降。

階段一

吸氣以收緊核心。雙手握住手把將身體坐穩於椅墊上。吐氣同時前腳掌將腳踏板往前推，腳後跟順勢上抬。

階段二

吸氣，控制力道和速度，讓腳後跟下降至起始位置。當腳後跟降到最底端位置時停留 1-2 秒。然後重複階段一、二。

傳統硬舉
TRADITIONAL DEADLIFT

這項運動有助於訓練下半身的大部分肌肉，同時也能鍛鍊上半身許多肌肉群。髖部伸展的動作能強化臀肌和腿後肌（身體後側肌肉群），膝蓋伸展動作則能訓練股四頭肌。為求安全起見，在增加重量之前，必須先掌握正確的動作姿勢和發力方式。

概述

要進行硬舉訓練需要使用到槓鈴。進行訓練時，不要把焦點放在舉起槓鈴，而是要專注在利用股四頭肌、腿後肌和臀肌發力，藉由雙腳推蹬地面產生的反作用力將槓鈴住上推。把槓鈴放下時務必要控制好力道和速度。初學者可以從每組 8-10 次，總共 4 組開始做起。除此之外，還可以參考 pp.88-89 的變化式和 pp.201-214 依據不同目的的採取建議的目標組數。

> **ⓘ 常見錯誤**
>
> 若沒有全程收緊核心和穩定上半身可能會造成下背部拉傷。請務必從輕重量開始做起。

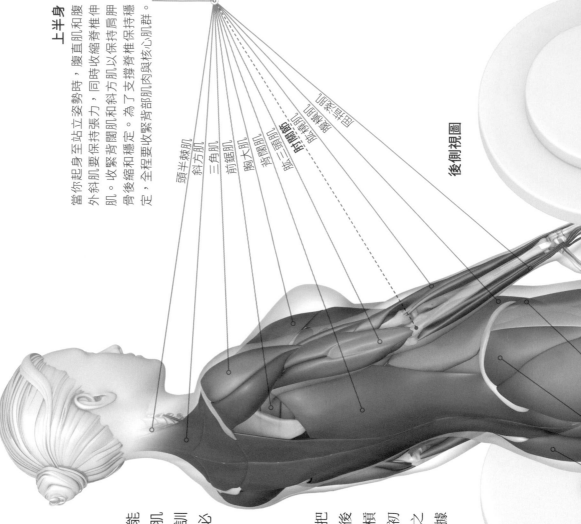

上半身

當你把身至站立姿勢時，腹直肌和腹外斜肌要保持張力，同時收縮脊椎伸肌。收緊背闊肌和斜方肌以保持肩胛骨後縮和穩定。為了支撐脊椎保持穩定，全程要收緊背部肌肉與核心肌群。

頭半棘肌
斜方肌
三角肌
前鋸肌
胸大肌
背闊肌
肱三頭肌
肘關節
肱橈肌
腕伸肌群
股骨頭

後側視圖

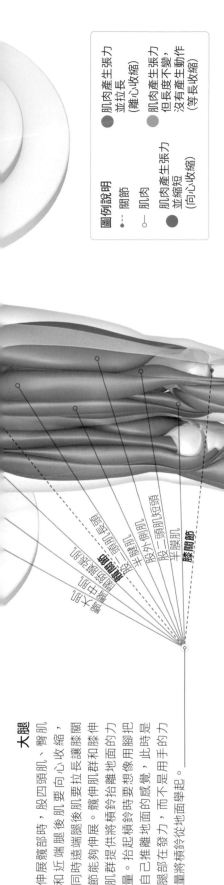

保持核心收緊

脊椎保持中立位

以髖關節為軸心彎曲髖部
（髖關節鉸鏈動作）

圖例說明

- 肌肉產生張力並拉長（離心收縮）
- 肌肉產生張力但長度不變，沒有產生動作（等長收縮）
- 肌肉產生張力並縮短（向心收縮）
- ---- 關節
- ○ 肌肉

大腿

伸展髖部時，股四頭肌、臀肌和近端腿後肌要向心收縮，同時遠端腿後肌要拉長讓膝關節能夠伸展。髖部伸展和膝伸肌群提供將槓鈴抬離地面的力量。抬起槓鈴時要想像用腳把自己推離地面的感覺，此時是腿部在發力，而不是用手的力量將槓鈴從地面舉起。

股外側肌

股二頭肌長頭

股二頭肌短頭

半腱肌

半膜肌

膝關節

大收肌

股薄肌

縫匠肌

臀大肌

髖關節

預備階段

身體面對槓鈴中央站立，雙腳打開約與臀同寬，腳尖稍微朝外。要抓握槓鈴時，膝蓋彎曲直到大腿與地面呈平行，此時臀部往後推，雙手正握槓鈴。脊椎保持中立位，肩胛後收，上背部肌肉收緊。

眼睛直視前方

膝蓋彎曲直到大腿與地面呈平行

雙手正握槓鈴

身體下蹲時將臀部往後推

背部保持中立位並收緊核心

階段一

吸氣，收緊上半身和核心。利用股四頭肌的力量推蹬地面，同時推臀部發力往前推，把槓鈴往上抬起，直到身體與膝蓋打直，過程中要保持中立位。脊椎保持中立位，肩膀後收，停留片刻確認身體是否穩定。

階段二

以髖關節為軸心彎曲髖部，下放槓鈴回到把起始位置，下放過程中要控制好力道和速度。頭部保持中立位，全程朝前直視。重新調整呼吸和姿勢平衡之後，重複階段一、二。

》變化式

這裡介紹的所有變化式也是以臀肌、股四頭肌、豎脊肌以及上背部和軀幹的肌肉為鍛鍊的目標肌肉。這類涉及硬舉動作的訓練因為能夠鍛鍊到很多肌肉，所以經常被納入肌力訓練計劃裡。

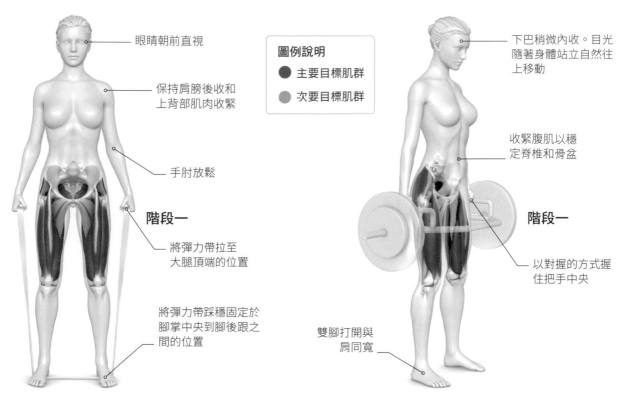

眼睛朝前直視

保持肩膀後收和上背部肌肉收緊

圖例說明
● 主要目標肌群
● 次要目標肌群

手肘放鬆

階段一

將彈力帶拉至大腿頂端的位置

將彈力帶踩穩固定於腳掌中央到腳後跟之間的位置

下巴稍微內收。目光隨著身體站立自然往上移動

收緊腹肌以穩定脊椎和骨盆

階段一

以對握的方式握住把手中央

雙腳打開與肩同寬

彈力帶硬舉

這個變化式能鍛鍊到的肌肉與跟傳統硬舉相同，只是無需負重，而改用彈力帶作為硬舉動作的阻力來源。若想增加挑戰性，可以同時抓握阻力帶和啞鈴，以增加負荷。

預備階段
選擇合適的彈性阻力帶 (p.47)。雙腳打開與肩同寬，踩穩彈力帶。彎曲髖部和膝蓋，將彈力帶拉至膝蓋的高度。

階段一
吸氣，收緊核心。利用股四頭肌的力量推蹬地面，同時臀部發力往前推，直到身體與膝蓋打直，將彈力帶往上拉至大腿頂端的位置，過程中要吐氣。

階段二
以髖關節為軸心彎曲髖部，回到起始位置，全程朝前直視並施力抵抗彈力帶的阻力。重複階段一、二。

六角槓鈴硬舉

使用六角槓鈴 (trap bar) 能讓力量更集中，提供股四頭肌更多的刺激，同時又能鍛鍊到臀肌。六角槓鈴硬舉對關節的負荷較小也比較容易做，所以對於想要訓練股四頭肌的初學者是很好的選擇。

預備階段
設定好重量並站進六角槓鈴中間。腳尖稍微朝外。將臀部向後推以彎曲膝蓋並握住手把。

階段一
吸氣，收緊核心，臀部發力往前推，直到身體與膝蓋打直，過程中要吐氣。槓鈴的移動路徑要與地面垂直。

階段二
將臀部向後推，下放槓鈴回到起始位置，全程保持肩膀後收，眼睛朝前直視。重複階段一、二。

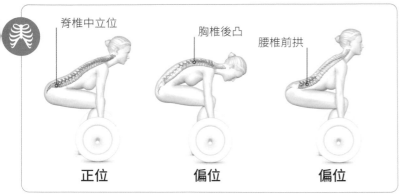

脊椎中立位　胸椎後凸　腰椎前拱

正位　偏位　偏位

脊椎正位

在進行任何涉及硬舉動作的運動時，脊椎都必須保持中立位，既不要前拱也不過度後凸。要全程收緊腹肌，這樣才能穩定脊椎並避免下背部拉傷或其它傷害。

將臀部往後推直到髖關節完全彎曲（身體往前彎到底）

全程收緊腹肌

手臂保持與地面垂直

膝蓋保持彎曲

將重量平均分配於兩隻腳掌

階段一

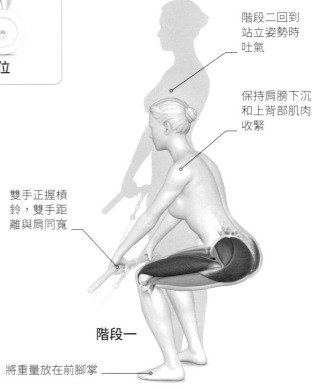

階段二回到站立姿勢時吐氣

保持肩膀下沉和上背部肌肉收緊

雙手正握槓鈴，雙手距離與肩同寬

將重量放在前腳掌

階段一

羅馬尼亞硬舉

這個變化式的起始位置是站姿，然後再下降到身體前彎的姿勢。腿後肌和臀肌是主要的髖伸肌，能控制身體前彎下降（髖部彎曲）和回到挺直站立（髖部伸展）的狀態；股四頭肌則是次要參與肌肉。

預備階段

站在槓鈴前，雙腳打開與肩同寬。以你覺得舒適的握距抓握槓鈴。收緊核心，雙腳推蹬地面，讓身體成站姿，順勢將槓鈴抬離地面。

階段一

吸氣，將臀部往後推直到髖關節完全彎曲。在這個下降的離心階段，要全程保持頭部中立位並收緊核心。

階段二

雙腳推蹬地面，將臀部往前推，讓身體回到挺直站立的起始位置，過程中要吐氣。重複階段一、二。

滑索硬舉

利用滑索訓練機進行硬舉會跟使用槓鈴的感覺稍有不同。整個過程會在站姿與蹲姿之間來回轉換。務必從輕重量開始做起，然後再慢慢增加重量。

預備階段

面對滑索訓練機，抓起拉桿，往後退一步。雙腳打開與肩同寬，腳尖稍微向外，眼睛朝前直視。

階段一

吸氣，將臀部往後推直到髖關節完全彎曲，身體前彎過程中要控制好速度。全程保持頭部中立位並收緊核心。

階段二

雙腳推蹬地面，將臀部往前推，讓身體從前彎狀態回到挺直站立的起始位置，過程中要吐氣。重複階段一、二。

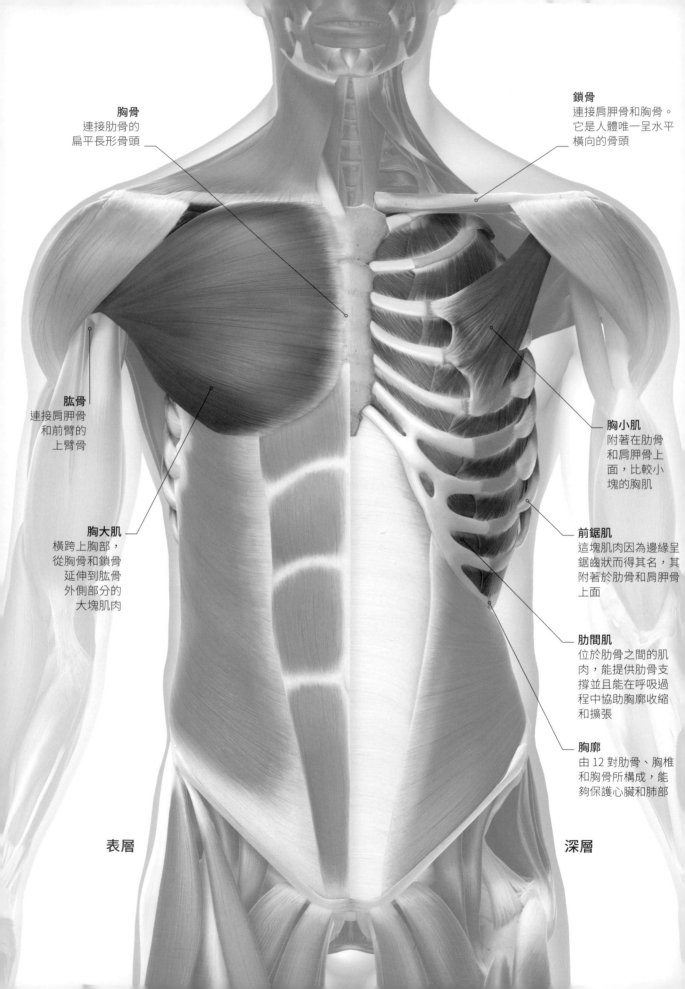

胸骨
連接肋骨的
扁平長形骨頭

鎖骨
連接肩胛骨和胸骨。
它是人體唯一呈水平
橫向的骨頭

肱骨
連接肩胛骨
和前臂的
上臂骨

胸小肌
附著在肋骨
和肩胛骨上
面，比較小
塊的胸肌

胸大肌
橫跨上胸部，
從胸骨和鎖骨
延伸到肱骨
外側部分的
大塊肌肉

前鋸肌
這塊肌肉因為邊緣呈
鋸齒狀而得其名，其
附著於肋骨和肩胛骨
上面

肋間肌
位於肋骨之間的肌
肉，能提供肋骨支
撐並且能在呼吸過
程中協助胸廓收縮
和擴張

胸廓
由 12 對肋骨、胸椎
和胸骨所構成，能
夠保護心臟和肺部

表層

深層

胸部訓練

負責胸部動作的主要肌肉有胸大肌、胸小肌和前鋸肌。胸大肌是構成胸部表層形狀的肌肉；胸小肌是位於胸大肌下方的深層肌肉，附著於肩胛骨和肋骨上；前鋸肌同樣也是附著於肋骨上的深層肌肉。

胸大肌的主要功能是控制肩關節，能讓肩關節產生多種功能性動作和大幅度的活動。胸小肌與前鋸肌在進行推舉和飛鳥動作時能協助肩膀往前推。

胸肌在訓練中的主要作用，是協助將上臂拉越過胸前往身體中線靠近。

- 在進行推舉（例如仰臥推舉）時，需要啟動胸肌發力並在三角肌和肱三頭肌的協助下完成推舉的動作。因此，重點不在於把負重推到最頂端，而要把焦點放在有效地啟動肌肉並正確地完成推舉動作。

- 在進行飛鳥訓練時，三角肌和肱三頭肌也會協助出力，但不如推舉動作的參與程度高。在做飛鳥動作時，重點不在於讓滑索握把或是啞鈴往彼此靠攏，而要專注在驅動上臂往內朝胸骨（胸部中央）方向移動。

在進行推舉和飛鳥動作時，胸小肌的主要作用是在前鋸肌的輔助下協助手臂往前伸。在進行下拉動作時，胸小肌也能協助壓低肩膀。

> 胸部訓練不只是把負重推到頂端，
>   還要專注在上臂的驅動和推舉動作。

槓鈴仰臥推舉
BARBELL BENCH PRESS

這是很經典的胸部訓練動作,其做法是仰躺在訓練椅
上,在胸部上方舉起和下放槓鈴。推舉的動作會訓練
到胸部和肩部的肌肉以及肱三頭肌。

概述

置槓架(放置槓的凹槽或短架子)的位置對於仰臥推舉來說
非常重要。置槓架的位置距離槓鈴約 15-20 公分,以便起
槓和回槓。置槓架的高度要能順利將槓鈴從槓鈴掛勾上舉
起並移到預備位置。

　初學者可以從 1 組 8-10 次,總共 4 組開始做
起。除此之外,還可以參考 pp.94-95 的變化式和
pp.201-214 依據不同目的採取所建議的目標組數。

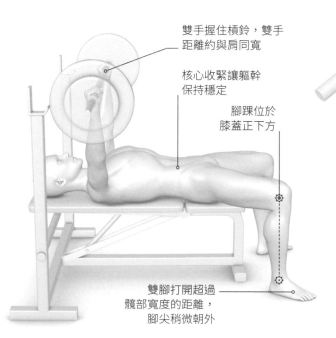

雙手握住槓鈴,雙手
距離約與肩同寬

核心收緊讓軀幹
保持穩定

腳踝位於
膝蓋正下方

雙腳打開超過
髖部寬度的距離,
腳尖稍微朝外

預備階段

架設好槓鈴架之後,仰臥同時整個臀部貼緊訓
練椅。雙腳平放於地面。雙手正握槓鈴,並直
接往上抬高。頭部要始終保持中立位。

階段一

吸氣並收緊腹肌以協助穩定核心。
啟動上背部肌肉,並開始彎曲手
肘,當槓鈴往胸部下降時要去抵抗
負重。槓鈴移動的軌跡是從胸部中
央往下胸骨方向,可以輕觸胸部或
是在接近胸部的位置停止。

屈指淺肌
肱二頭肌
三角肌
斜方肌
胸大肌
背闊肌
前鋸肌
肱三頭肌

上半身和手臂

胸部和肩部肌肉以及肱三頭肌
必須參與施力。胸肌與肱三頭
肌是主動肌。肩部(包括前鋸
肌)、前臂和上背部肌肉則是擔
任穩定肌的角色。上推和下放
啞鈴的過程中,胸肌和肱三頭
肌都必須維持張力。

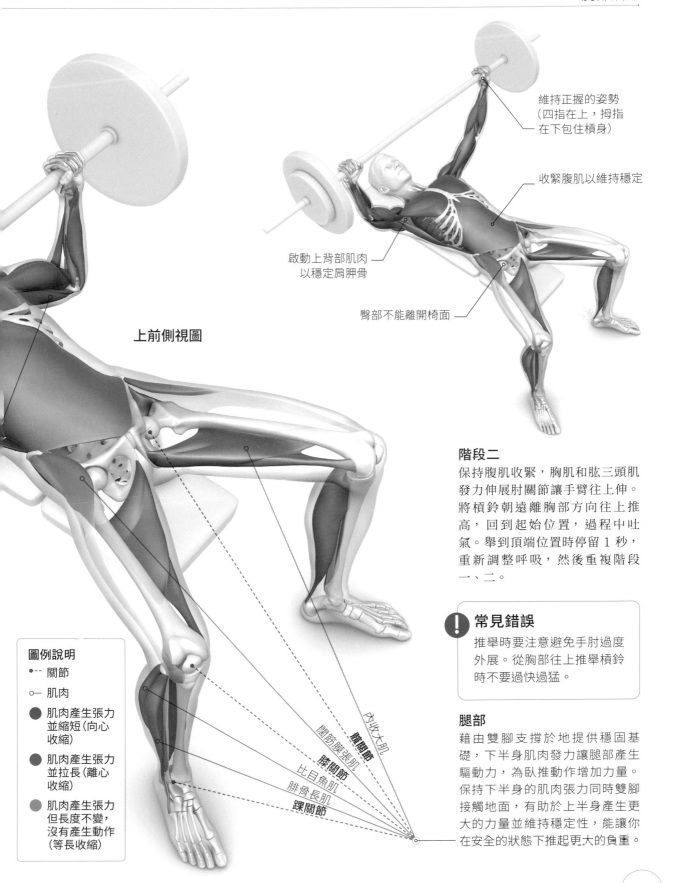

維持正握的姿勢
(四指在上,拇指
在下包住槓身)

收緊腹肌以維持穩定

啟動上背部肌肉
以穩定肩胛骨

臀部不能離開椅面

上前側視圖

圖例說明

•⚬-- 關節

⚬— 肌肉

● 肌肉產生張力
並縮短(向心
收縮)

● 肌肉產生張力
並拉長(離心
收縮)

● 肌肉產生張力
但長度不變,
沒有產生動作
(等長收縮)

內收大肌
闊筋膜張肌
髖關節
膝關節
比目魚肌
腓骨長肌
踝關節

階段二

保持腹肌收緊,胸肌和肱三頭肌
發力伸展肘關節讓手臂往上伸。
將槓鈴朝遠離胸部方向往上推
高,回到起始位置,過程中吐
氣。舉到頂端位置時停留 1 秒,
重新調整呼吸,然後重複階段
一、二。

❗ 常見錯誤

推舉時要注意避免手肘過度
外展。從胸部往上推舉槓鈴
時不要過快過猛。

腿部

藉由雙腳支撐於地提供穩固基
礎,下半身肌肉發力讓腿部產生
驅動力,為臥推動作增加力量。
保持下半身的肌肉張力同時雙腳
接觸地面,有助於上半身產生更
大的力量並維持穩定性,能讓你
在安全的狀態下推起更大的負重。

» 變化式

仰臥推舉和相關變化式是很受歡迎的肌力
訓練動作，因為它們能同時訓練多塊肌肉
（胸肌、三角肌和肱三頭肌）；事實上，仰
臥推舉是全身性訓練的運動，因為核心
肌群、背部和腿部肌肉也需要施力
以協助上半身和手臂肌肉作用。
建立上半身肌力對於許多運動例如
短跑、足球和網球都很有幫助。

眼睛朝前直視

雙手距離約莫
與肩同寬

前臂保持與
地面呈90°

上背部肌肉收緊
讓槓鈴維持穩定

腳踝位於
膝蓋正下方

階段一

槓鈴往胸部下降
的過程中要施力
抵抗負重

雙手距離不寬於肩膀

頭部保持
中立位

腳尖稍微朝外

階段一

窄握槓鈴仰臥推舉

雖然基本上跟前面介紹寬握槓鈴仰臥推舉類似，但握
距向內移動意味著這個變化式是比較針對肱三頭肌的
訓練。如果在訓練中有任何關節不適的感覺，可嘗試
改做 pp.96-97 的啞鈴仰臥推舉。

預備階段
如 pp.92-93 一樣仰躺於訓練椅上並調整好姿勢。
雙手正握槓鈴，雙手距離窄於肩膀。然後將槓鈴
舉高至眼睛正上方。

階段一
吸氣並收緊腹肌，然後開始彎曲手肘，控制好速
度和力道，讓槓鈴往胸部方向下降；到動作最低
點時可以輕觸胸部或是在接近胸部的位置停止。

階段二
吐氣同時胸肌和肱三頭肌發力讓手肘伸展，將槓
鈴上舉至起始位置。重複階段一、二。

上斜槓鈴推舉

這個坐姿版槓鈴推舉的動作模式跟仰臥推舉很類
似，只是身體是傾斜而非平躺（椅背的傾斜角度約為
45°），這樣能夠讓胸部的中間以上獲得比較多的刺
激，同時也能鍛鍊到肩部肌肉和手臂肱三頭肌。

預備階段
坐在訓練椅上，正握槓鈴抬起到胸前，背靠椅
背，再高舉到頭上至手臂與地面垂直。

階段一
吸氣並收緊腹肌和上背部肌肉，同時彎曲手肘讓
槓鈴往胸部下降，過程中要施力抵抗負重。

階段二
吐氣同時胸肌和肱三頭肌發力讓手肘伸展，將槓
鈴上舉至起始位置。重複階段一、二。

訓練強度

伏地挺身是以自身體重為負重,效果良好的推舉變化式。雙腳置於地面的標準版伏地挺身,其推舉的負重相當於體重的 64%;但是,如果把雙腳放在一個高度約 30 公分的箱子或長椅上,推舉負重就會上升到體重的 70%。所以,如果想要增加挑戰性,把雙腳抬高是簡單又有效的進階做法。

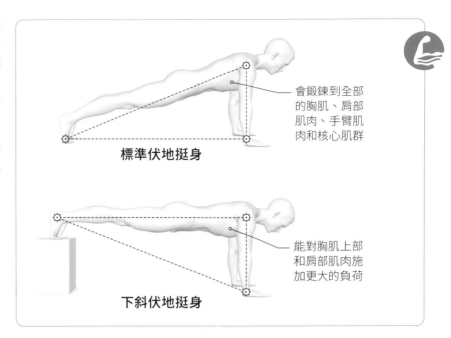

會鍛鍊到全部的胸肌、肩部肌肉、手臂肌肉和核心肌群

標準伏地挺身

能對胸肌上部和肩部肌肉施加更大的負荷

下斜伏地挺身

圖例說明
● 主要目標肌群
○ 次要目標肌群

伏地挺身

這個變化的推舉動作與槓鈴仰臥推舉類似(所以鍛鍊到的是相同的肌肉),差異在於它是以自身體重為負重並採取俯臥姿勢。這是不需要器材隨時隨地都能進行的訓練動作。

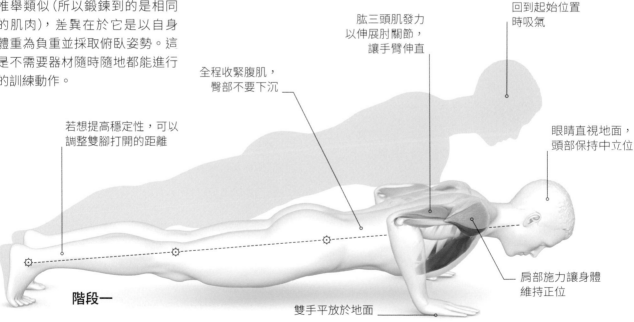

若想提高穩定性,可以調整雙腳打開的距離

全程收緊腹肌,臀部不要下沉

肱三頭肌發力以伸展肘關節,讓手臂伸直

回到起始位置時吸氣

眼睛直視地面,頭部保持中立位

肩部施力讓身體維持正位

雙手平放於地面

階段一

預備階段

面朝下俯臥於地面,雙腳打開與髖部同寬,雙手之間距離比肩膀略寬。頭、髖、膝、腳維持一直線,雙手將身體撐離地面。

階段一

吸氣,收緊腹肌和上背部肌肉。伸展肘關節讓手臂伸直,將胸部和身體抬離地面同時吐氣。

階段二

吸氣回到起始位置。往下降的過程中要控制好速度並全程維持身體正位。重複階段一、二。

啞鈴仰臥推舉
DUMBBELL BENCH PRESS

這個運動能夠訓練胸肌、肱三頭肌和肩膀肌肉。不使用槓鈴而改用啞鈴，手臂可以更自然地活動，也能下降到更低的位置，因此能增加手臂的活動範圍和肩膀的伸展程度（請勿過度下降，以免肩膀張力過大）。

概述

這個運動與槓鈴仰臥推舉 (pp.92-93) 的仰臥姿勢相同。由於啞鈴的位置在身體上方，因此採取四指在上、拇指在下的正握會比較合適。在上推和下放啞鈴的過程中，身體和腿部要保持穩定不動。

初學者可以從 1 組 8-10 次，總共 4 組開始做起。除此之外，還可以參考 pp.98-99 的變化式和 pp.201-214 依據不同目的採取建議的目標組數。

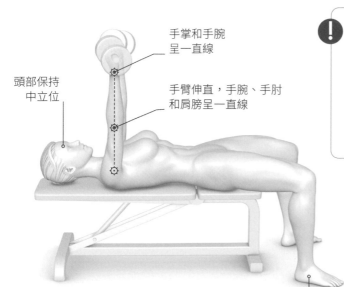

手掌和手腕
呈一直線

手臂伸直，手腕、手肘
和肩膀呈一直線

頭部保持
中立位

預備階段
仰臥同時整個臀部貼緊訓練椅，雙腳平踩地面。雙手正握啞鈴置於雙腿上。然後將啞鈴舉到肩膀正上方，手腕打直與上臂呈一直線。

雙腳打開
超過髖部
寬度的距
離

⚠ 常見錯誤
在進行此項運動時，很容易拉傷肩膀或肘關節－強化胸部肌力和正確的手臂移動路徑有助於避免這種情況發生。

肱橈肌
肱二頭肌
胸鎖乳突肌
背闊肌
胸大肌
三角肌
腹橫肌

上半身和手臂
胸部和肩膀肌肉以及肱三頭肌參與施力。胸肌與肱三頭肌是主動肌。肩膀（包括前鋸肌）、前臂和上背部肌肉則是擔任穩定肌的角色。胸肌和肱三頭肌在上推和下放啞鈴的過程中都必須維持張力。

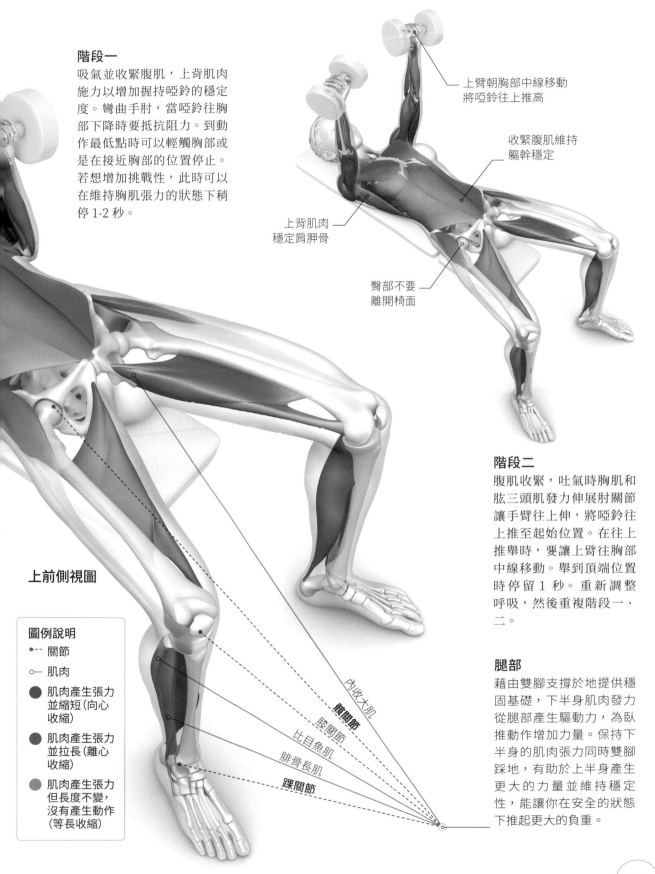

階段一

吸氣並收緊腹肌，上背肌肉施力以增加握持啞鈴的穩定度。彎曲手肘，當啞鈴往胸部下降時要抵抗阻力。到動作最低點時可以輕觸胸部或是在接近胸部的位置停止。若想增加挑戰性，此時可以在維持胸肌張力的狀態下稍停 1-2 秒。

上臂朝胸部中線移動
將啞鈴往上推高

收緊腹肌維持
軀幹穩定

上背肌肉
穩定肩胛骨

臀部不要
離開椅面

上前側視圖

圖例說明

- **•--** 關節
- **o--** 肌肉
- ● 肌肉產生張力並縮短(向心收縮)
- ● 肌肉產生張力並拉長(離心收縮)
- ● 肌肉產生張力但長度不變，沒有產生動作(等長收縮)

內收大肌
髖關節
膝關節
比目魚肌
腓骨長肌
踝關節

階段二

腹肌收緊，吐氣時胸肌和肱三頭肌發力伸展肘關節讓手臂往上伸，將啞鈴往上推至起始位置。在往上推舉時，要讓上臂往胸部中線移動。舉到頂端位置時停留 1 秒。重新調整呼吸，然後重複階段一、二。

腿部

藉由雙腳支撐於地提供穩固基礎，下半身肌肉發力從腿部產生驅動力，為臥推動作增加力量。保持下半身的肌肉張力同時雙腳踩地，有助於上半身產生更大的力量並維持穩定性，能讓你在安全的狀態下推起更大的負重。

》變化式

這裡包括坐姿、臥姿和站姿等各種姿勢的啞鈴仰臥推舉變化式。如果你是初學者，利用站姿或是單臂輪流的方式進行仰臥推舉也會很有幫助。

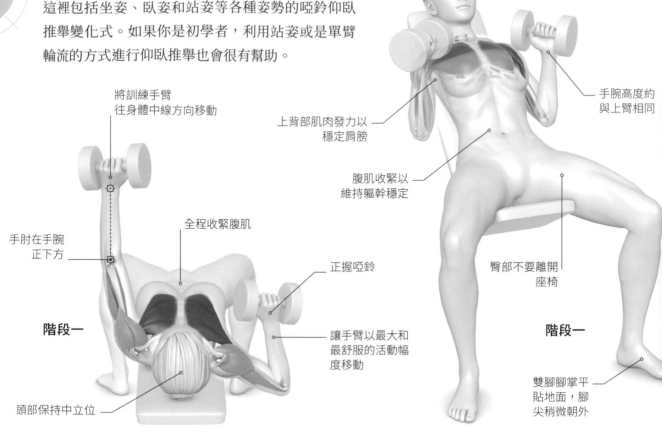

將訓練手臂往身體中線方向移動

上背部肌肉發力以穩定肩膀

手腕高度約與上臂相同

全程收緊腹肌

腹肌收緊以維持軀幹穩定

手肘在手腕正下方

正握啞鈴

階段一

臀部不要離開座椅

讓手臂以最大和最舒服的活動幅度移動

階段一

頭部保持中立位

雙腳腳掌平貼地面，腳尖稍微朝外

單邊啞鈴仰臥推舉

這個臥姿變化式是以胸肌、肩膀肌肉和肱三頭肌為鍛鍊目標。單臂推舉的方式除了能增添推舉動作的變化性，還能訓練核心和髖部的穩定性。務必讓兩隻手臂獲得均衡的訓練。可以左右輪流交替，或是單臂連續做數次之後再換對側手臂。

預備階段

仰臥在訓練椅上（與 pp.96-97 姿勢相同）。雙手正握啞鈴。上臂往身體中線方向移動，將啞鈴往上推高。

階段一

吸氣同時腹肌收緊，啟動上背部肌肉。彎曲訓練手臂的手肘，抵抗啞鈴的重量讓啞鈴往下降。

階段二

腹肌收緊並保持胸肌和肱三頭肌的張力，吐氣同時伸展訓練手臂將啞鈴往上推高。重複階段一、二。

上斜啞鈴推舉

這種坐姿變化式與上斜槓鈴推舉 (p.94) 類似，但是使用啞鈴比槓鈴更具彈性，比較能夠視個人情況彈性調整手臂的活動路徑和角度，也更能鍛鍊到胸肌中間及上方區域，以及肩膀肌肉和手臂肱三頭肌。

預備階段

姿勢與 p.94 的上斜槓鈴推舉相同，只是改用啞鈴。雙手正握啞鈴，往上朝身體中線方向推高。

階段一

吸氣同時腹肌收緊，啟動上背部肌肉。彎曲雙肘，抵抗啞鈴的重量讓啞鈴往胸部方向下降。

階段二

腹肌收緊並保持胸肌和肱三頭肌的張力，吐氣同時伸展雙臂將啞鈴往上推高。重複階段一、二。

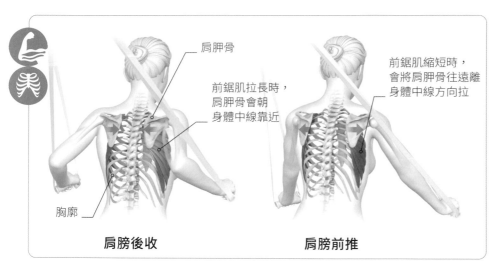

肩胛骨

前鋸肌拉長時，
肩胛骨會朝
身體中線靠近

胸廓

肩膀後收

前鋸肌縮短時，
會將肩胛骨往遠離
身體中線方向拉

肩膀前推

前鋸肌的作用

前鋸肌又被稱為「拳擊手的肌肉」，因為伸出手臂和打拳的動作很需要它，前鋸肌是位於肩胛骨下方，包覆著胸廓的深層扇形肌肉，具有固定肩胛骨的作用，因此是執行肩胛骨前推和胸廓上抬動作很重要的肌肉。在進行過頭推舉動作時，前鋸肌也扮演了穩定肩部的重要角色。

彈力帶胸推

這個站姿變化式能用於訓練推舉的動作模式。你要專注在將手臂往後方外側，遠離身體中線的方向拉，這個過程要在胸肌維持張力的狀態下，利用上背部肌肉去協助雙臂往後拉。

預備階段

選擇合適的彈性阻力帶 (p.47)，將彈力帶中間固定於高處。採取前後跨步站姿，雙手各抓住一端。

階段一

吸氣同時腹肌收緊，啟動上背部肌肉，抵抗彈力帶的阻力，彎曲雙肘將雙臂往後拉。

階段二

肱三頭肌和胸肌發力，手臂往前伸，朝身體中線方向靠近，將彈力帶往前推，過程中吐氣。重複階段一、二。

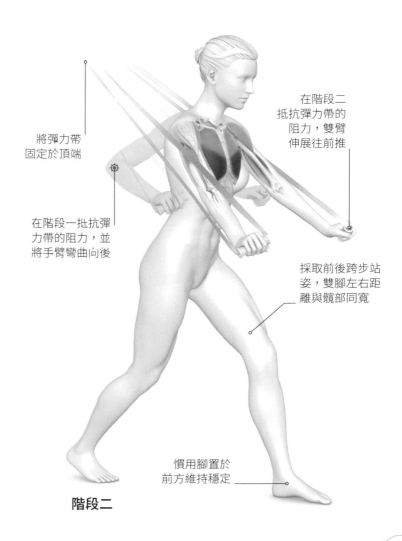

將彈力帶
固定於頂端

在階段二
抵抗彈力帶的
阻力，雙臂
伸展往前推

在階段一抵抗彈
力帶的阻力，並
將手臂彎曲向後

採取前後跨步站
姿，雙腳左右距
離與髖部同寬

慣用腳置於
前方維持穩定

階段二

圖例說明

● 主要目標肌群
● 次要目標肌群

上斜滑索飛鳥
HIGH–LOW CABLE CHEST FLY

這項運動是利用由上往下拉滑索 (cable) 的飛鳥動作來鍛鍊胸部和肩膀的肌肉，尤其是前鋸肌和胸小肌。滑索訓練機 (cable machine) 可以根據個人手臂適合的活動路徑做彈性調整。

概述

這個運動將滑索設定在高處，能鍛鍊到胸肌下半部。如果在訓練中有任何關節不適的感覺，請試著調整滑索的高度，注意移動路徑應配合手臂的活動路徑。

初學者可以從 1 組 8-10 次，總共 4 組開始做起。另外也可以參考 pp.201-214 依據不同目的採取所建議的目標組數。

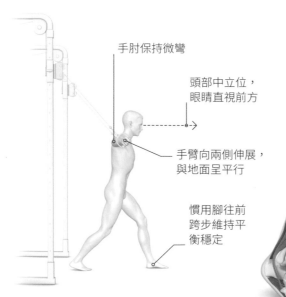

手肘保持微彎

頭部中立位，眼睛直視前方

手臂向兩側伸展，與地面呈平行

慣用腳往前跨步維持平衡穩定

預備階段
設定好負重和滑索的高度。雙手分別握住兩側手把 (也可以只握一個手把做單側訓練)，採取前後跨步站姿，背對機器的中間位置，髖部兩側保持水平，收縮核心。

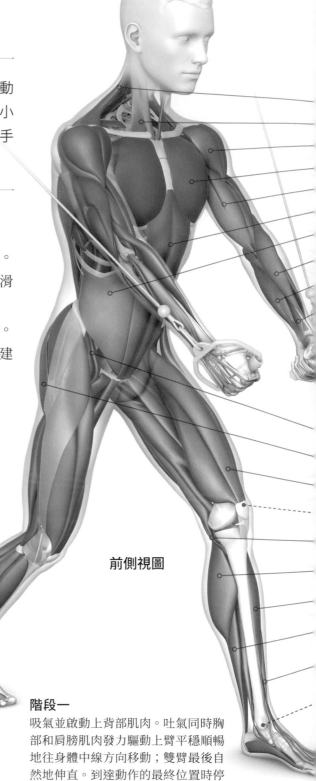

前側視圖

階段一
吸氣並啟動上背部肌肉。吐氣同時胸部和肩膀肌肉發力驅動上臂平穩順暢地往身體中線方向移動；雙臂最後自然地伸直。到達動作的最終位置時停留 1 秒。

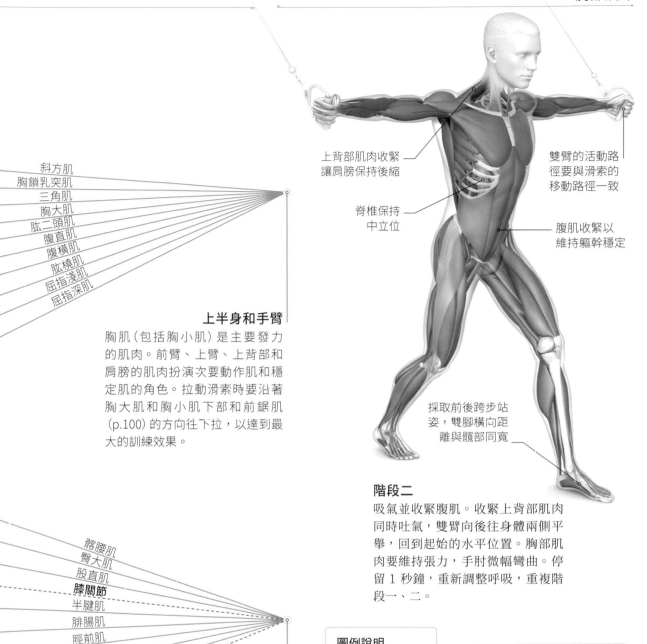

斜方肌
胸鎖乳突肌
三角肌
胸大肌
肱二頭肌
腹直肌
腹橫肌
肱橈肌
屈指淺肌
屈指深肌

上背部肌肉收緊
讓肩膀保持後縮

脊椎保持
中立位

雙臂的活動路
徑要與滑索的
移動路徑一致

腹肌收緊以
維持軀幹穩定

採取前後跨步站
姿，雙腳橫向距
離與髖部同寬

上半身和手臂

胸肌（包括胸小肌）是主要發力
的肌肉。前臂、上臂、上背部和
肩膀的肌肉扮演次要動作肌和穩
定肌的角色。拉動滑索時要沿著
胸大肌和胸小肌下部和前鋸肌
（p.100）的方向往下拉，以達到最
大的訓練效果。

階段二

吸氣並收緊腹肌。收緊上背部肌肉
同時吐氣，雙臂向後往身體兩側平
舉，回到起始的水平位置。胸部肌
肉要維持張力，手肘微幅彎曲。停
留 1 秒鐘，重新調整呼吸，重複階
段一、二。

髂腰肌
臀大肌
股直肌
膝關節
半腱肌
腓腸肌
脛前肌
比目魚肌
伸趾長肌
踝關節

腿部

在進行這項運動時，需借助
下半身肌群提供穩定支撐的
力量。穩定性能讓目標肌群
產生更多張力。前後跨步站
姿有助於維持動作平衡和協
調性。要用穩定性較強的那
條腿做為前腿，往前跨步。

圖例說明

●--- 關節
○— 肌肉
● 肌肉產生張力
　並縮短（向心
　收縮）
● 肌肉產生張力
　並拉長（離心
　收縮）
● 肌肉產生張力
　但長度不變，
　沒有產生動作
　（等長收縮）

❗ 常見錯誤

在進行任何滑索飛鳥訓
練時，手臂的活動路徑
若與滑索形成的阻力線
方向不一致，可能會導
致肩膀拉傷。調整滑索
的高度，讓阻力線方向
能夠順應你個人的身體
結構和手臂活動路徑，
以降低受傷的風險。

》變化式

改變滑索的起點和終點位置可以訓練到不同的肌肉區域。改變起始位置會影響手臂位置，進而對胸部的受力角度以及部位造成直接影響。上斜飛鳥還有一種不需要滑索訓練機而改用彈力帶提供阻力的做法，很適合居家進行訓練。

> 利用滑索能安全有效地訓練胸部肌肉，讓胸肌在進行每次反覆的下拉和往上動作時全程維持張力。

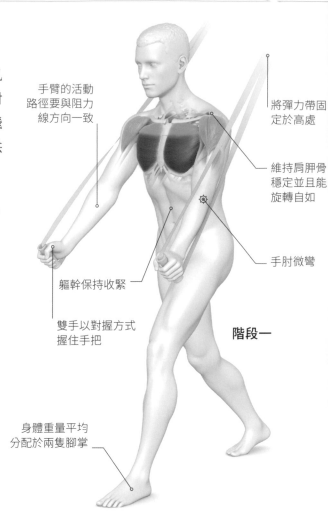

手臂的活動路徑要與阻力線方向一致

將彈力帶固定於高處

維持肩胛骨穩定並且能旋轉自如

軀幹保持收緊

手肘微彎

雙手以對握方式握住手把

階段一

身體重量平均分配於兩隻腳掌

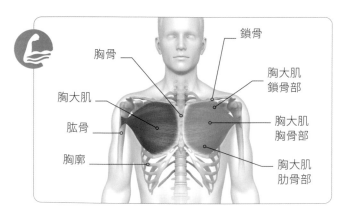

鎖骨

胸骨

胸大肌鎖骨部

胸大肌

胸大肌胸骨部

肱骨

胸廓

胸大肌肋骨部

胸大肌的三個部位

胸大肌可分成三個主要部分：肋骨部（下部）、胸骨部（中部）和鎖骨部（上部）。手臂的活動路徑和滑索或彈力帶形成的阻力線，將決定哪些部位在推舉或飛鳥動作裡得到最多的鍛鍊。

上斜彈力帶飛鳥

這個適合居家訓練的變化式，無需槓鈴、啞鈴或是滑索訓練機就可以進行飛鳥動作。這是比伏地挺身和推舉更直接有效刺激胸肌的方法。

預備階段

將兩條彈力帶固定於門上或是其它固定處。採取與pp.100-101 相同的起始姿勢，慣用腳往前跨步，雙手分別抓住一條彈力帶的握把。

階段一

吸氣並收緊核心。吐氣，雙臂沿著彈力帶的阻力線方向將彈力帶往下朝身體中線方向拉。停留 1 秒鐘。

階段二

吸氣並收緊核心，然後吐氣，利用上背肌肉的力量讓雙臂向後往遠離身體中線的方向移動。重複階段一、二。

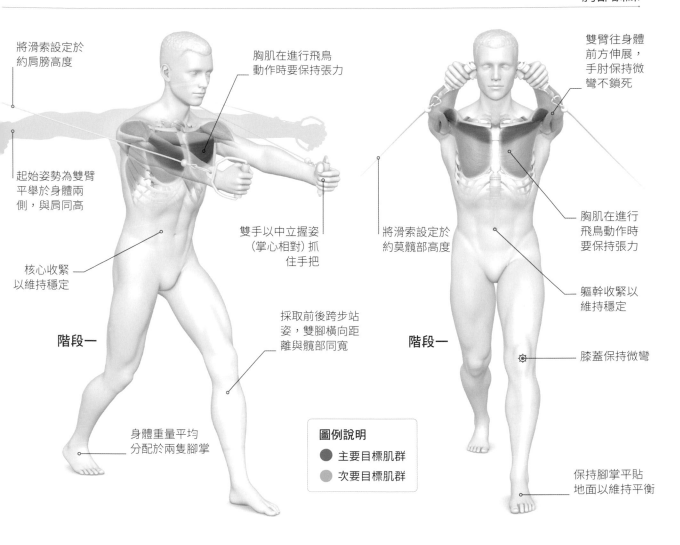

中位滑索飛鳥：

將滑索設定於約肩膀高度

胸肌在進行飛鳥動作時要保持張力

起始姿勢為雙臂平舉於身體兩側，與肩同高

雙手以中立握姿（掌心相對）抓住手把

核心收緊以維持穩定

採取前後跨步站姿，雙腳橫向距離與髖部同寬

階段一

身體重量平均分配於兩隻腳掌

下斜滑索飛鳥：

雙臂往身體前方伸展，手肘保持微彎不鎖死

胸肌在進行飛鳥動作時要保持張力

將滑索設定於約莫髖部高度

軀幹收緊以維持穩定

膝蓋保持微彎

階段一

保持腳掌平貼地面以維持平衡

圖例說明
- ● 主要目標肌群
- ● 次要目標肌群

中位滑索飛鳥

在進行這個滑索訓練時，手肘要保持微彎，以減輕肱二頭肌的壓力。雙臂應與滑索的阻力線方向保持一致。雙臂往前伸的過程要避免圓肩。

預備階段
將滑索起點設定於約肩膀高度，並採取與 pp.100-101 相同的起始姿勢，雙臂平舉於身體兩側。

階段一
吸氣以收緊核心，然後吐氣，驅動雙臂同時將滑索朝身體中線方向拉，直到雙臂呈平行朝前平舉。

階段二
再次吸氣以收緊核心，然後吐氣，讓雙臂往後回到起始位置，手肘要保持微彎。重複階段一、二。

下斜滑索飛鳥

這個變化式是針對胸肌上部的肌肉纖維，同時也會鍛鍊到前三角肌。肩胛骨必須在上背部維持肌肉張力的狀態下保持穩定，並且能夠活動自如。

預備階段
將滑索起點設定成與髖部同高或稍低一點的位置，並採取與 pp.100-101 相同的起始姿勢，雙臂往身體兩側伸展。

階段一
吸氣以收緊核心，然後吐氣，利用胸肌上部和前三角肌驅動雙臂往上將滑索朝身體中線方向拉。

階段二
再次吸氣以收緊核心，然後吐氣，上背部肌肉發力讓雙臂往後回到起始位置。重複階段一、二。

機械式飛鳥
MACHINE CHEST FLY

此動作也被稱為「蝴蝶機夾胸」，能夠鍛鍊胸部和肩膀的肌肉。利用機器能讓你在比較安全的訓練環境下練習飛鳥動作。

概述

依據你的身體結構和手臂的活動路徑，將座椅調整到最適合的位置，讓雙臂與地面平行，才能在訓練過程中降低肩膀不適的機率。以適當的速度在身體中線和身體兩側之間平順地來回移動。

初學者可以從 1 組 8-10 次，總共 4 組開始做起。另外也可以參考 pp.201-214 依據不同目的採取所建議的目標組數。

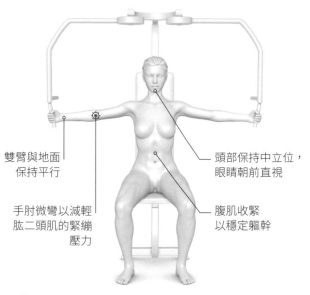

雙臂與地面
保持平行

手肘微彎以減輕
肱二頭肌的緊繃
壓力

頭部保持中立位，
眼睛朝前直視

腹肌收緊
以穩定軀幹

預備階段
設定好重量並調整座椅的高度。以穩定舒適的姿勢坐在座椅上，兩隻腳掌平貼地面，背部緊靠椅背。伸展手臂抓住兩側握把。

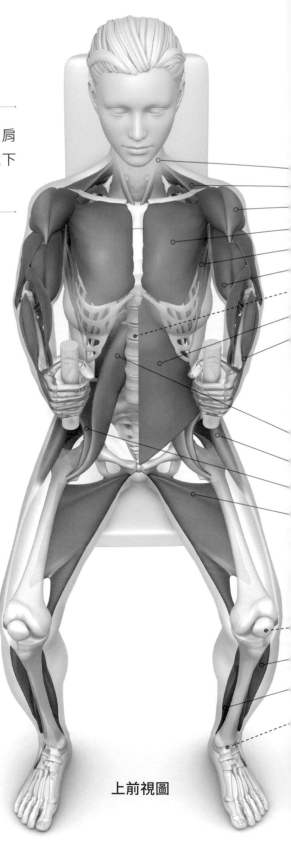

上前視圖

階段一

吸氣並啟動腹肌和上背部肌肉。吐氣,胸肌上部和前三角肌發力,驅動上臂橫越胸部朝胸骨方向靠攏。雙臂最後會自然地伸直。若想增加挑戰性,可保持胸部的肌肉張力,停留 1-2 秒。

胸鎖乳突肌
斜方肌
三角肌
胸大肌
前鋸肌
肱二頭肌
脊椎
腹橫肌
伸指肌

圖例說明
- ●-- 關節
- ○— 肌肉
- ● 肌肉產生張力並縮短(向心收縮)
- ● 肌肉產生張力並拉長(離心收縮)
- ● 肌肉產生張力但長度不變,沒有產生動作(等長收縮)

常見錯誤
肩關節受到很大的壓力是常見的問題,其原因包括手臂的活動路徑與機器不協調,以及錯用肩膀發力,而未練到正確的肌肉。

上半身和手臂
胸肌是主要發力的主動肌。手臂、上背部和肩膀的肌肉(包括前鋸肌)扮演次要動作肌和穩定肌的角色。做動作時要專注於胸肌發力,驅動上臂往身體中線方向移動,以盡可能讓胸肌承受更多張力。

上背部肌肉收緊讓肩膀後縮

背部要全程緊靠椅背

腰大肌
闊筋膜張肌
髂肌
內收大肌

膝關節
腓骨長肌
比目魚肌
踝關節

階段二
吸氣以收緊核心。吐氣同時上背部肌肉發力讓雙臂往後回到起始位置,手肘維持微彎狀態並保持胸部的肌肉張力以及上背部肌肉收緊。重新調整呼吸,然後重複階段一、二。

腿部
下半身的肌肉能在雙臂移動的過程中提供穩定支撐的力量。增加穩定性能讓目標肌肉產生更多張力。如果你的腿不夠長,雙腳無法平踩地面,可在腳下放一個台階或箱子,讓雙腳在運動過程中有穩定的立足點而不會懸空。

雙腳平貼地面,重量平均分佈於腳掌

仰臥啞鈴飛鳥
DUMBBELL CHEST FLY

這個運動屬於孤立訓練（肩關節動作），主要在訓練胸肌和前三角肌。在啞鈴離開身體中線下放的過程（也就是離心收縮階段），對肌肉施加的負荷會比其它類型的飛鳥動作來得大。

概述

以仰臥姿勢進行訓練，相較前述坐姿機械飛鳥，你會發覺肌肉需要更費力才能完成飛鳥動作。掌握正確的技巧以避免受傷非常重要。每次反覆的動作最底端必須放慢，以避免肌肉或關節拉傷。如果在訓練中有任何關節不適的感覺，可改做上斜滑索飛鳥或是機械式飛鳥（pp.100-101 和 pp.104-105）。

初學者可以從 1 組 8-10 次，總共 4 組開始做起。另外也可以參考 pp.201-214 依據不同目的採取所建議的目標組數。

階段一

吸氣並收緊核心與上背肌肉以維持穩定。吐氣同時雙臂往身體兩側下降，過程中要維持胸部和肩膀的肌肉張力。到動作最底端時，啞鈴握把應該與軀幹平行，若想增加挑戰性，此時可停留 1-2 秒。

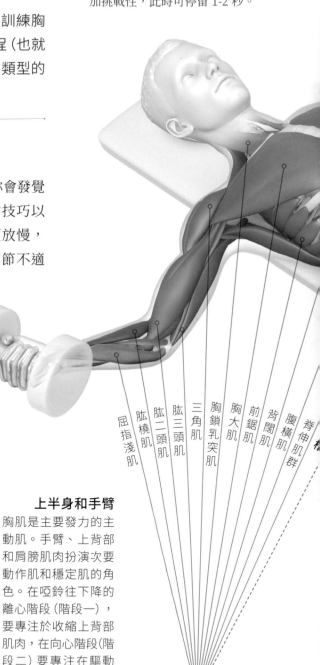

屈指淺肌
肱橈肌
肱二頭肌
肱三頭肌
三角肌
胸鎖乳突肌
胸大肌
前鋸肌
背闊肌
腹橫肌
脊伸肌群

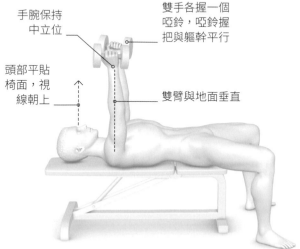

手腕保持中立位

雙手各握一個啞鈴，啞鈴握把與軀幹平行

頭部平貼椅面，視線朝上

雙臂與地面垂直

預備階段

仰臥且臀部貼緊訓練椅，雙腳打開超過髖部寬度平放於地面。啞鈴置於身體兩側，然後將啞鈴舉到胸部上方，同時頭部保持中立位。

上半身和手臂

胸肌是主要發力的主動肌。手臂、上背部和肩膀肌肉扮演次要動作肌和穩定肌的角色。在啞鈴往下降的離心階段（階段一），要專注於收縮上背部肌肉，在向心階段（階段二）要專注在驅動上臂往身體中線方向移動，儘可能讓胸肌承受更多張力。

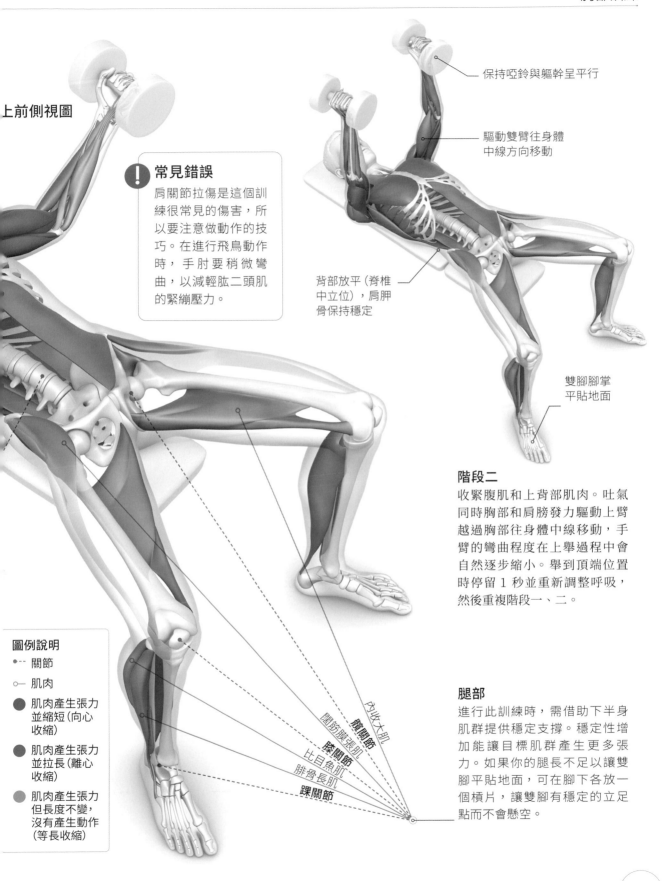

上前側視圖

常見錯誤

肩關節拉傷是這個訓練很常見的傷害，所以要注意做動作的技巧。在進行飛鳥動作時，手肘要稍微彎曲，以減輕肱二頭肌的緊繃壓力。

保持啞鈴與軀幹呈平行

驅動雙臂往身體中線方向移動

背部放平 (脊椎中立位)，肩胛骨保持穩定

雙腳腳掌平貼地面

階段二

收緊腹肌和上背部肌肉。吐氣同時胸部和肩膀發力驅動上臂越過胸部往身體中線移動，手臂的彎曲程度在上舉過程中會自然逐步縮小。舉到頂端位置時停留 1 秒並重新調整呼吸，然後重複階段一、二。

腿部

進行此訓練時，需借助下半身肌群提供穩定支撐。穩定性增加能讓目標肌群產生更多張力。如果你的腿長不足以讓雙腳平貼地面，可在腳下各放一個槓片，讓雙腳有穩定的立足點而不會懸空。

圖例說明
- ●-- 關節
- ○- 肌肉
- ● 肌肉產生張力並縮短 (向心收縮)
- ● 肌肉產生張力並拉長 (離心收縮)
- ● 肌肉產生張力但長度不變，沒有產生動作 (等長收縮)

內收大肌
闊筋膜張肌
髖關節
膝關節
比目魚肌
腓骨長肌
踝關節

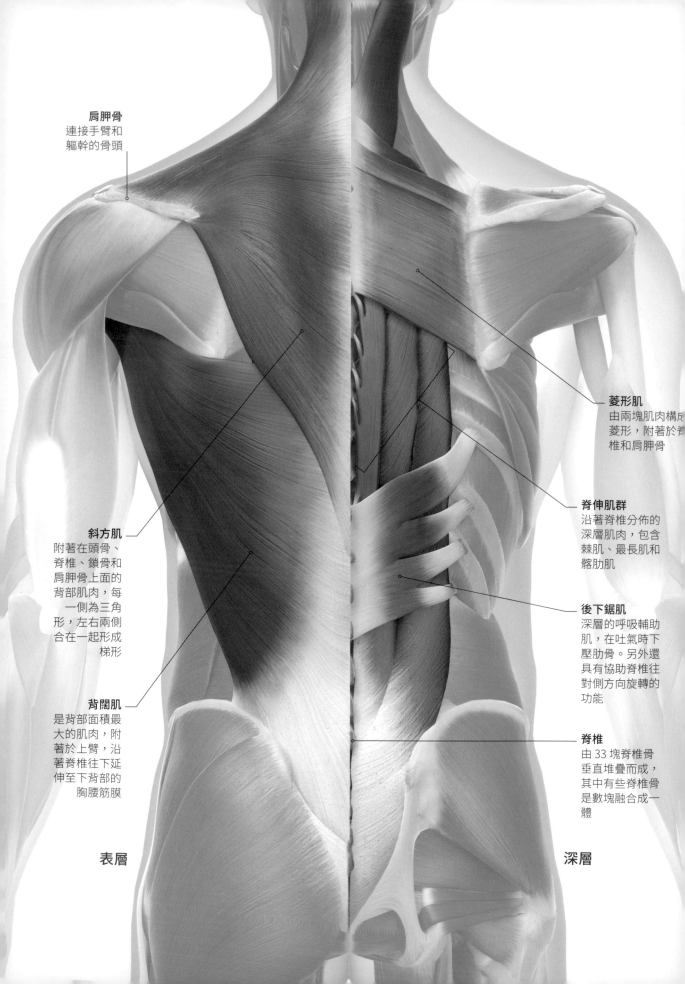

肩胛骨
連接手臂和
軀幹的骨頭

菱形肌
由兩塊肌肉構成
菱形,附著於脊
椎和肩胛骨

脊伸肌群
沿著脊椎分佈的
深層肌肉,包含
棘肌、最長肌和
髂肋肌

斜方肌
附著在頭骨、
脊椎、鎖骨和
肩胛骨上面的
背部肌肉,每
一側為三角
形,左右兩側
合在一起形成
梯形

後下鋸肌
深層的呼吸輔助
肌,在吐氣時下
壓肋骨。另外還
具有協助脊椎往
對側方向旋轉的
功能

背闊肌
是背部面積最
大的肌肉,附
著於上臂,沿
著脊椎往下延
伸至下背部的
胸腰筋膜

脊椎
由 33 塊脊椎骨
垂直堆疊而成,
其中有些脊椎骨
是數塊融合成一
體

表層

深層

背部訓練

負責背部動作的主要肌肉包括：背闊肌─表層肌肉裡最大塊的肌肉；斜方肌─另一塊主要的表層肌肉；菱形肌，位於斜方肌底下的深層肌肉；還有脊伸肌群─位於菱形肌下方深處。

背闊肌附著在上臂和下背部周圍的結締組織上，而斜方肌和菱形肌則附著在肩胛骨和上背部脊椎上。脊伸肌群附著在骨盆、脊椎和肋骨上。

背部肌肉可以執行肩膀的伸展、垂直和水平內收、下壓與後縮等動作以及脊椎的伸展和側屈動作。它們在進行深蹲和硬舉動作時的作用是胸部和軀幹肌肉的拮抗肌，能協助維持穩定和保護脊椎。

- 在做划船動作的訓練時，肌肉纖維主要以水平排列為主的肌肉，例如中斜方肌和上背闊肌，能協助雙臂往後朝身體中線移動。

- 在做下拉動作的訓練時，肌肉纖維主要以縱向排列為主的肌肉，例如下背闊肌和上、下斜方肌，能協助手臂往下、往後朝身體中線移動。

在做任何以背部肌肉為鍛鍊目標的動作時，會同時使用到多塊肌肉以完成全幅度動作，除此之外也會使用到肩膀和手臂的肌肉。

"強壯的背部肌群，有助於完美地協調完成各種動作模式。"

寬握高位下拉
WIDE-GRIP VERTICAL PULLDOWN

高位下拉是維持良好姿勢和提升活動度很好的一項訓練；寬握高位下拉主要鍛鍊的目標肌群是上背部肌群和背闊肌，同時也能訓練到上臂的肱二頭肌以及肩部的後三角肌。

概述

採取寬握的主要鍛鍊目標是上背部，而對握（中立握）則會讓背闊肌和肱二頭肌獲得較多的鍛鍊。想要了解握距變化對肌肉訓練效果有什麼影響，可參考 pp.112-113。如果在訓練中有任何關節不適，可試著調整階段二的活動幅度，以減輕肩關節的壓力。

初學者可以從 1 組 8-10 次，總共 4 組開始做起。pp.112-113 會介紹其它適合居家做的變化式。另外也可以參考 pp.201-214 依據不同目的採取所建議的目標組數。

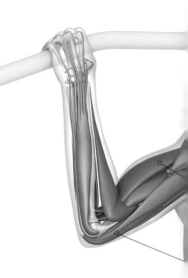

後側視圖

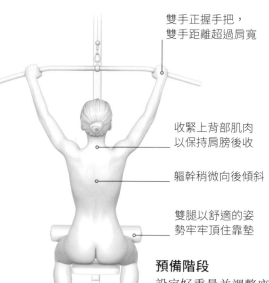

雙手正握手把，雙手距離超過肩寬

收緊上背部肌肉以保持肩膀後收

軀幹稍微向後傾斜

雙腿以舒適的姿勢牢牢頂住靠墊

預備階段
設定好重量並調整座椅高度。雙腿置於腿部靠墊下方，膝蓋彎曲，雙腳平放於地面。雙手抓住手把，軀幹稍微向後傾斜，稍微伸展上背部。

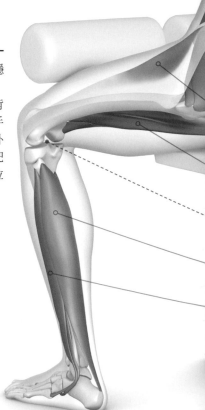

階段一
吸氣同時腹部緊縮以穩定和收緊核心。吐氣，彎曲手肘同時收縮上背部／中背部的肌肉將手把下拉，手肘順勢朝外張開。保持挺胸，手把要朝胸骨的頂端方向拉（不需要觸碰到身體）。

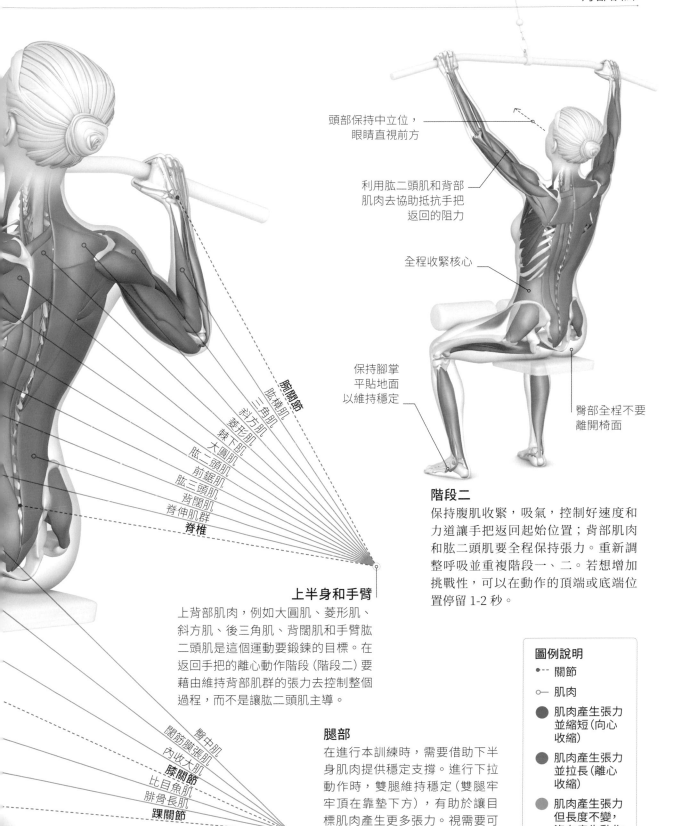

頭部保持中立位，
眼睛直視前方

利用肱二頭肌和背部
肌肉去協助抵抗手把
返回的阻力

全程收緊核心

保持腳掌
平貼地面
以維持穩定

臀部全程不要
離開椅面

肩關節
肱橫肌
三角肌
斜方肌
菱形肌
棘下肌
大圓肌
肱二頭肌
前鋸肌
肱三頭肌
背闊肌
脊伸肌群
脊椎

臀中肌
闊筋膜張肌
內收大肌
膝關節
比目魚肌
腓骨長肌
踝關節

階段二
保持腹肌收緊，吸氣，控制好速度和
力道讓手把返回起始位置；背部肌肉
和肱二頭肌要全程保持張力。重新調
整呼吸並重複階段一、二。若想增加
挑戰性，可以在動作的頂端或底端位
置停留 1-2 秒。

上半身和手臂
上背部肌肉，例如大圓肌、菱形肌、
斜方肌、後三角肌、背闊肌和手臂肱
二頭肌是這個運動要鍛鍊的目標。在
返回手把的離心動作階段（階段二）要
藉由維持背部肌群的張力去控制整個
過程，而不是讓肱二頭肌主導。

腿部
在進行本訓練時，需要借助下半
身肌肉提供穩定支撐。進行下拉
動作時，雙腿維持穩定（雙腿牢
牢頂在靠墊下方），有助於讓目
標肌肉產生更多張力。視需要可
以在腳下各墊一個槓片，讓雙腳
有穩定的立足點而不會懸空。

圖例說明
- •-- 關節
- ○- 肌肉
- ● 肌肉產生張力並縮短（向心收縮）
- ● 肌肉產生張力並拉長（離心收縮）
- ● 肌肉產生張力但長度不變，沒有產生動作（等長收縮）

»變化式

高位下拉可利用不同的設備進行訓練。調整抓握方式
能改變鍛鍊的目標肌肉，包括背闊肌、斜方肌和三角
肌。再次叮嚀，在進行訓練時需注意不要讓肩關節承
受過大的壓力。

圖例說明
● 主要目標肌群
● 次要目標肌群

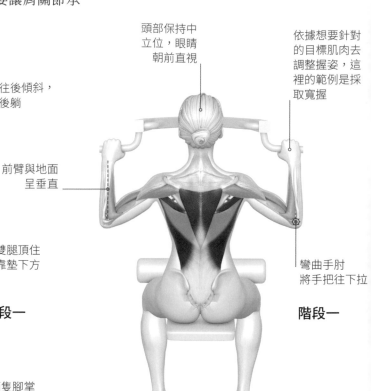

雙手握住手把，
掌心相對

軀幹稍微往後傾斜，
但不要往後躺

腹肌收緊
以維持穩定

雙腿頂住
靠墊下方

階段一

兩隻腳掌
平貼地面

頭部保持中
立位，眼睛
朝前直視

依據想要針對
的目標肌肉去
調整握姿，這
裡的範例是採
取寬握

前臂與地面
呈垂直

彎曲手肘
將手把往下拉

階段一

對握高位下拉

前面介紹的寬握高位下拉針對的是上背部肌群，這
個掌心相對的對握版(中立握)變化式，能針對背闊
肌提供更多的刺激。

預備階段
身體姿勢與寬握高位下拉相同。雙手對握手
把，雙手距離與肩同寬。軀幹稍微往後傾斜。

階段一
吸氣並收緊腹部肌肉。吐氣，手肘彎曲同時背
闊肌收縮將手把往下拉。

階段二
再次吸氣並收緊腹部肌肉。讓手把返回起始位
置，過程中要控制好速度和力道。重複階段
一、二。

機械式下拉

這個機械式下拉變化式可以採取寬正握或是對握，
並沿著固定路徑提供阻力。寬正握要比對握更能給
予斜方肌刺激。

預備階段
設定好機器。坐在座椅上，雙腿頂住靠墊下方，
雙膝彎曲，兩隻腳掌平貼地面，雙手依個人偏好
的握姿抓住手把。

階段一
吸氣並收緊腹部肌肉。吐氣，收縮上背部/中背
部肌肉將手把往下拉。

階段二
再次吸氣並收緊核心。讓手把返回起始位置，過
程中要控制好速度和力道。重複階段一、二。

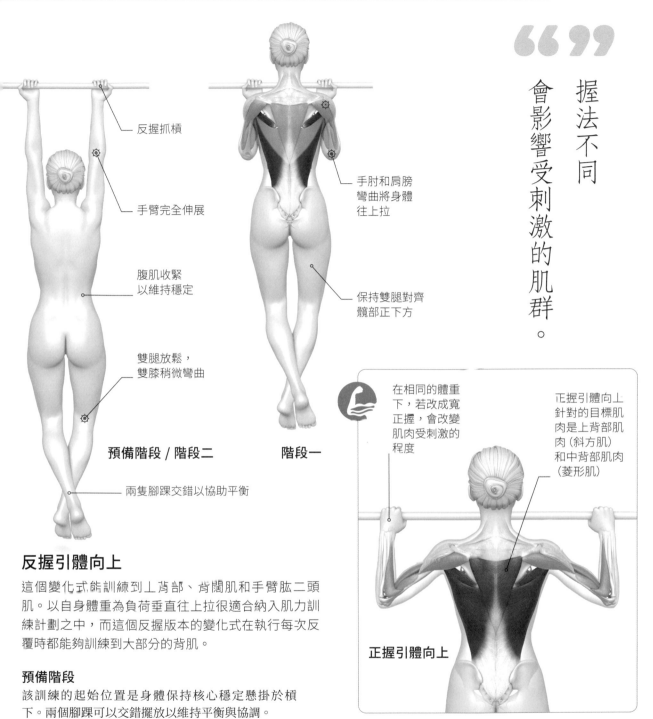

反握抓槓

手臂完全伸展

腹肌收緊
以維持穩定

雙腿放鬆，
雙膝稍微彎曲

預備階段 / 階段二

兩隻腳踝交錯以協助平衡

手肘和肩膀
彎曲將身體
往上拉

保持雙腿對齊
髖部正下方

階段一

握法不同會影響受刺激的肌群。

在相同的體重下，若改成寬正握，會改變肌肉受刺激的程度

正握引體向上針對的目標肌肉是上背部肌肉（斜方肌）和中背部肌肉（菱形肌）

正握引體向上

槓的握法

雙手靠近一點的對握、半對握或是反握版的引體向上，背闊肌和肱二頭肌的參與程度會大於上背部。寬握距的正握引體向上，會讓上背部獲得較多的刺激，同時也能訓練到肱二頭肌，但對背闊肌的刺激會比較少。

反握引體向上

這個變化式能訓練到上背部、背闊肌和手臂肱二頭肌。以自身體重為負荷垂直往上拉很適合納入肌力訓練計劃之中，而這個反握版本的變化式在執行每次反覆時都能夠訓練到大部分的背肌。

預備階段

該訓練的起始位置是身體保持核心穩定懸掛於槓下。兩個腳踝可以交錯擺放以維持平衡與協調。

階段一

吐氣，彎曲手肘將身體往上拉。若想讓訓練更具挑戰性，可在這個位置停留 1-2 秒。

階段二

吸氣，伸展手肘讓身體往下降，全程收緊核心。不要藉由擺動身體製造動量。然後重複階段一、二。

對握水平划船
NEUTRAL-GRIP HORIZONTAL ROW

水平拉的動作非常適合納入任何肌力訓練計劃中。這裡介紹的
對握水平划船訓練能鍛鍊到大部分的上背部、背闊肌和手臂肱
二頭肌。以適當的姿勢和距離坐在訓練椅上，才能以全活動幅
度進行訓練。

概述

雙腳放在腳踏板靠下的位置，讓髖部有更大的活動
彈性。如果有任何肩關節不適的感覺，可試著調整
階段二的活動幅度。

初學者可以從 1 組 8-10 次，總共 4 組開始做起。
pp.116-117 會介紹其它變化式。另外也可以參考
pp. 201-214 依據不同目的採取所建議的目標組數。

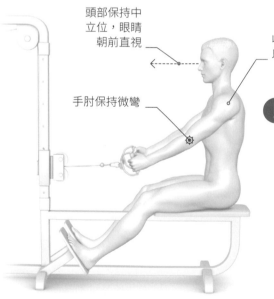

頭部保持中立位，眼睛朝前直視

收緊上背部肌肉以維持肩膀後收

手肘保持微彎

! 常見錯誤

此動作雖然以划船為名，但若借助髖部和軀幹前後大幅擺動來拉就不正確了，應該利用目標肌群發力才對，訓練時請記得軀幹要全程保持固定不動。

預備階段

設定好重量並調整座椅高度，然後面向機器坐在
訓練椅上；雙腳放在腳踏板靠下的位置，雙腿微
彎。雙手握住手把，雙手距離與肩同寬，伸展手
臂並挺直背部。

階段一

吸氣並收緊腹肌。吐氣，彎曲手肘，收縮上背
部 / 中背部肌肉將手把往後朝上腹方向拉，手
肘會順勢往後越過身體。在肩膀開始出現圓肩
現象之前停止後拉動作。

後側視圖

頭半棘肌
斜方肌
胸鎖乳突肌
菱形肌
棘上肌
棘下肌
大圓肌
背闊肌
三角肌
肱三頭肌
肱二頭肌群
脊伸肌群
腹橫肌
肱橈肌

身體坐直，全程
保持脊椎中立位

伸展雙臂的過
程要抵抗負重

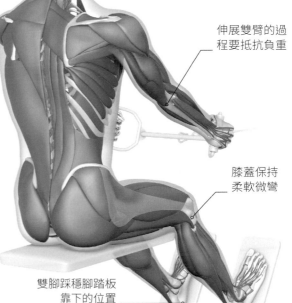

膝蓋保持
柔軟微彎

雙腳踩穩腳踏板
靠下的位置

上半身和手臂

划船動作鍛鍊的主要目標是
背闊肌和負責肘屈動作的
肱二頭肌。上背部肌肉，例
如大圓肌、菱形肌、斜方肌
以及後三角肌則是次要動作
肌。在離心動作階段（階段
二）要藉由維持背部肌肉的
張力去控制整個過程，而不
是讓肱二頭肌主導。

臀中肌
股直肌
股外側肌
臀大肌
髂脛束
脛前肌
腓骨長肌
比目魚肌
踝關節

腿部

在進行本訓練時需要靠下半
身肌肉提供穩定支撐。在進
行划船動作時，需借助雙腳
踩穩腳踏板加強穩定度，這
將有助於讓目標肌肉產生更
多張力。雙腳全程不要離開
腳踏板。

階段二

保持腹肌收緊，吸氣，控制動作的
速度並抵抗負重，讓手把返回起始
位置；背部肌肉和肱二頭肌要全程
保持張力。重新調整呼吸並重複階
段一、二。若想增加挑戰性，可在
這個階段或是階段一的動作最末端
位置停留 1 秒。

圖例說明

- •-- 關節
- ○- 肌肉
- ● 肌肉產生張力並
  縮短（向心收縮）
- ● 肌肉產生張力並
  拉長（離心收縮）
- ● 肌肉產生張力但
  長度不變，沒有產生
  動作（等長收縮）

》變化式

划船動作鍛鍊的目標肌群是背闊肌、其它背部肌肉和手臂肱二頭肌。
你可以依據使用的器械類型去調整訓練方式。軀幹要全程保持穩定，
肩膀後收，手臂往後拉的動作要連貫流暢、一氣呵成。

> **圖例說明**
> ● 主要目標肌群
> ● 次要目標肌群

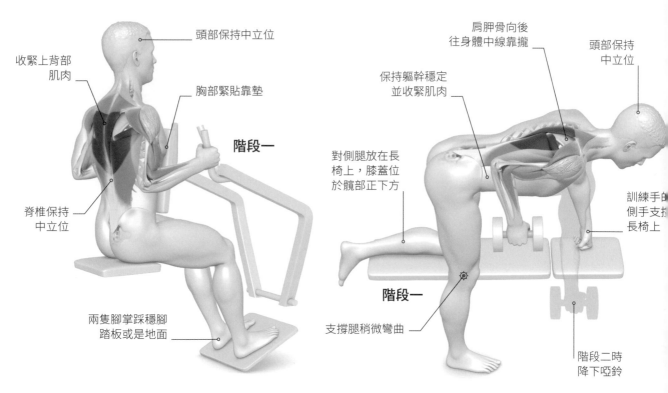

機械式水平划船

這個機械式版本的變化式能夠鍛鍊上背部和中背部
肌肉。機器能提供胸部穩定支撐，讓訓練更加安
全。若想增加挑戰性，可在動作的頂峰位置停留
1-2 秒。

預備階段
坐在機器的座椅上，如果有腳踏板，兩隻腳掌踩穩於
腳踏板上。身體前傾，將胸部貼緊靠墊。

階段一
吸氣並收緊腹肌。吐氣，肩膀後縮，雙臂往後將手把
往身體方向拉，整個過程要連貫流暢、一氣呵成。

階段二
吸氣，控制好速度和力道讓手把返回起始位置，重複
階段一、二。

啞鈴俯身划船

使用啞鈴可以進行以單腿支撐的單邊划船訓練，或
是以雙膝彎曲、髖部彎曲 90° 的姿勢進行雙邊划船訓
練。若想增加挑戰性，可在動作的頂峰位置停留 1-2
秒。

預備階段
訓練手的對側腿膝蓋置於長椅上，另一腿站於地面。軀
幹打平往前傾斜至與大約地面平行。吸氣以收緊核心。

階段一
吐氣，肩胛骨後縮並驅動手臂往上，手肘彎曲角度介於
30°-75°。角度改變，受刺激的肌肉部位也會跟著改變。

階段二
吸氣並保持腹肌收緊，控制好速度和力道讓啞鈴往下
降，全程收緊腹肌。重複階段一、二。

槓鈴俯身划船

這個使用槓鈴的變化式除了上背部和中背部的肌肉外，還能鍛鍊到核心肌群。請注意！由於軀幹要保持前傾，整個活動範圍會比較小。若想增加挑戰性，可以在動作頂峰位置停留 1-2 秒。

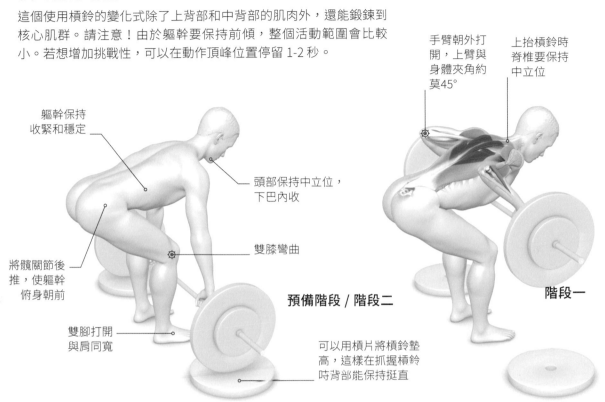

手臂朝外打開，上臂與身體夾角約莫45°

上抬槓鈴時脊椎要保持中立位

軀幹保持收緊和穩定

頭部保持中立位，下巴內收

將髖關節後推，使軀幹俯身朝前

雙膝彎曲

預備階段 / 階段二

階段一

雙腳打開與肩同寬

可以用槓片將槓鈴墊高，這樣在抓握槓鈴時背部能保持挺直

預備階段

面對槓鈴站立，髖部往後推，俯身朝前，雙手正握槓鈴，脊椎保持中立位。

階段一

吸氣並收緊核心，然後吐氣同時上拉槓鈴，將槓鈴往胸部的方向抬高，順勢將手肘往身體後方拉。

階段二

吸氣同時槓鈴下放至起始位置，利用雙臂、肩膀、背部和核心肌群的力量控制槓鈴下放過程。重複階段一、二。

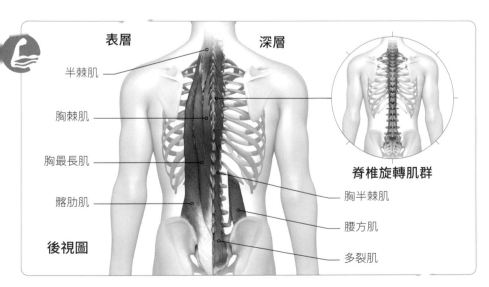

表層

深層

後視圖

半棘肌

胸棘肌

胸最長肌

髂肋肌

脊椎旋轉肌群

胸半棘肌

腰方肌

多裂肌

脊椎伸肌群

位於表層的伸展肌群 (豎脊肌) 沿著脊椎縱向排列，其由髂肋肌 (iliocostalis)、最長肌 (longissimus) 及棘肌 (spinalis) 三個部分構成。位於深層的伸展肌群 (包括旋轉肌群) 是協助穩定脊椎和骨盆的重要角色。這些肌肉共同運作，以防止身體往前傾倒，並有助於維持良好姿勢。

117

主要肌群訓練動作 | 啞鈴聳肩

啞鈴聳肩
DUMBBELL TRAP SHRUG

這個運動是訓練上斜方肌相當有效的方式。
利用兩個啞鈴給增加負荷能讓肌肉獲得更多刺激。

概述

不使用槓鈴而改用啞鈴，做動作時比較不會
受到槓身身材的限制，因此可以依據個人體型
身體結構和活動度去調整姿勢和做法。如果
有滑索訓練機可以使用，滑索變化式比較
能依據個人情況做彈性調整並提供最適當
的阻力。

初學者可以從 1 組 8-10 次，總共 4
組開始做起。pp.120-121 會介紹其它
變化式。另外也可以參考 pp.201-214
依據不同目的採取所建議的目標組數。
如果在訓練過程中感到不適，可嘗試改
用滑索機或是彈性阻力帶。

上半身和手臂

在進行這項運動動時，上背部肌
肉 (尤其是斜方肌上部) 和中三
角肌會收縮發力。上臂和前臂
的肌肉協助雙手支撐和穩定啞
鈴。強化上斜方肌的肌力和功
能性，對於其它過頭推舉動作
的訓練會有幫助，例如仰臥推
舉和肩上推舉。

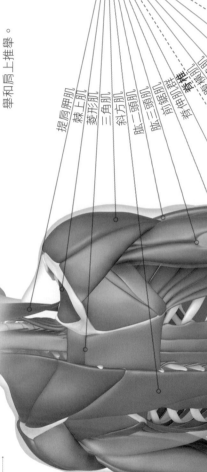

提肩胛肌
棘上肌
菱形肌
三角肌
斜方肌
肱二頭肌
肱三頭肌
前鋸肌
脊柱肌群
脊椎
腹橫肌
前縱韌帶
固

脊椎

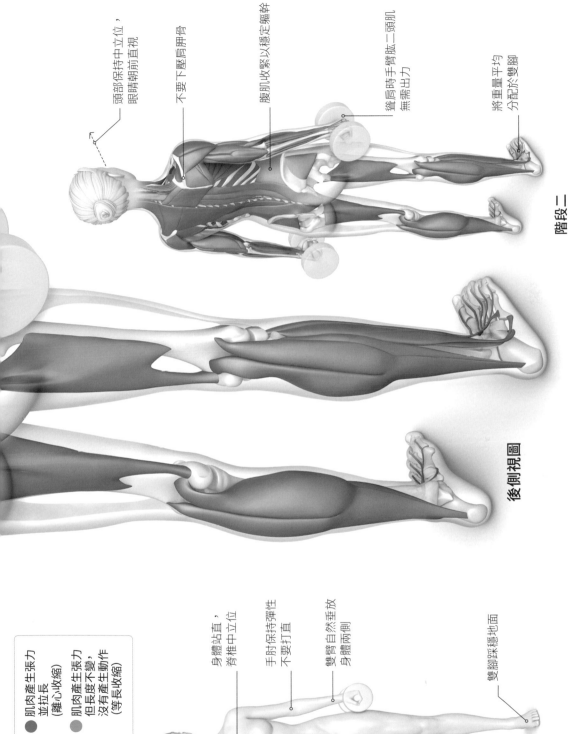

後側視圖

圖例說明

● 關節
○ 肌肉

● 肌肉產生張力並縮短
（向心收縮）

● 肌肉產生張力並拉長
（離心收縮）

● 肌肉產生張力但長度不變，沒有產生動作
（等長收縮）

頭部保持中立位，眼睛朝前直視

不要下壓肩胛骨

腹肌收緊以穩定軀幹

聳肩時手臂肱二頭肌無需出力

將重量平均分配於雙腳

預備階段

雙腳打開與肩同寬。雙手以中立握握住啞鈴，雙臂自然垂放於身體兩側。頭部保持中立位，眼睛朝前直視。

身體站直，脊椎中立位

手肘保持彈性不要打直

雙臂自然垂放身體兩側

雙腳踩穩地面

階段一

吸氣並收緊腹肌，維持軀幹穩定。吐氣同時肩膀抬高住耳朵方向靠近（聳肩），順勢帶動兩個啞鈴往上抬高。髖部和軀幹保持不動。停留 1-2 秒。

階段二

保持核心收緊，吸氣同時放下啞鈴回到起始位置。利用上斜方肌的力量抵抗啞鈴下降的阻力。重新調整呼吸並重複階段一、二。

119

>> 變化式

以下這些聳肩變化式都是以上斜方肌和中三角肌為鍛鍊目標，使用滑索機或是彈性阻力帶對頸部和肱二頭肌而言會比較輕鬆。滑索機也可以依照需求去調整動作。

彈力帶直立划船

這個變化式是利用彈力帶訓練上斜方肌和肩膀肌肉。若想增加挑戰性，可在動作的頂峰位置停留1-2秒。

訓練上斜方肌
上斜方肌能夠平衡中三角肌作用於肩胛骨的力量。聳肩是能夠同時訓練這兩個肌肉的動作。

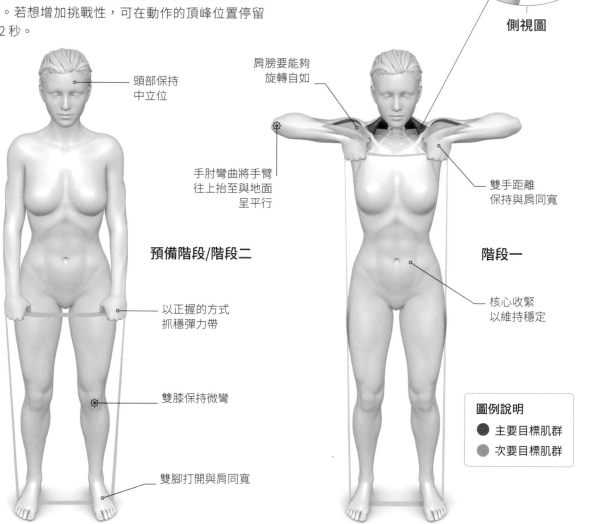

上斜方肌

中三角肌

側視圖

頭部保持中立位

肩膀要能夠旋轉自如

手肘彎曲將手臂往上抬至與地面呈平行

雙手距離保持與肩同寬

預備階段/階段二

階段一

以正握的方式抓穩彈力帶

核心收緊以維持穩定

雙膝保持微彎

雙腳打開與肩同寬

圖例說明
● 主要目標肌群
● 次要目標肌群

預備階段
雙腳踩住彈力帶，雙手以正握的方式抓穩彈力帶。雙手距離保持與肩同寬。身體站直，肩膀放鬆。

階段一
吸氣並收緊核心，然後吐氣，雙肩上抬，雙肘彎曲，雙手上抬將彈力帶往上拉至鎖骨高度。

階段二
吸氣，雙肩往下降，手肘伸展讓手臂伸直，以適當的速度和力道，下放彈力帶回到起始位置。重複階段一、二。

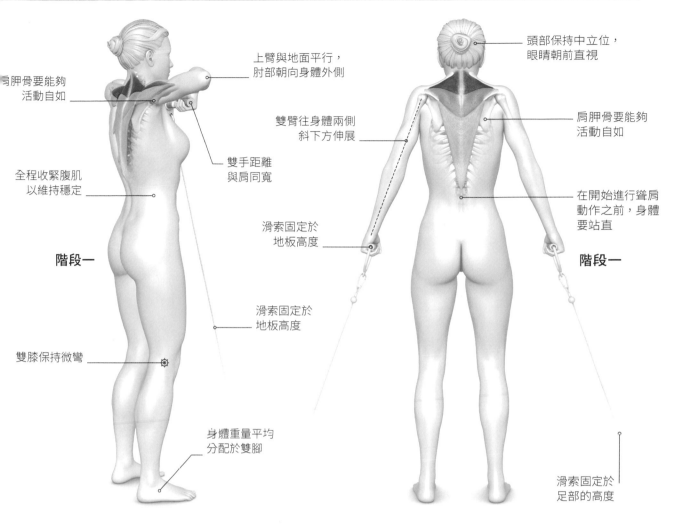

肩胛骨要能夠
活動自如

上臂與地面平行，
肘部朝向身體外側

頭部保持中立位，
眼睛朝前直視

雙臂往身體兩側
斜下方伸展

肩胛骨要能夠
活動自如

雙手距離
與肩同寬

全程收緊腹肌
以維持穩定

滑索固定於
地板高度

在開始進行聳肩
動作之前，身體
要站直

滑索固定於
地板高度

階段一

階段一

雙膝保持微彎

身體重量平均
分配於雙腳

滑索固定於
足部的高度

滑索直立划船

這個利用滑索進行訓練的變化式可以訓練上斜方肌
和肩部肌肉。滑索能讓肩部維持肌肉張力。將滑索
拉高至下巴高度並停留 1-2 秒能增加訓練的強度。

預備階段
身體站直，雙腳打開與肩同寬，雙膝微彎。雙手以正
握方式抓住滑索手把。

階段一
吸氣並收緊腹肌，然後吐氣，將滑索拉高至下巴高
度，手肘彎曲，肘部朝向身體外側，讓雙臂與地面呈
平行。

階段二
吸氣並以適當的速度和力道下放手把，回到起始位
置，肩膀要全程維持肌肉張力。重複階段一、二。

滑索聳肩

這個使用兩條滑索的變化式是訓練上斜方肌很好的
動作。上斜方肌的肌肉纖維方向會與滑索形成的阻
力線方向一致。若想增加挑戰性，可以在動作的頂
峰位置停留 1-2 秒。

預備階段
身體站立，雙腳打開與肩同寬，雙膝微彎。雙手以正
握方式抓住滑索的手把。俯身抓住滑索把手，然後挺
身站立。

階段一
吸氣並收緊核心。吐氣並聳肩，肩膀往耳朵方向靠
近，過程中肩膀不要往前或往後旋轉。

階段二
吸氣，肩膀往下降，回到起始位置。核心肌群和上斜
方肌要全程保持張力。重複階段一、二。

槓鈴過頭肩上推舉
BARBELL OVERHEAD
SHOULDER PRESS

這個垂直往上推舉的動作能訓練肩部肌肉和手臂肱三頭肌，同時也可以鍛鍊到背部肌肉和挑戰核心穩定度。過頭推舉可採取坐姿或是站姿。進行訓練時必須全程讓槓鈴保持水平以及維持良好的動作控制。

概述

以坐姿進行肩上推舉訓練時，膝關節彎曲約 90°，所以要調整好機器座椅的高度。大部分機器的設計方式會將槓鈴放在靠近頭部後側斜上方的位置，讓訓練者容易從架上抬起槓鈴並移動到預備位置。如果肩關節在訓練時感覺不適，可嘗試啞鈴版本的變化式（p.127）。

初學者可以從每組 8-10 次，總共 4 組開始做起。pp.126-127 會介紹其它變化式。另外也可以參考 pp.201-214 依據不同目的採取所建議的目標組數。

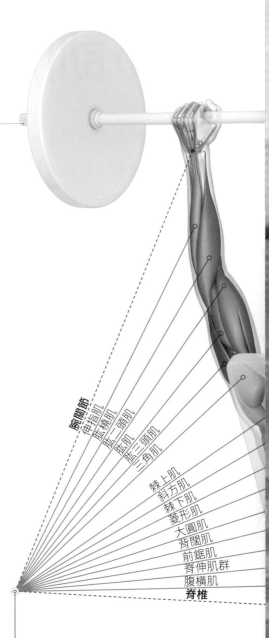

腕關節
伸指肌
肱橈肌
肱二頭肌
肱肌
肱三頭肌
三角肌

棘上肌
斜方肌
棘下肌
菱形肌
大圓肌
背闊肌
前鋸肌
脊伸肌群
腹橫肌

脊椎

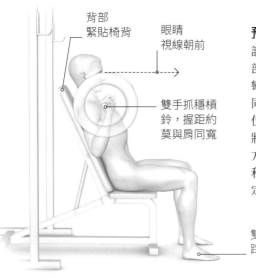

背部緊貼椅背

眼睛視線朝前

雙手抓穩槓鈴，握距約莫與肩同寬

雙腳平行踩穩地面

預備階段
設定好機器，整個背部靠緊椅背，膝關節彎曲，雙腳打開與肩同寬。頭部保持中立位，雙手正握槓鈴，將槓鈴抓握於下巴下方的胸前。收緊臀肌和腹部核心以協助穩定上半身。

上半身和手臂
進行這項運動時，三角肌前側與中間以及手臂肱三頭肌會參與發力。核心是維持軀幹和骨盆穩定以避免脊椎或下背受傷的重要關鍵。請務必記住，下背要全程靠緊椅背，不要挺腰，以防止各種傷害的發生。

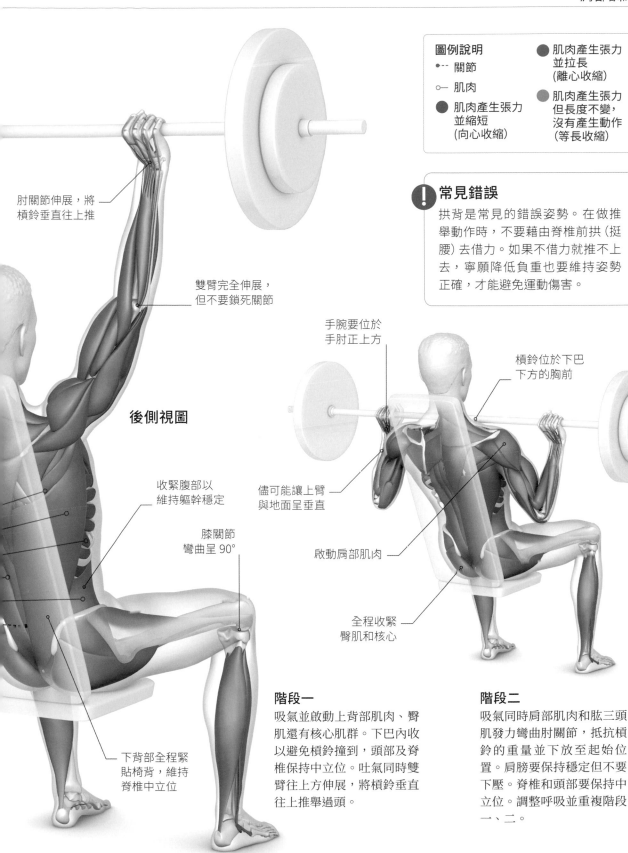

圖例說明
- **- 關節
- ⊸ 肌肉
- ● 肌肉產生張力並縮短 (向心收縮)
- ● 肌肉產生張力並拉長 (離心收縮)
- ● 肌肉產生張力但長度不變,沒有產生動作 (等長收縮)

肘關節伸展,將槓鈴垂直往上推

雙臂完全伸展,但不要鎖死關節

後側視圖

收緊腹部以維持軀幹穩定

膝關節彎曲呈 90°

下背部全程緊貼椅背,維持脊椎中立位

！常見錯誤
拱背是常見的錯誤姿勢。在做推舉動作時,不要藉由脊椎前拱 (挺腰) 去借力。如果不借力就推不上去,寧願降低負重也要維持姿勢正確,才能避免運動傷害。

手腕要位於手肘正上方

槓鈴位於下巴下方的胸前

儘可能讓上臂與地面呈垂直

啟動肩部肌肉

全程收緊臀肌和核心

階段一
吸氣並啟動上背部肌肉、臀肌還有核心肌群。下巴內收以避免槓鈴撞到,頭部及脊椎保持中立位。吐氣同時雙臂往上方伸展,將槓鈴垂直往上推舉過頭。

階段二
吸氣同時肩部肌肉和肱三頭肌發力彎曲肘關節,抵抗槓鈴的重量並下放至起始位置。肩膀要保持穩定但不要下壓。脊椎和頭部要保持中立位。調整呼吸並重複階段一、二。

》變化式

接下來介紹用不同器材執行過頭推舉的方法。以下三種變化式皆比採用槓鈴更能減輕肩膀承受的壓力，讓肩胛骨可以靈活自由轉動。注意！當採用站姿推舉時會更需要核心力量參與。

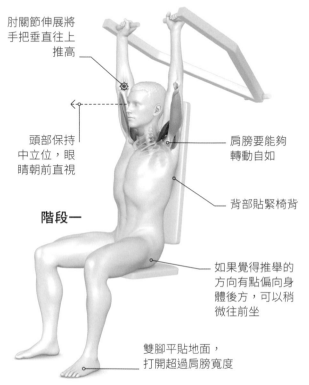

肘關節伸展將手把垂直往上推高

頭部保持中立位，眼睛朝前直視

肩膀要能夠轉動自如

背部貼緊椅背

階段一

如果覺得推舉的方向有點偏向身體後方，可以稍微往前坐

雙腳平貼地面，打開超過肩膀寬度

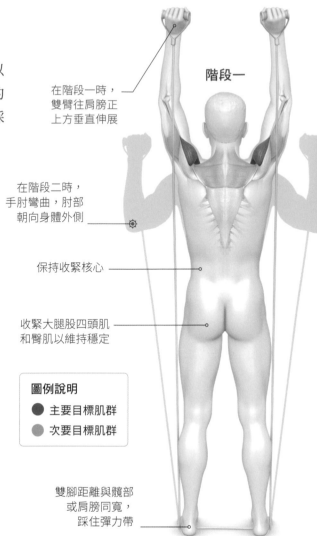

階段一

在階段一時，雙臂往肩膀正上方垂直伸展

在階段二時，手肘彎曲，肘部朝向身體外側

保持收緊核心

收緊大腿股四頭肌和臀肌以維持穩定

雙腳距離與髖部或肩膀同寬，踩住彈力帶

圖例說明
● 主要目標肌群
● 次要目標肌群

機械式肩上推舉

這個採用肩推機的版本能為肩上推舉增添變化性。由於肩推機能維持固定的推舉軌跡，比用槓鈴來得穩定，讓你可以用更安全的方式進行肩上推舉訓練。

預備姿勢
調整座椅高度讓雙腳平踩於地，雙手正握機器手把。手肘彎曲朝向身體外側。

階段一
吸氣收緊核心。然後吐氣同時伸展手肘，手臂往上舉高，將注意力放在讓上臂往耳朵貼近。

階段二
吸氣同時彎曲手肘，雙臂往下降，讓手把回到起始位置，過程中要控制好速度和力道。若有需要可重新調整姿勢。重複階段一、二。

彈力帶肩上推舉

採用彈力帶的變化式一樣能夠訓練垂直肩上推舉動作，而且又能依據個人喜好和肩膀活動度去彈性調整。雙臂往上伸展的移動路徑會受到肩關節活動度的影響。

預備姿勢
雙腳踩穩彈力帶，雙手正握彈力帶的手把。身體站直，手臂彎曲，肘部朝外，雙手位於耳朵的高度。

階段一
吸氣並收緊腹肌，吐氣時雙臂伸展將彈力帶垂直往上推，讓上臂盡量往耳朵靠近。

階段二
吸氣同時彎曲手肘，雙臂往下降，讓雙手回到起始位置，過程中要控制好速度和力道。重複階段一、二。

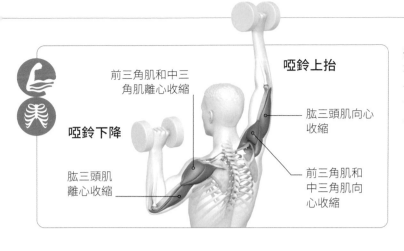

啞鈴上抬

前三角肌和中三角肌離心收縮

肱三頭肌向心收縮

前三角肌和中三角肌向心收縮

啞鈴下降

肱三頭肌離心收縮

共同發力

不同肌肉會共同運作以完成動作。在做肩上推舉時,肱三頭肌會與前三角肌和中三角肌相互合作讓啞鈴上抬和下放。

啞鈴肩上推舉

這個變化式同樣也能依據個人喜好和肩膀活動度(會改變到啞鈴的角度和手臂的運動路徑)去調整做法。其同樣會增加核心的參與程度,並減輕肩膀的壓力。

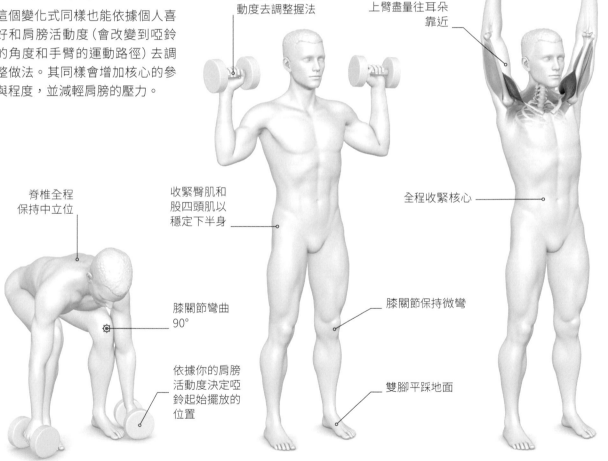

脊椎全程保持中立位

收緊臀肌和股四頭肌以穩定下半身

膝關節彎曲90°

依據你的肩膀活動度決定啞鈴起始擺放的位置

依據你的肩膀活動度去調整握法

啞鈴與地面平行

上臂盡量往耳朵靠近

全程收緊核心

膝關節保持微彎

雙腳平踩地面

安全地抬起負重

雙腳打開與髖部或肩膀同寬。膝關節和髖關節彎曲讓雙手能抓握到擺放在腳掌外側的啞鈴。

預備階段 / 階段二

伸展膝關節使身體站立,同時雙臂肘關節彎曲將啞鈴舉至高於肩膀的位置。準備將啞鈴往上推舉時保持核心收緊。

階段一

吸氣並收緊腹部,然後吐氣同時將啞鈴垂直往上推舉過頂,吸氣回到階段二。然後重複階段一、二。

啞鈴側平舉
DUMBBELL LATERAL RAISE

這個運動鍛鍊的主要目標是中三角肌，另外也會鍛鍊到具有穩定肩胛骨作用的棘上肌和上斜方肌。這個側平舉是訓練肩部相當安全有效的方式，而且使用啞鈴就可以做到。肩部是比較容易受傷的部位，最好由較輕的重量開始練習。

概述

雙臂往身體兩側伸展，將啞鈴上抬和下放，重點在訓練中三角肌。做動作要連貫流暢並全程控制好速度和力道，不要猛然抬起啞鈴和快速下放啞鈴。

初學者可以從每組 8-10 次，總共 4 組開始做起。pp.130-131 會介紹其它變化式。另外也可以參考 pp.201-214 依據不同目的採取所建議的目標組數。

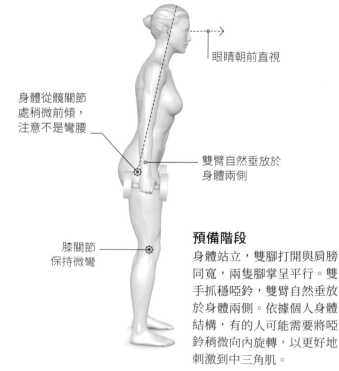

眼睛朝前直視

身體從髖關節處稍微前傾，注意不是彎腰

雙臂自然垂放於身體兩側

膝關節保持微彎

預備階段
身體站立，雙腳打開與肩膀同寬，兩隻腳掌呈平行。雙手抓穩啞鈴，雙臂自然垂放於身體兩側。依據個人身體結構，有的人可能需要將啞鈴稍微向內旋轉，以更好地刺激到中三角肌。

常見錯誤
如果發現無法維持下半身固定不動且膝關節會因出力而彎曲，代表舉的重量過重。下放啞鈴要控制好速度和力道，不要過快，以免錯失離心收縮的強大訓練效果。

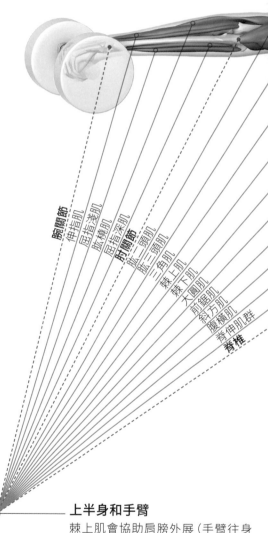

腕關節
伸指肌
屈指淺肌
肱橈肌
屈指深肌
肘關節
肱二頭肌
肱三頭肌
三角肌
棘上肌
棘下肌
大圓肌
前鋸肌
斜方肌
腹橫肌群
脊伸肌群
脊椎

上半身和手臂
棘上肌會協助肩膀外展（手臂往身體外側舉高），而有助穩定肩胛骨的前三角肌和上斜方肌也會參與，讓動作能夠完成。在向心動作階段（階段一），在驅動手臂往上舉高的過程中，要想著把啞鈴或是拳頭往身體外側推出去。

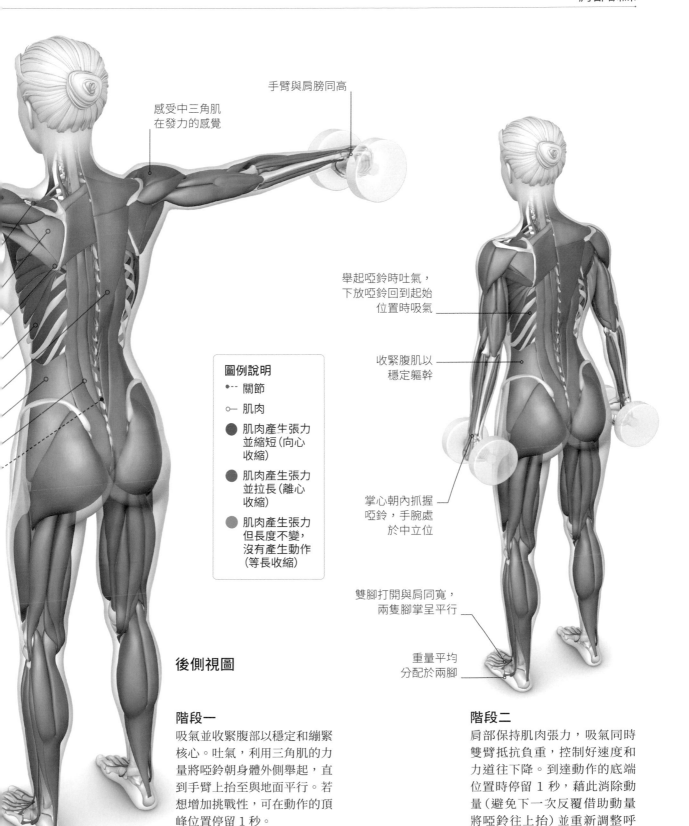

手臂與肩膀同高

感受中三角肌
在發力的感覺

舉起啞鈴時吐氣，
下放啞鈴回到起始
位置時吸氣

收緊腹肌以
穩定軀幹

圖例說明

•--- 關節

◦— 肌肉

● 肌肉產生張力
　並縮短（向心
　收縮）

● 肌肉產生張力
　並拉長（離心
　收縮）

● 肌肉產生張力
　但長度不變，
　沒有產生動作
　（等長收縮）

掌心朝內抓握
啞鈴，手腕處
於中立位

雙腳打開與肩同寬，
兩隻腳掌呈平行

後側視圖

重量平均
分配於兩腳

階段一

吸氣並收緊腹部以穩定和繃緊
核心。吐氣，利用三角肌的力
量將啞鈴朝身體外側舉起，直
到手臂上抬至與地面平行。若
想增加挑戰性，可在動作的頂
峰位置停留 1 秒。

階段二

肩部保持肌肉張力，吸氣同時
雙臂抵抗負重，控制好速度和
力道往下降。到達動作的底端
位置時停留 1 秒，藉此消除動
量（避免下一次反覆借助動量
將啞鈴往上抬）並重新調整呼
吸。重複階段一、二。

129

» 變化式

使用彈力帶或滑索能變化調整這些針對三角肌的運動的阻力負荷。在執行一次反覆的過程中，彈力帶提供的阻力會隨拉長的程度而改變，越接近動作的頂端阻力越大，但滑索提供的阻力則比較平均。

彈力帶側平舉

在進行這個變化式時，越接近動作的頂端位置，彈力帶提供的阻力會越大。站姿也會影響這個訓練動作的難度，雙腳打開的距離越寬，彈力帶產生的阻力越強。

> 這些變化式能夠
> 更集中刺激到三角肌

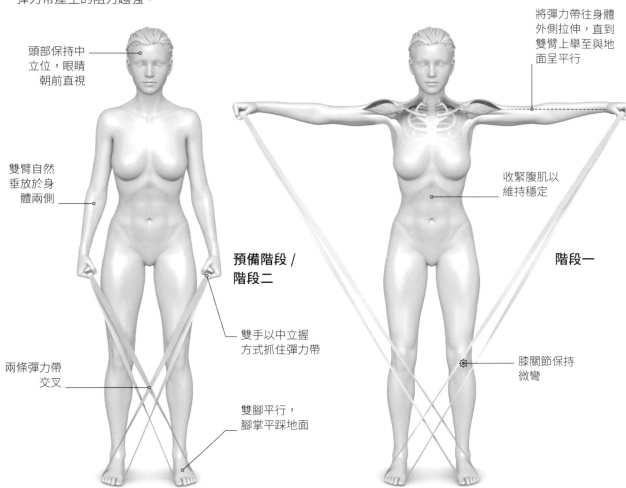

頭部保持中立位，眼睛朝前直視

雙臂自然垂放於身體兩側

兩條彈力帶交叉

預備階段 /
階段二

雙手以中立握方式抓住彈力帶

雙腳平行，腳掌平踩地面

將彈力帶往身體外側拉伸，直到雙臂上舉至與地面呈平行

收緊腹肌以維持穩定

階段一

膝關節保持微彎

預備階段

雙腳各踩住一條彈力條，並用對側手抓住末端。身體稍微往前傾，讓三角肌能對齊阻力線方向。

階段一

吸氣以收緊核心。吐氣同時雙臂往身體外側上舉至肩膀高度，手肘全程保持伸展。若想增加挑戰性，可以停留 1-2 秒。

階段二

吸氣同時雙臂往下降，回到身體兩側的起始位置，過程中要控制好速度和力道並且手肘要維持伸展姿勢。重複階段一、二。

滑索單邊側平舉

這個變化式使用滑索機能在上舉階段提供固定的阻力。單邊側平舉能針對身體其中一側個別進行訓練，為你的肩部訓練增添變化性。

預備階段
身體站直，軀幹稍微往前傾，讓三角肌能對齊阻力線方向。訓練手抓住滑索握把，置於身體側邊。

階段一
吸氣以收緊核心，然後吐氣，手臂往身體外側上舉至肩膀高度，手肘全程保持伸展。若想增加挑戰性，可以停留 1-2 秒。

階段二
吸氣，肩膀保持肌肉張力，控制好速度和力道，讓手臂下降回到起始位置。重複階段一、二。

圖例說明
- 主要目標肌群
- 次要目標肌群

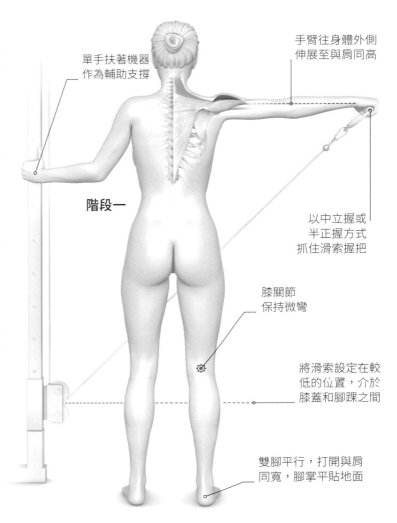

單手扶著機器作為輔助支撐
手臂往身體外側伸展至與肩同高
階段一
以中立握或半正握方式抓住滑索握把
膝關節保持微彎
將滑索設定在較低的位置，介於膝蓋和腳踝之間
雙腳平行，打開與肩同寬，腳掌平貼地面

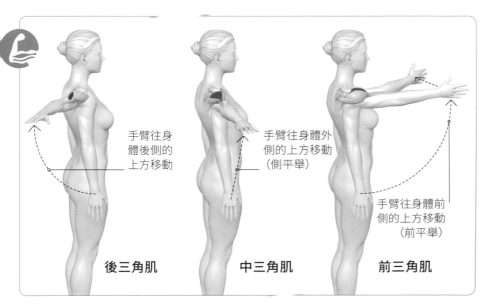

手臂往身體後側的上方移動
手臂往身體外側的上方移動（側平舉）
手臂往身體前側的上方移動（前平舉）
後三角肌　中三角肌　前三角肌

針對三角肌不同部位進行訓練

三角肌分成三個部位：前三角肌（前束）、中三角肌（中束）和後三角肌（後束），這三個部位各有負責的動作並且擁有不同的肌肉拉力線。因此必須針對不同部位，選擇能讓該部位獲得最佳鍛鍊效果的運動。許多推和拉的運動可直接鍛鍊到前三角肌和後三角肌，而中三角肌是三者裡面最少動作直接使用到，因此需要利用像側平舉來單獨鍛鍊。

主要肌群訓練動作 | 啞鈴前平舉

啞鈴前平舉
DUMBBELL FRONT RAISE

前三角肌是這個運動的主要鍛鍊目標。跟前面介紹的啞鈴側平舉 (pp.128-129) 一樣，也可以利用彈力帶或滑索機進行前平舉訓練 (pp.134-135)。

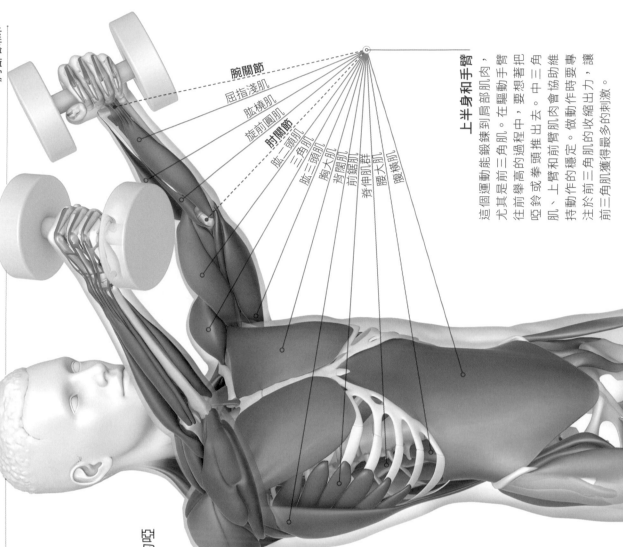

腕關節
屈指淺肌
肱橈肌
旋前圓肌
肘關節
肱二頭肌
三角肌
肱三頭肌
胸大肌
背闊肌
前鋸肌
脊伸肌群
腰大肌
腹橫肌

上半身和手臂

這個運動能鍛鍊到肩部肌肉，尤其是前三角肌。在驅動的手臂往前舉高的過程中，要想著把啞鈴或拳頭推出去。中三角肌、上臂和前臂肌肉會協助維持動作的穩定。做動作的收縮時要專注於前三角肌的收縮出力，讓前三角肌獲得最多的刺激。

概述

在身體正前方執行上抬和下放啞鈴的動作能鍛鍊到前三角肌。做動作要連貫流暢並全程控制好速度和力道，不要猛然抬起啞鈴和快速下放啞鈴。抬起啞鈴時，雙臂自然地稍做向內移動，以對應前三角肌收縮的方向。如果在訓練過程中肩膀感到任何不適，可嘗試改做滑索機或是彈性阻力帶變化式 (pp.134-135)。

初學者可以從每組 8-10 次，總共 4 組開始做起。pp.134-135 將介紹其它變化式。另外也可以參考 pp.201-214 依據不同目的所採取所建議的目標組數。

常見錯誤

啞鈴抬得太高，會導致目標肌肉變成上斜方肌；抬得太低，則前三角肌無法充分收縮。另外也要避免身體往後傾。

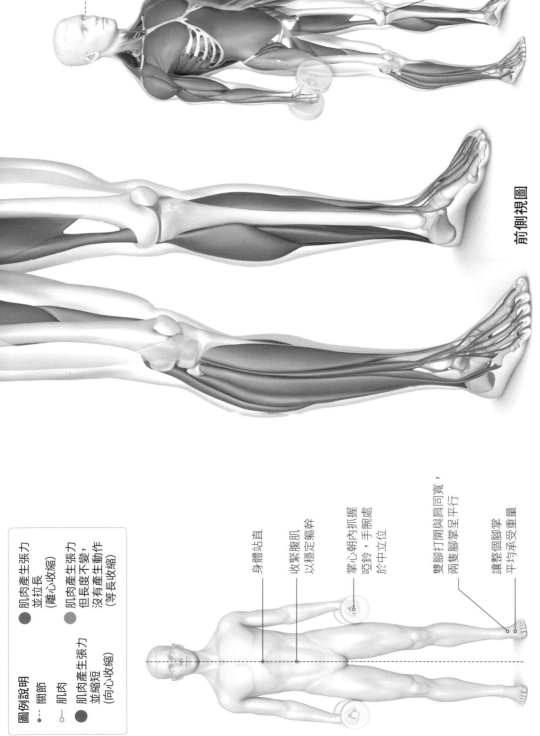

圖例說明

- ●--- 關節
- ○ 肌肉
- ● 肌肉產生張力並縮短（向心收縮）
- ● 肌肉產生張力並拉長（離心收縮）
- ● 肌肉產生張力但長度不變，沒有產生動作（等長收縮）

預備階段

雙腳打開與肩同寬，兩隻腳平行。雙手抓握啞鈴，自然垂放於身體兩側。頭部保持中立位。

- 身體站直
- 收緊腹肌以穩定軀幹
- 掌心朝內抓握啞鈴，手腕處於中立位
- 雙腳打開與肩同寬，兩隻腳掌呈平行
- 讓整個腳掌平均承受重量

階段一

吸氣並收緊核心。吐氣，利用前三角肌的力量讓雙臂往身體前方抬起（肩關節屈曲），將啞鈴往上舉，直到手臂上抬至與地面呈平行或是再稍高一點的位置。若想增加挑戰性，可以停留 1 秒。

階段二

肩膀保持肌肉張力，吸氣同時雙臂抵抗負重，控制好速度和力道任由下降。到達動作的底端位置時停留 1 秒，藉此消除動量（避免下一次反覆借助動量上抬啞鈴）並重新調整呼吸。重複階段一、二。

前側視圖

- 眼睛朝前直視
- 雙臂自然垂放於身體兩側
- 啞鈴要全程維持固定方向
- 膝關節保持柔軟微彎

» 變化式

使用彈力帶或滑索機的前平舉變化式是
替代啞鈴前平舉（pp.132-133）的很好方
案，而針對前三角肌的坐姿肩上推舉是
練習推舉動作很有效的方法。跟啞鈴前
平舉一樣，手臂上抬和下降的動作要連
貫流暢並控制好速度，使用滑索機比較
容易做到這個要求。

圖例說明
- ● 主要目標肌群
- ● 次要目標肌群

阻力的差異

每一種運動器材鍛鍊和刺激肌肉的方式
會有差異。啞鈴帶來的阻力來自垂直於
地面的重力，在運動過程中恆定不變，
但肌肉產生的張力會因施力角度而改
變。彈力帶則會隨著拉伸長度改變而提
供不同的阻力。滑索機提供的阻力則是
三者中最穩定一致的。

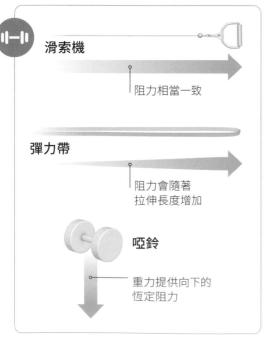

滑索機
阻力相當一致

彈力帶
阻力會隨著
拉伸長度增加

啞鈴
重力提供向下的
恆定阻力

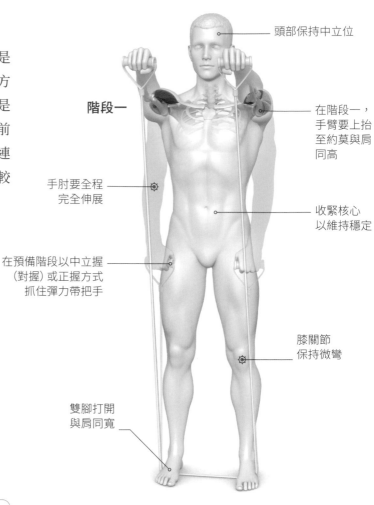

階段一

- 頭部保持中立位
- 在階段一，手臂要上抬至約莫與肩同高
- 手肘要全程完全伸展
- 收緊核心以維持穩定
- 在預備階段以中立握（對握）或正握方式抓住彈力帶把手
- 膝關節保持微彎
- 雙腳打開與肩同寬

彈力帶前平舉

如果在做啞鈴前平舉有肩膀不適的現象，這個使用
彈力帶的變化式會是不錯的選擇。若想增加挑戰
性，可以在動作的頂端位置停留 1-2 秒。

預備階段
雙腳踩穩彈力帶，雙手抓住手把。身體站立，雙臂
自然垂放於身體兩側。

階段一
吸氣並收緊腹肌，然後吐氣同時肩關節屈曲，雙臂
伸直在身體前方往上抬高。

階段二
吸氣，雙臂往下降，回到起始位置，全程要控制好
速度和力道。重複階段一、二。

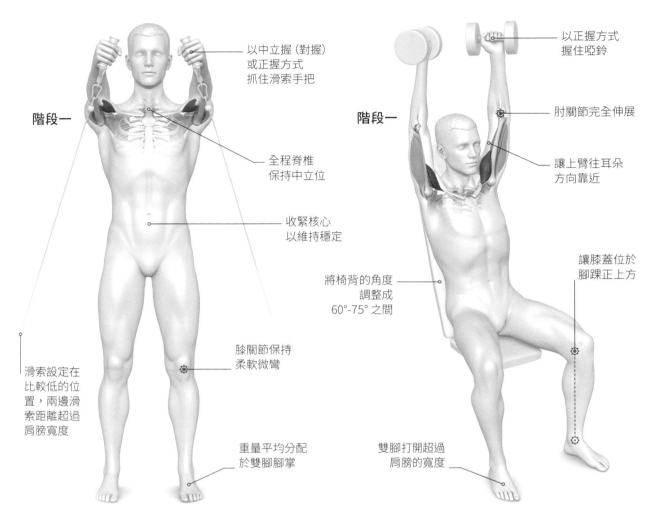

階段一

以中立握（對握）
或正握方式
抓住滑索手把

全程脊椎
保持中立位

收緊核心
以維持穩定

滑索設定在
比較低的位
置，兩邊滑
索距離超過
肩膀寬度

膝關節保持
柔軟微彎

重量平均分配
於雙腳腳掌

階段一

以正握方式
握住啞鈴

肘關節完全伸展

讓上臂往耳朵
方向靠近

讓膝蓋位於
腳踝正上方

將椅背的角度
調整成
60°-75° 之間

雙腳打開超過
肩膀的寬度

滑索前平舉

滑索機能提供比較穩定一致的阻力，訓練時前三角
肌的肌肉纖維方向必須與滑索的阻力方向一致。若
想增加挑戰性，可以在動作的頂端位置停留 1-2 秒。

預備階段

雙腳打開與肩同寬。也可以採取一腳前一腳後的站
姿以增加穩定度。雙手抓穩滑索手把，肩膀放鬆，
雙臂自然垂放於身體兩側。

階段一

吸氣並收緊核心，然後吐氣，雙臂伸直在身體前方
往上抬高，直到雙手到達耳朵的高度，手肘全程處
於伸展狀態。

階段二

吸氣，雙臂往下降，讓滑索回到起始位置，全程控
制好動作並維持雙臂伸直。重複階段一、二。

前三角肌肩上推舉

這個變化式能訓練垂直往上的推舉動作，會鍛鍊到
肱三頭肌、手肘屈肌群還有前三角肌。相較於標準
的坐姿肩上推舉 (pp.124-125)，這個變化式的阻力
方向跟前三角肌的拉力線會更一致。

預備階段

坐在訓練椅上，雙手以正握方式握住啞鈴，肘關節
彎曲，將啞鈴上抬至高於肩膀一點的位置。

階段一

吸氣並收緊核心。吐氣，雙臂垂直往上伸展將啞鈴
高舉過頭，手腕要保持在手肘正上方。

階段二

吸氣，雙臂往下降回到起始位置，全程要控制速度
和力道。重複階段一、二。

啞鈴後三角肌飛鳥
DUMBBELL REAR DELTOID FLY

這個飛鳥運動能訓練後三角肌，又能鍛鍊到上背部肌肉。與啞鈴前平舉一樣（pp.132-133），進行訓練時也可以用彈力帶或是滑索機代替啞鈴（pp.137-138）。

概述

將啞鈴從身體前側下方往上抬至身體兩側（飛鳥動作）能刺激到後三角肌（三角肌後束）。上抬和下放啞鈴時要控制好速度和力道，不要用力甩起啞鈴，也不要快速落下。如果在訓練過程中肩膀感到任何不適，可嘗試改做滑索機或是彈性阻力帶變化式（pp.138-139）。

初學者可以從每組 8-10 次，總共 4 組開始做起。其它類似的變化式做法請見pp.138-139。另外也可以參考 pp.201-214 依據不同目的採取所建議的目標組數。

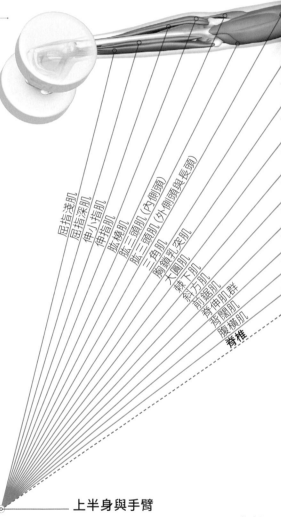

屈指淺肌
屈指深肌
伸小指肌
伸指肌
肱橈肌
肱三頭肌 (內側頭)
肱三頭肌 (外側頭與長頭)
三角肌
胸鎖乳突肌
大圓肌
棘下肌
斜方肌
前鋸肌、脊伸肌群
背闊肌
腹橫肌
脊椎

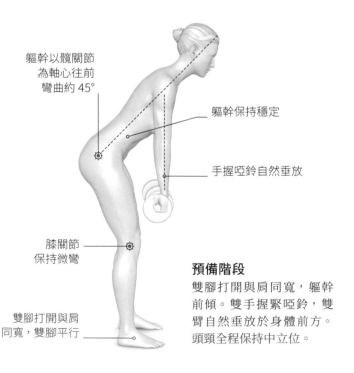

軀幹以髖關節為軸心往前彎曲約 45°

軀幹保持穩定

手握啞鈴自然垂放

膝關節保持微彎

雙腳打開與肩同寬，雙腳平行

預備階段
雙腳打開與肩同寬，軀幹前傾。雙手握緊啞鈴，雙臂自然垂放於身體前方。頭頸全程保持中立位。

上半身與手臂
這個運動需要後三角肌以及上背部肌肉（例如斜方肌）參與發力。核心肌群和脊椎伸肌群扮演了穩定軀幹和脊椎的重要角色。這個運動最具挑戰性的是啞鈴往上抬的動作，所以務必使用重量適中的啞鈴以確保能良好地控制動作和正確發力。

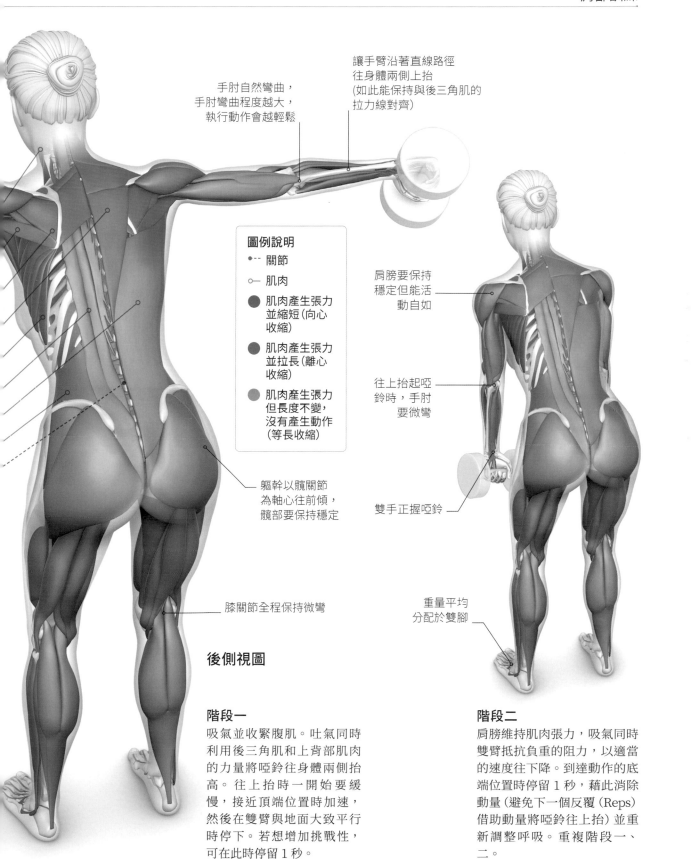

手肘自然彎曲，
手肘彎曲程度越大，
執行動作會越輕鬆

讓手臂沿著直線路徑
往身體兩側上抬
（如此能保持與後三角肌的
拉力線對齊）

圖例說明

- •--- 關節
- ○— 肌肉
- ● 肌肉產生張力並縮短（向心收縮）
- ● 肌肉產生張力並拉長（離心收縮）
- ● 肌肉產生張力但長度不變，沒有產生動作（等長收縮）

肩膀要保持
穩定但能活
動自如

往上抬起啞
鈴時，手肘
要微彎

雙手正握啞鈴

軀幹以髖關節
為軸心往前傾，
髖部要保持穩定

膝關節全程保持微彎

重量平均
分配於雙腳

後側視圖

階段一

吸氣並收緊腹肌。吐氣同時
利用後三角肌和上背部肌肉
的力量將啞鈴往身體兩側抬
高。往上抬時一開始要緩
慢，接近頂端位置時加速，
然後在雙臂與地面大致平行
時停下。若想增加挑戰性，
可在此時停留 1 秒。

階段二

肩膀維持肌肉張力，吸氣同時
雙臂抵抗負重的阻力，以適當
的速度往下降。到達動作的底
端位置時停留 1 秒，藉此消除
動量（避免下一個反覆（Reps）
借助動量將啞鈴往上抬）並重
新調整呼吸。重複階段一、
二。

≫ 變化式

如果做啞鈴後三角肌飛鳥有肩膀不適的現象，替換成這幾個變化式會是不錯的選擇。俯臥啞鈴飛鳥和彈力帶三角肌划船能提供方向和後三角肌的肌肉纖維走向比較一致的阻力。這兩個運動的手臂活動路徑的角度都是大約 45°，並且都需要斜方肌輔助發力。

圖例說明
● 主要目標肌群
● 次要目標肌群

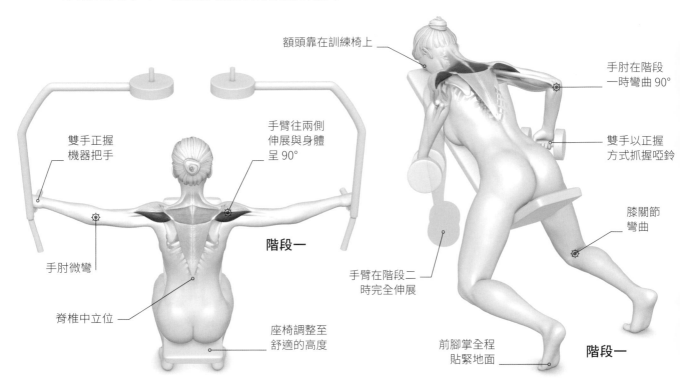

雙手正握機器把手

手臂往兩側伸展與身體呈 90°

手肘微彎

脊椎中立位

座椅調整至舒適的高度

階段一

額頭靠在訓練椅上

手肘在階段一時彎曲 90°

雙手以正握方式抓握啞鈴

膝關節彎曲

手臂在階段二時完全伸展

前腳掌全程貼緊地面

階段一

機械式後三角肌飛鳥

這是使用飛鳥機的變化式。不要使用太重的重量，也不要在做飛鳥動作的過程中後收肩胛骨，這樣會變成菱形肌和斜方肌的發力大於三角肌。若想增加挑戰性，可以在動作的頂峰位置停留 1-2 秒。

預備階段
坐在機器上，胸部和腹部貼緊靠墊。雙臂在身體前方上抬至與肩膀同高並抓住機器手把。

階段一
吸氣同時收緊核心，然後吐氣，雙臂往身體兩側水平外展。手肘保持微彎，雙臂與地面平行。

階段二
吸氣，雙臂回到起始位置。動作要流暢連貫並控制好速度和力道，重複階段一、二。

俯臥啞鈴後三角肌上舉

採取俯臥於訓練椅的姿勢，能在你執行划船動作時產生一股反向力將啞鈴往上推，此有助於增加穩定性並且可以舉起更大的重量。若想增加挑戰性，可以在動作的頂峰位置停留 1-2 秒。

預備階段
俯臥於訓練椅上，雙腳置於地面，打開超過肩膀的寬度。雙臂自然垂落於肩膀下方，雙手各抓握一個啞鈴。

階段一
吸氣同時收緊腹肌，然後吐氣，雙臂往身體後側拉，手肘保持微彎，肩胛骨後縮，將啞鈴帶至部腰部高度。

階段二
吸氣，以適當的速度和力道下放啞鈴回到起始位置，手肘恢復完全伸展的狀態。重複階段一、二。

"""

相較於後三角肌飛鳥，
三角肌划船和後三角肌上舉
能以較大幅度的動作
鍛鍊後三角肌。

以後三角肌為訓練目標

滑索或是彈力帶三角肌划船經常被用來訓練上背部，但其實它們也可以針對後三角肌提供很好的訓練效果。相較於後三角肌飛鳥，划船和後三角肌上舉動作的手臂活動路徑，與後三角肌肌肉纖維的拉力線會更為一致。

彈力帶三角肌划船

這個以後三角肌和上背部肌肉為鍛鍊目標的變化式，無需借助自由重量，只需一條彈力帶即可進行訓練。若想增加挑戰性，可在動作的頂峰位置停留 1-2 秒。

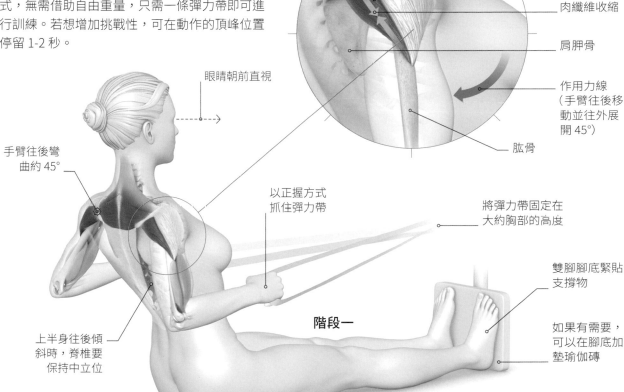

後三角肌肌肉纖維的拉力方向能與肱骨以及拉力線方向一致

後三角肌肌肉纖維收縮

肩胛骨

作用力線（手臂往後移動並往外展開 45°）

肱骨

眼睛朝前直視

手臂往後彎曲約 45°

以正握方式抓住彈力帶

將彈力帶固定在大約胸部的高度

雙腳腳底緊貼支撐物

如果有需要，可以在腳底加墊瑜伽磚

階段一

上半身往後傾斜時，脊椎要保持中立位

預備階段

坐在地面，雙腿往身體前方伸展。腳底緊靠支撐物或是平面。背部稍微往後傾。雙臂往身體前側伸展，雙手抓穩彈力帶末端。

階段一

吸氣同時收緊腹肌，然後吐氣，手肘往後朝身體外側彎曲，帶動雙臂將彈力帶往後拉，過程中脊椎要保持固定不動。

階段二

吸氣，以適當的速度和力道讓雙臂往前回到起始位置。重複階段一、二。

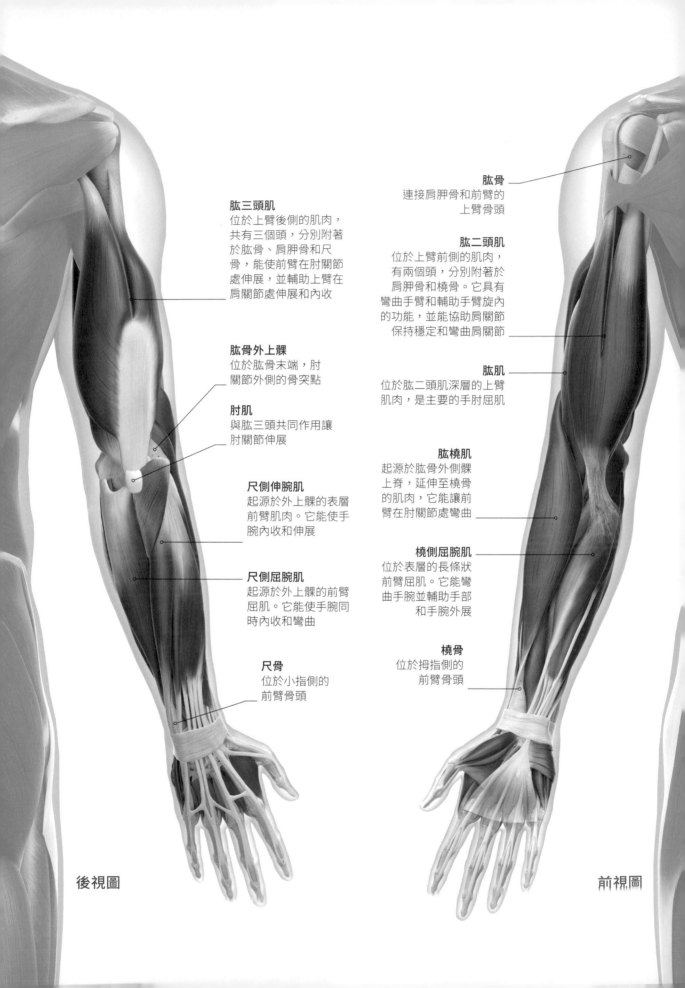

肱三頭肌
位於上臂後側的肌肉，
共有三個頭，分別附著
於肱骨、肩胛骨和尺
骨，能使前臂在肘關節
處伸展，並輔助上臂在
肩關節處伸展和內收

肱骨外上髁
位於肱骨末端，肘
關節外側的骨突點

肘肌
與肱三頭共同作用讓
肘關節伸展

尺側伸腕肌
起源於外上髁的表層
前臂肌肉。它能使手
腕內收和伸展

尺側屈腕肌
起源於外上髁的前臂
屈肌。它能使手腕同
時內收和彎曲

尺骨
位於小指側的
前臂骨頭

肱骨
連接肩胛骨和前臂的
上臂骨頭

肱二頭肌
位於上臂前側的肌肉，
有兩個頭，分別附著於
肩胛骨和橈骨。它具有
彎曲手臂和輔助手臂旋內
的功能，並能協助肩關節
保持穩定和彎曲肩關節

肱肌
位於肱二頭肌深層的上臂
肌肉，是主要的手肘屈肌

肱橈肌
起源於肱骨外側髁
上脊，延伸至橈骨
的肌肉，它能讓前
臂在肘關節處彎曲

橈側屈腕肌
位於表層的長條狀
前臂屈肌。它能彎
曲手腕並輔助手部
和手腕外展

橈骨
位於拇指側的
前臂骨頭

後視圖

前視圖

手臂訓練

負責手臂運動的主要肌肉有：位於上臂前側的肱二頭肌、位於上臂後側的肱三頭肌以及前臂肌肉。前臂肌肉能協助手部抓握物體，並控制抓握的姿勢和動作。

肱二頭肌和肱三頭肌都附著於前臂、肱骨和肩胛骨上。肱二頭肌能讓手臂在肘關節處彎曲和旋內，以及讓肩關節維持固定姿勢，它也能讓肘關節和肩關節在運動過程中保持穩定不動。

肱三頭肌能協助手臂在肘關節處伸展，它同時也是胸部推舉和肩上推舉動作的重要輔助肌肉。

其它包括肱肌和肱橈肌在內的手肘屈肌，能與肱二頭肌合作完成更大範圍的肘部彎曲動作。

● 在進行以彎屈和伸展動作為主的訓練時，記得要讓肘關節和肩關節維持固定姿勢，這樣才能增加施於目標肌肉的張力，同時也有助減輕肘關節和肩關節承受的壓力。

❝❞

手臂肌力與腿部肌力一樣重要，
　提升手臂肌力有助於在進行其它運動時
　　承受更大的負重。

啞鈴肱二頭肌彎舉
DUMBBELL BICEPS

這個以坐姿進行的運動能安全地訓練肱二頭肌，同時又能鍛鍊到其它手肘屈肌。採用啞鈴比較能依據個人身體結構和活動度去彈性調整姿勢和做法。你也可以嘗試利用滑索或彈力帶進行訓練（pp.144-145）。

概述

這個典型的肱二頭肌彎舉是以手臂肘關節為轉軸，執行上舉和下放啞鈴的動作。不採站姿，而改成坐在可調整椅背的訓練椅上進行訓練，能增加動作幅度，並提升肱二頭肌的刺激效果。如果訓練過程中，手腕、手肘或是肩膀不適，可嘗試改做滑索機或是彈性阻力帶變化式（pp.144-145）。

　　初學者可以從每組 8-10 次，總共 4 組開始做起。另外也可以參考 pp.144-145 所介紹的變化式，以及 pp.201-214 依據不同目的採取所建議的目標組數。

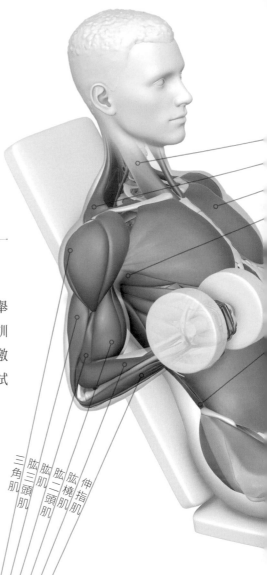

三角肌
肱三頭肌
肱肌
肱二頭肌
肱橈肌
肱橈肌
伸指肌

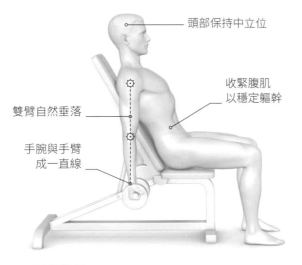

頭部保持中立位

收緊腹肌
以穩定軀幹

雙臂自然垂落

手腕與手臂
成一直線

預備階段
坐在上斜板訓練椅上，背部貼緊椅背，雙腳打開與肩同寬，腳掌平貼地面。雙手反握啞鈴，雙臂自然垂落於身體兩側。手腕位於上臂的直線上。

手臂
這個手臂彎舉動作能訓練肱二頭肌的屈肘功能。肩膀維持固定姿勢，將注意力放在手肘的彎曲和伸展。在做彎舉動作，要專注在驅動前臂往上朝肱二頭肌靠近。這項運動可增加肱二頭肌的肌肉量和肌力，有助於提升其他訓練的能力和表現。

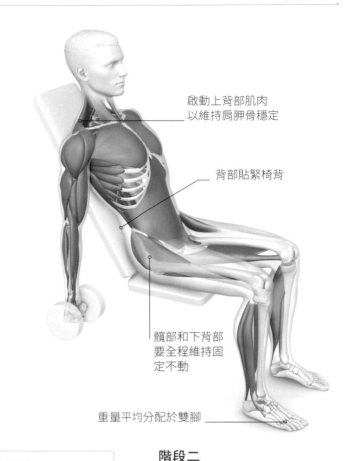

啟動上背部肌肉
以維持肩胛骨穩定

背部貼緊椅背

髖部和下背部
要全程維持固
定不動

重量平均分配於雙腳

胸鎖乳突肌
斜方肌
胸大肌
前鋸肌

背闊肌
腹橫肌

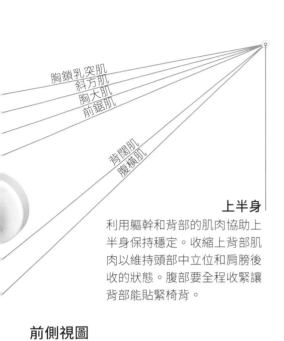

上半身

利用軀幹和背部的肌肉協助上
半身保持穩定。收縮上背部肌
肉以維持頭部中立位和肩膀後
收的狀態。腹部要全程收緊讓
背部能貼緊椅背。

前側視圖

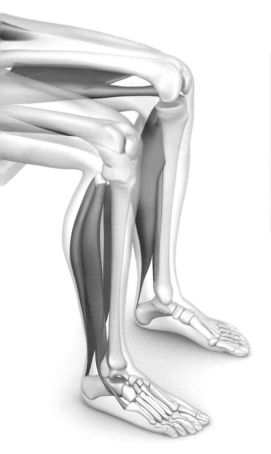

圖例說明

- •-- 關節
- ○─ 肌肉
- ● 肌肉產生張力並
  縮短(向心收縮)
- ● 肌肉產生張力並
  拉長(離心收縮)
- ● 肌肉產生張力但
  長度不變,沒有產生
  動作(等長收縮)

階段二

核心收緊維持肌肉張力,手肘保
持不動,吸氣同時利用肱二頭肌
的力量抵抗負重,下放啞鈴回到
起始位置。重新調整呼吸並重複
階段一、二。

階段一

吸氣並收緊腹肌以維持核心
穩定。吐氣同時彎曲手肘,
手臂將啞鈴朝肩膀方向上
舉,肩膀保持不動。腳底要
貼緊地面,髖部與軀幹要保
持穩定不能晃動。

❗ 常見錯誤

若肩膀、髖部或下背部無法
保持穩定,會導致其他肌肉
(例如前三角肌)協助代償,
而降低鍛鍊肱二頭肌的效
果。因此維持姿勢穩定非常
重要。一開始不要舉太重,
最好從輕重量做起,等掌握
正確的姿勢和發力方式之
後,再逐漸增加重量。

» 變化式

肱二頭肌彎舉可以利用不同器材來進行。上背部肌肉必須全程收緊並避免圓肩，如此能減少肩膀受傷機會，又能讓肱二頭肌和手肘屈肌在做動作的過程中產生更集中的張力。

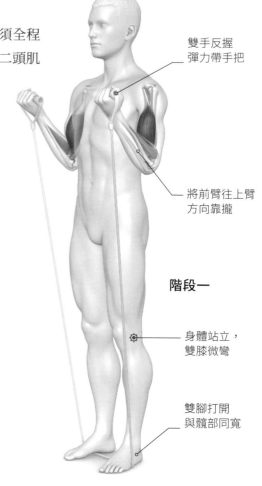

頭部保持中立位

軀幹前傾

雙手以反握或半反握抓住手把

階段一

手肘在階段二完全伸展

由髖關節處彎屈

膝蓋位於腳踝正上方

雙腳打開與肩同寬

雙手反握彈力帶手把

將前臂往上臂方向靠攏

階段一

身體站立，雙膝微彎

雙腳打開與髖部同寬

機械式肱二頭肌彎舉

利用機械進行彎舉訓練可以讓手臂維持固定的活動路徑，是練習肱二頭肌彎舉動作很好的方式。你可以單獨進行這個訓練，或是納入組合訓練中。

預備階段
坐在椅墊上，上半身由髖部前傾。雙臂放在靠墊並抓握手把（靠墊的傾斜度和雙腿的角度會因機器而異）。

階段一
吸氣並收緊核心，然後吐氣同時手臂進行彎舉動作，上臂要全程貼緊靠墊，不要抬高或移動，也不要聳肩。

階段二
吸氣同時雙臂往下放，讓手肘完全伸展。收緊核心並全程保持脊椎中立位。重複階段一、二。

彈力帶肱二頭肌彎舉

如果做負重式彎舉會有關節不適的情況，利用彈力帶的變化式是不錯的選擇。彈力帶有助於以平穩流暢的動作進行彎舉訓練。

預備階段
雙腳踩住彈力帶中段，身體站直，雙手抓穩手把置於髖部前方。

階段一
吸氣並收緊核心，然後吐氣同時手臂進行彎舉動作。上背部要保持適度張力以避免肩膀往前傾（圓肩）。

階段二
吸氣同時雙臂以適當的速度往下回到位於髖部前方的起始位置。重複階段一、二。

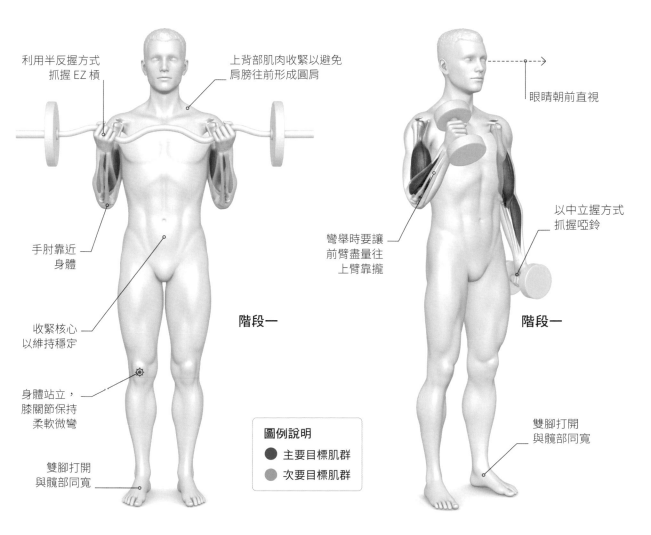

利用半反握方式
抓握 EZ 槓

上背部肌肉收緊以避免
肩膀往前形成圓肩

眼睛朝前直視

彎舉時要讓
前臂盡量往
上臂靠攏

以中立握方式
抓握啞鈴

手肘靠近
身體

階段一

收緊核心
以維持穩定

身體站立,
膝關節保持
柔軟微彎

階段一

雙腳打開
與髖部同寬

雙腳打開
與髖部同寬

圖例說明
● 主要目標肌群
● 次要目標肌群

EZ 槓肱二頭肌彎舉

EZ 槓是一種槓身呈波浪狀的槓,有些人使用直槓做肱二頭肌彎舉時會感覺手腕不適,可改用 EZ 槓以減輕手腕的壓力。若想增加挑戰性,可在動作的頂端位置停留 1-2 秒。

預備階段

雙手抓握槓鈴置於身體前方,手肘完全伸展。若是使用 EZ 槓請使用半反握的握姿;若是使用直槓槓鈴就使用反握姿。

階段一

吸氣並收緊核心,然後吐氣同時雙臂彎舉將槓鈴往上抬。雙肘要保持穩定不動並儘量貼近身體。

階段二

吸氣同時下放槓鈴,讓雙臂回到起始位位置,全程核心保持緊縮。重複階段一、二。

錘式彎舉

這個變化式的優點是能夠鍛鍊到其它手肘屈肌,包括肱橈肌和肱肌。你可以雙臂同時彎舉,也可以一次彎舉一隻手臂。在動作的頂端位置停留 1-2 秒可以增加挑戰性。

預備階段

雙手各握住一隻啞鈴,身體站直,雙臂自然垂於身體兩側。掌心朝內,手腕處於中立位。

階段一

吸氣並收緊核心,然後吐氣同時手肘彎曲,手臂彎舉 (雙臂或是單臂) 將啞鈴朝上臂方向往上抬。

階段二

吸氣同時下放啞鈴,讓手臂回到起始位置。重複階段一、二。如果是採取單臂訓練的方式,要注意雙臂訓練要均衡。

啞鈴肱三頭肌伸展
DUMBBELL TRICEPS EXTENSION

這個動作又稱「碎顱式 (Skull Crusher)」，能增大上臂的肱三頭肌並提升肌力，而且對其它肌力訓練也有助益。想躺在訓練椅或是地板上都可以，而且只需一對啞鈴就可以進行訓練。

概述

在手肘彎曲下放啞鈴和伸展上舉啞鈴的過程中，核心和雙腿要保持穩定並維持肌肉張力。由於啞鈴會上舉至身體正上方，因此對握是最安全的握法。訓練中若有任何關節不適的感覺，可嘗試改做滑索機或是彈性阻力帶變化式（pp.147-148）。

　　初學者可以從每組 8-10 次，總共 4 組開始做起。另外也可以參考 pp.147-148 所介紹的變化式，以及 pp.201-214 依據不同目的採取所建議的目標組數。

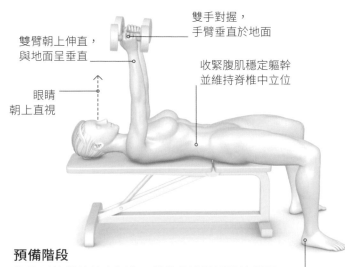

上臂全程保持不動

眼睛朝上直視

雙臂朝上伸直，與地面呈垂直

雙手對握，手臂垂直於地面

收緊腹肌穩定軀幹並維持脊椎中立位

預備階段

先將啞鈴暫放於大腿上，然後仰臥於訓練椅並順勢將啞鈴舉到肩膀正上方，頭部後側和臀部緊貼椅面，兩隻腳掌打開超過髖部距離平踩於地。也可以躺在地板訓練，此時彎曲雙膝以增加穩定性。雙手由身體側邊將啞鈴往肩膀正上方舉高。

重量平均分配於雙腳

啞鈴儘可能往耳朵或長椅方向下降

伸指肌　屈指淺肌　肱橈肌　肱三頭肌　肱二頭肌　胸大肌　**脊椎**　腹橫肌

上半身和手臂

這個運動需要肱三頭肌收縮發力。肩膀和軀幹肌肉負責維持肩關節和整個上半身的穩定，同時前臂肌肉協助手部抓穩啞鈴。動作時要把注意力放在彎曲和伸展手肘，同時保持肩膀穩定不動。

手腕打直

以肘關節為支點彎曲手臂，手肘保持穩定不晃動

手臂朝上伸直，讓上臂與軀幹呈垂直

上背部肌肉出力維持肩胛骨穩定

常見錯誤

彎舉時不要讓手臂以不自然的路徑或角度活動。身材比較寬廣壯碩的人，肘部可能無法筆直朝向正前方，但只要姿勢正確處於適當的位置，手臂就會以自然的路徑活動。如果你的手臂活動路徑會造成手肘和肩膀不舒服，可以改採單臂訓練或是利用滑索機或彈力帶。肩膀在動作時不要往前旋轉或是聳肩。唯一在動的關節只有肘關節。

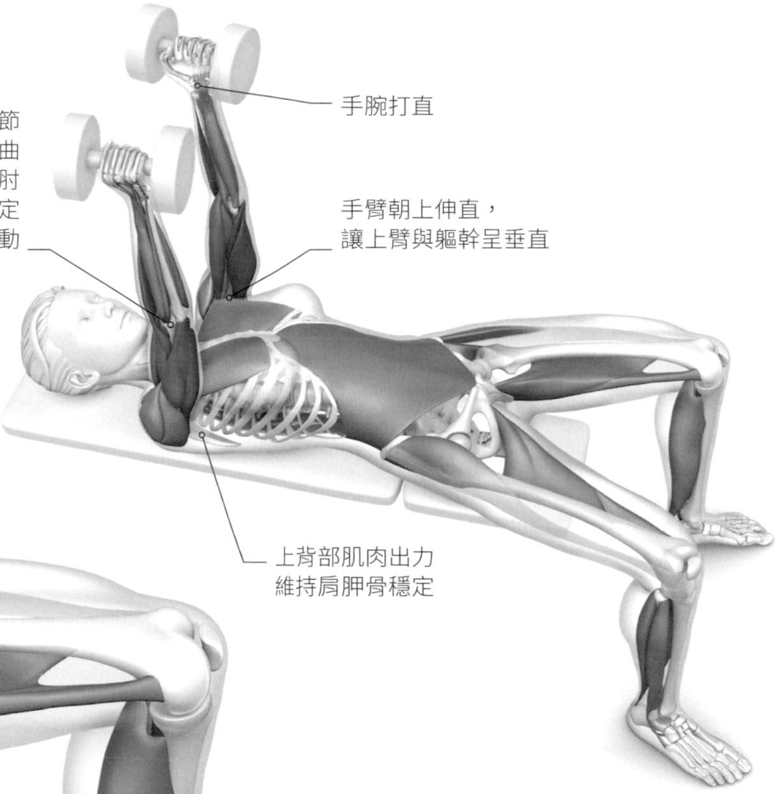

階段二

吸氣同時核心、上背部和肩膀維持穩定。吐氣同時利用肱三頭肌的力量讓手臂伸展，回到雙臂伸直朝上的起始位置。重新調整呼吸並重複階段一、二。

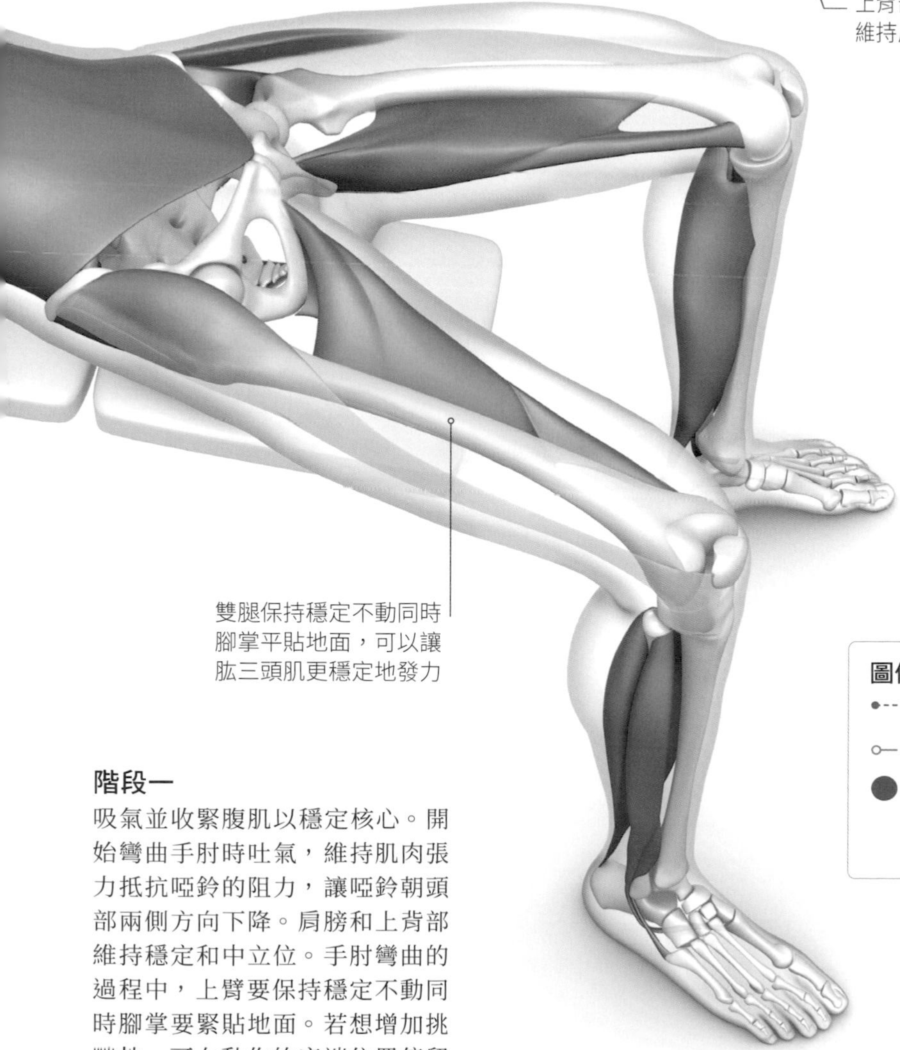

雙腿保持穩定不動同時腳掌平貼地面，可以讓肱三頭肌更穩定地發力

階段一

吸氣並收緊腹肌以穩定核心。開始彎曲手肘時吐氣，維持肌肉張力抵抗啞鈴的阻力，讓啞鈴朝頭部兩側方向下降。肩膀和上背部維持穩定和中立位。手肘彎曲的過程中，上臂要保持穩定不動同時腳掌要緊貼地面。若想增加挑戰性，可在動作的底端位置停留1-2秒。

圖例說明

- ●-- 關節
- ○- 肌肉
- ● 肌肉產生張力並縮短（向心收縮）
- ● 肌肉產生張力並拉長（離心收縮）
- ● 肌肉產生張力但長度不變，沒有產生動作（等長收縮）

上前側視圖

» 變化式

如果你是肱三頭肌伸展訓練的新手，這幾個
變化式是不錯的選擇。雖然看起來做法不
同，但都是以肱三頭肌為目標肌肉。若是採
取單臂訓練的方式，務必讓雙臂執行動作的
反覆次數相同，以獲得均衡的訓練。

圖例說明
- ● 主要目標肌群
- ● 次要目標肌群

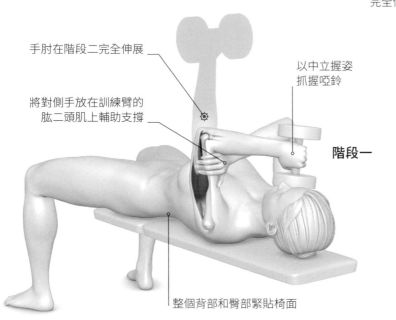

手肘在階段二完全伸展

將對側手放在訓練臂的
肱二頭肌上輔助支撐

以中立握姿
抓握啞鈴

階段一

整個背部和臀部緊貼椅面

頭部全程
保持中立位

訓練手臂
完全伸展

軀幹保持前彎

以中立握姿
抓住彈力帶

階段一

將彈力帶固定
於接近地面
的位置

單臂肱三頭肌伸展

如果雙臂同時訓練時有手肘不適的現象，改用單臂
肱三頭肌伸展可能會比較輕鬆。這個變化式也很適
合骨架比較寬廣的人。

預備階段
仰臥於訓練椅上，雙腿外展，腳掌平貼地面。訓練
手抓握啞鈴，肘關節伸展，手臂朝上伸直，對側手
抓住訓練手做輔助支撐。

階段一
吸氣以收緊核心。然後吐氣同時從肘關節處彎曲手
臂，讓啞鈴朝對側臉頰下降。

階段二
吸氣同時肘關節伸展，讓手臂伸直回到起始位置。
重複階段一、二，然後換對側手臂執行相同動作。

彈力帶單臂肱三頭肌伸展

這個單側訓練也稱為「肱三頭肌後踢」(Triceps
Kickback)，亦可使用滑索機操作。動作要領是肩膀
位置要固定，然後專注於手肘向後伸展的動作。

預備階段
身體採前後跨步站姿，雙腳左右距離與髖部同寬。
膝蓋保持彎曲，軀幹從髖關節處前傾約 45°。訓練
手抓穩彈力帶，肘關節彎曲。

階段一
吸氣以收緊核心。然後吐氣，將彈力帶往後拉，直
到手臂完全伸展。上背部肌肉要維持適度張力以避
免肩膀往前形成圓肩。

階段二
吸氣，控制好速度和力道，讓手臂回到起始位置。
重複階段一、二，然後換對側手臂執行相同動作
(同時跨步的前後腳也要對調)。

肱三頭肌伏地挺身

此為伏地挺身的變化式，為了能夠訓練胸肌、肱三頭肌和肩膀肌肉，因此手部位置和手臂活動路徑做了調整。它是以自身體重為負荷，與仰臥肱三頭肌伸展的訓練部位和訓練效果類似，在沒有任何器材時是不錯的替代方案。

預備階段

身體面朝下，雙臂往身體前方伸展，手掌撐住地面，雙手距離與肩同寬或比肩稍窄一點。手肘稍微彎曲。

階段一

收緊核心，然後吸氣，手肘彎曲，手臂夾緊肋骨外側，身體往地面下降。

階段二

吸氣，伸展手肘直到手臂幾乎完全伸直，讓身體往上抬，回到起始位置。重複階段一、二。

> **"**
> 增加肱三頭肌解剖學知識，有助於了解某個訓練動作會運用到肱三頭肌的哪幾個頭。

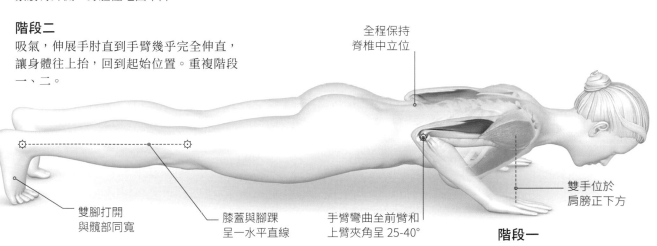

全程保持脊椎中立位

雙腳打開與髖部同寬

膝蓋與腳踝呈一水平直線

手臂彎曲全前臂和上臂夾角呈 25-40°

雙手位於肩膀正下方

階段一

後視圖

肩胛骨

肱三頭肌的長頭

肱三頭肌的外側頭

肘肌

肱骨

肱三頭肌的內側頭

尺骨

表層

深層

肱三頭肌的構造

肱三頭肌是由三個頭構成的肌肉。外側頭和內側頭附著於肱骨和肘關節，長頭則附著於肩胛骨。有些動作會訓練到三個頭，有的只會訓練到一個或兩個頭。有時改變肩膀位置就能在不影響其它兩個頭的狀態下，對長頭施加更多負荷。

多了解一些解剖構造和每個頭的附著位置，以及如何順著阻力方向，會有助於理解為何某個動作的效果會比另一個動作好。能鍛鍊到全部三個頭的最佳訓練動作範例是交叉滑索肱三頭肌下拉（pp.153）。

主要肌群訓練動作 | 繩索肱三頭肌下拉

繩索肱三頭肌下拉
ROPE TRICEPS PUSHDOWN

這個下拉訓練動作針對的目標是肱三頭肌。這個動作不使用槓鈴或是固定式器材，而是使用有繩索裝置的滑索訓練機，這樣比較能依據個人身體結構和活動度限制去彈性調整姿勢和做法。

上半身和手臂

雖然肱三頭肌是這個運動會鍛鍊到的重點，但也會使用到肩膀、上背部和軀幹的肌肉去協助肩關節和整個上半身維持穩定。繩索裝置可以彈性調整手臂的活動路徑，不會像直槓或固定式槓鈴那樣有一定的限制。做動作時要專注在手肘的彎曲和伸展，並同時保持肩膀穩定不動。提升肱三頭肌的肌肉量和肌力在從事其它肌力訓練時也會有助益。

半棘肌
胸鎖乳突肌
斜方肌
三角肌
肱二頭肌
背闊肌
前鋸肌
肱三頭肌
腹橫肌
肱橈肌
屈指淺肌

圖例說明
- ○--- 關節
- ○ 肌肉
- 肌肉產生張力並收縮短（向心收縮）
- 肌肉產生張力並拉長（離心收縮）
- 肌肉產生張力但長度不變，沒有產生收縮（等長收縮）

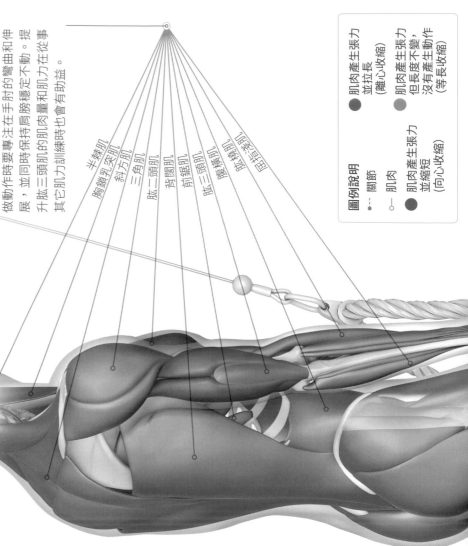

概述

維持直立站姿，上臂不動，前臂以肘關節為支點是成功執行這個垂直下拉動作的重要關鍵。

設定好重量並將繩索裝置固定於滑索訓練機的頂端位置。訓練中若有任何關節不適，可嘗試改做其它變化式，包括使用其它種滑索機或是彈性阻力帶的變化式 (pp.152-153)。

初學者可以從每組 8-10 次、總共 4 組開始做起。另外也可以參考 pp.152-153 所介紹的變化式，以及 pp.201-214 依據不同目的採取所建議的目標組數。

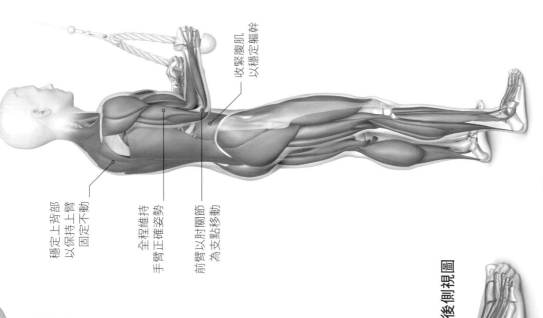

階段二

核心、上背部和肩膀維持穩定。吸氣，利用肱三頭肌的力量抵抗阻力，讓繩索握把回到起始位置。重新調整呼吸並重複階段一、二。

階段一

吸氣並收緊腹肌。吐氣並伸展手肘，利用肱三頭肌的力量將繩索握把往住下拉。到達動作的最底端位置時不要聳肩，若想增加挑戰性，此時可以停留 1-2 秒。

後側視圖

收緊腹肌以穩定軀幹

穩定上背部以保持上臂固定不動

全程維持手臂正確姿勢

前臂以肘關節為支點移動

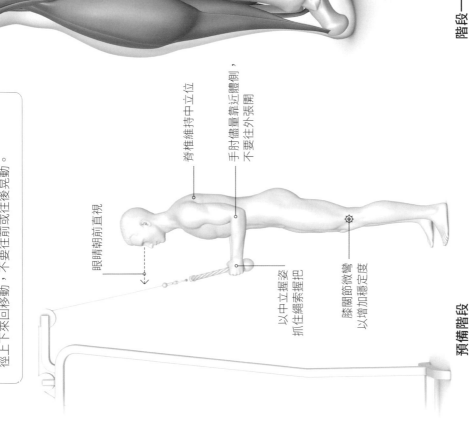

眼睛朝前直視

脊椎維持中立位

手肘儘量靠近體側，不要往外張開

以中立握姿抓住繩索握把

膝關節微彎以增加穩定度

常見錯誤

若身體過度前傾使得頭部越過握把的垂直線，會變成利用肩膀下壓的力量，導致肱三頭肌無法有效訓練到肌。因此身體要站直，不要太靠近滑索。往下拉繩索握把時，只能沿著相同的垂直路徑上下來回移動，不要往前或往後晃動。

預備階段

設定好滑索訓練機的重量，雙手抓住繩索握把的兩個底端。往後退 1-2 步，身體站直，雙腳打開與肩同寬。上背部肌肉收縮出力以維持穩定。手肘彎曲 65°-70°。

» 變化式

在做這些變化式時，肩膀務必保持正確的姿勢和位置並且要避免圓肩。如果你在做繩索下拉時有任何不適現象，這些變化式是很好的替代方案，它們同樣也是以肱三頭肌為主要訓練部位。

彈力帶肱三頭肌伸展

如果沒有滑索訓練機可用，可嘗試這個效果不錯的彈力帶變化式。要將彈力帶拉伸越過肩膀時，務必讓阻力線方向與手臂活動路徑一致。

阻力線與手臂活動路線一致，能降低肘關節受傷風險。

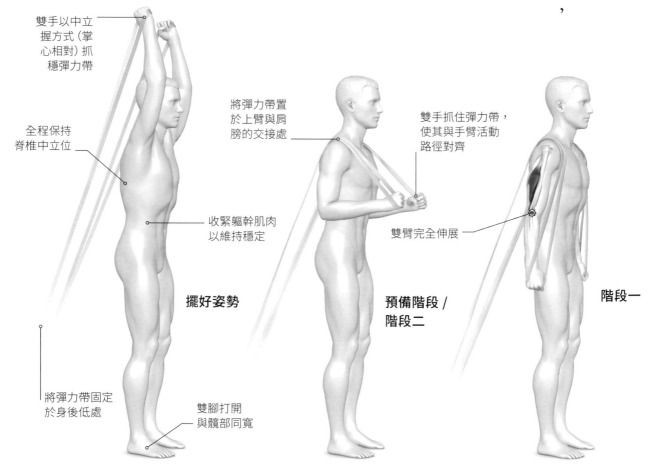

雙手以中立握方式（掌心相對）抓穩彈力帶

全程保持脊椎中立位

收緊軀幹肌肉以維持穩定

將彈力帶置於上臂與肩膀的交接處

雙手抓住彈力帶，使其與手臂活動路徑對齊

雙臂完全伸展

將彈力帶固定於身後低處

雙腳打開與髖部同寬

擺好姿勢

預備階段 / 階段二

階段一

擺好姿勢
將彈力帶固定於身後的低處，身體背對固定處站立，雙膝彎微，雙手各抓住彈力帶一端。雙臂往上舉高。

預備階段
雙臂往身體前方伸展，將彈力帶拉伸越過肩膀。雙手各抓著彈力帶一端置於身體前側，雙肘彎曲。

階段一
吸氣並收緊腹肌，然後吐氣並伸展手肘，直到手臂完全伸展，肩膀後縮同時保持上臂與軀幹呈一直線。

階段二
吸氣，手肘彎曲讓雙臂往上回到起始位置，過程中要控制好動作的速度和力道。重複階段一、二。

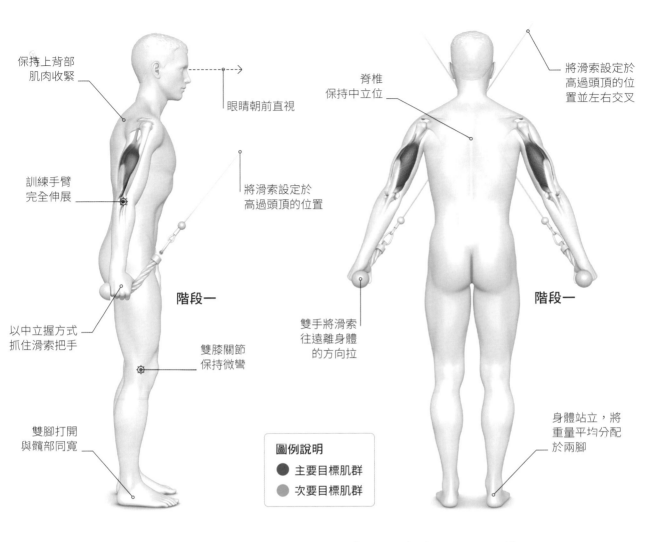

保持上背部
肌肉收緊

眼睛朝前直視

脊椎
保持中立位

將滑索設定於
高過頭頂的位
置並左右交叉

訓練手臂
完全伸展

將滑索設定於
高過頭頂的位置

以中立握方式
抓住滑索把手

雙膝關節
保持微彎

階段一

雙手將滑索
往遠離身體
的方向拉

階段一

雙腳打開
與髖部同寬

身體站立,將
重量平均分配
於兩腳

圖例說明
● 主要目標肌群
● 次要目標肌群

單邊滑索肱三頭肌下拉

這個變化式只需要一條滑索,以單臂進行訓練。手臂在將滑索往後拉之前,必須讓肩膀處於正確的位置。

預備階段
身體站直,髖關節微彎讓上半身更接近阻力線。訓練手以中立握方式抓住滑索,肘關節彎曲。

階段一
吸氣並收緊腹肌,然後吐氣並伸展訓練側的手肘直到手臂完全伸展。手臂的活動路徑必須沿著滑索的阻力線方向。

階段二
吐氣,手肘彎曲讓訓練手臂往上回到起始位置,過程中要控制好動作的速度和力道。重複階段一、二,然後換對側手臂重複相同動作。

交叉滑索肱三頭肌下拉

另一種變化式是使用兩條滑索於胸前交叉,可同時訓練雙邊的肱三頭肌。上背部肌肉要保持張力以避免肩膀往前形成圓肩。

預備階段
身體站直,雙腳打開與髖部同寬,同時髖關節微彎。雙手以中立握方式各抓住對側交叉的滑索,肘關節彎曲。

階段一
吸氣並收緊核心。吐氣同時雙臂沿著滑索的阻力線方向往身體外側下方伸展。

階段二
吐氣同時手肘彎曲,以平穩流暢的動作讓雙臂往上回到起始位置。重複階段一、二。

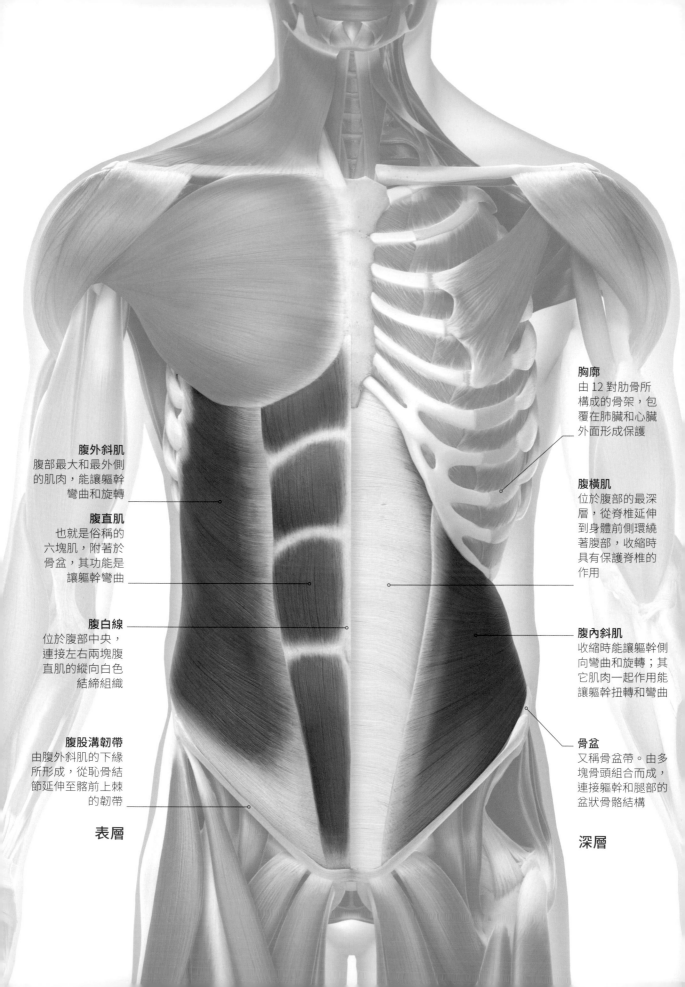

胸廓
由 12 對肋骨所構成的骨架，包覆在肺臟和心臟外面形成保護

腹橫肌
位於腹部的最深層，從脊椎延伸到身體前側環繞著腹部，收縮時具有保護脊椎的作用

腹外斜肌
腹部最大和最外側的肌肉，能讓軀幹彎曲和旋轉

腹直肌
也就是俗稱的六塊肌，附著於骨盆，其功能是讓軀幹彎曲

腹白線
位於腹部中央，連接左右兩塊腹直肌的縱向白色結締組織

腹內斜肌
收縮時能讓軀幹側向彎曲和旋轉；其它肌肉一起作用能讓軀幹扭轉和彎曲

腹股溝韌帶
由腹外斜肌的下緣所形成，從恥骨結節延伸至髂前上棘的韌帶

骨盆
又稱骨盆帶。由多塊骨頭組合而成，連接軀幹和腿部的盆狀骨骼結構

表層

深層

腹肌訓練

負責腹部動作的主要肌肉有：腹直肌（也就是俗稱的六塊肌），位於軀幹兩側的腹外斜肌和腹內斜肌，以及位於腹部最深處的腹橫肌。

腹直肌附著於胸骨以及骨盆和肋骨的結締組織。腹外斜肌和腹內斜肌都附著於肋骨、骨盆和腹白線（位於腹壁中線的結締組織）。腹橫肌附著於肋骨、骨盆、腹白線和下背部的結締組織。

● 當軀幹往前彎曲時，腹直肌除了負責發力產生動作之外，還能為其它腹部肌肉提供結構支撐。可以徒手利用自身體重或是額外負重進行捲腹或是懸垂屈膝舉腿來訓練腹直肌。

● 腹斜肌除了能讓軀幹往側向彎曲（側屈），還能讓軀幹前彎和旋轉。腹斜肌另外還有個功能是讓軀幹抗旋轉和抗伸展，以增加軀幹的穩定度，保護脊椎的安全。

腹橫肌的功用就如同一條護腰帶，收縮時能壓縮腹腔，增加軀幹的穩定度並保護脊椎。

所有腹部肌肉都具有輔助呼吸的功能，並為軀幹提供活動所需的力量和結構支撐。

腹肌訓練動作包括

""

強壯的腹部肌肉
能提升核心的力量和脊椎的安全性，
並降低下背部受傷的風險。

棒式旋轉
FRONT PLANK WITH ROTATION

這個動作還有個常見的名稱是「登山式」，它能同時鍛鍊腿部、核心和手臂等多處肌肉。如果加快節奏，也能達到有氧運動的效果。軀幹扭轉的動作能強化核心肌群，尤其是腹斜肌。

概述

做這個運動時，髖部要上抬至棒式的位置，在往左右側旋轉時，身體要全程保持直線。手臂，上背部，軀幹和下半身要保持肌肉張力以協助下背部維持穩定，避免受傷。

初學者可以從每組 8-10 次，總共 4 組開始做起。另外也可以參考 pp.201-214 依據不同目的採取所建議的目標組數。如果現階段覺得這個動作太難，可以只做靜態棒式，不做左右轉動。

圖例說明
- ●-- 關節
- ○─ 肌肉
- ● 肌肉產生張力並縮短 (向心收縮)
- ● 肌肉產生張力並拉長 (離心收縮)
- ● 肌肉拉長但是沒有產生張力 (被動伸展)
- ● 肌肉產生張力但長度不變，沒有產生動作 (等長收縮)

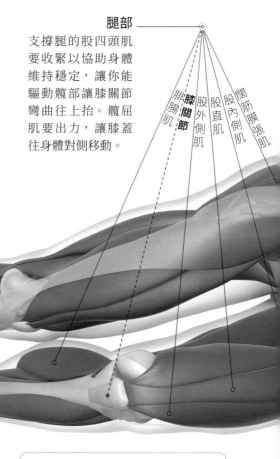

雙腳稍微打開　身體要呈直線

腳趾背屈　手肘要位於肩膀正下方

預備階段
身體正面朝下俯臥，手肘彎曲，用前臂撐起上半身。髖部往上抬，讓身體從頭頂到腳踝呈一直線，此為這個運動的起始位置。

腿部
支撐腿的股四頭肌要收緊以協助身體維持穩定，讓你能驅動髖部讓膝關節彎曲往上抬。髖屈肌要出力，讓膝蓋往身體對側移動。

髂腰肌　**膝關節**　股外側肌　股直肌　股內側肌　闊筋膜張肌

前側視圖

❗ 常見錯誤
脖子不要往上抬，眼睛要全程直視地板，頭部保持中立位。肩膀要位於手肘的正上方。

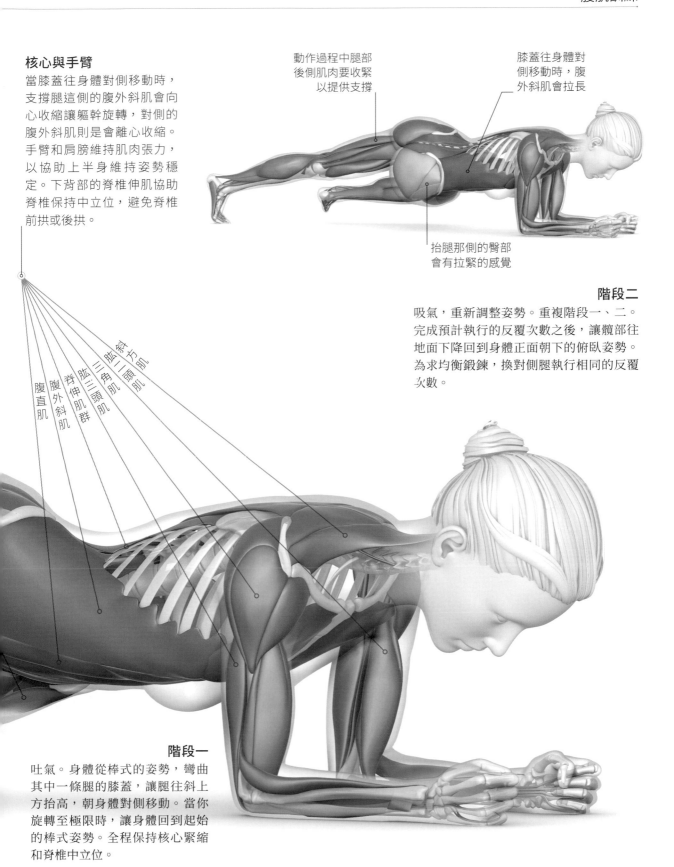

核心與手臂

當膝蓋往身體對側移動時，支撐腿這側的腹外斜肌會向心收縮讓軀幹旋轉，對側的腹外斜肌則是會離心收縮。手臂和肩膀維持肌肉張力，以協助上半身維持姿勢穩定。下背部的脊椎伸肌協助脊椎保持中立位，避免脊椎前拱或後拱。

動作過程中腿部後側肌肉要收緊以提供支撐

膝蓋往身體對側移動時，腹外斜肌會拉長

抬腿那側的臀部會有拉緊的感覺

腹直肌

腹外斜肌

脊伸肌群

肱三頭肌

三角肌

肱二頭肌

斜方肌

階段二

吸氣，重新調整姿勢。重複階段一、二。完成預計執行的反覆次數之後，讓髖部往地面下降回到身體正面朝下的俯臥姿勢。為求均衡鍛鍊，換對側腿執行相同的反覆次數。

階段一

吐氣。身體從棒式的姿勢，彎曲其中一條腿的膝蓋，讓腿往斜上方抬高，朝身體對側移動。當你旋轉至極限時，讓身體回到起始的棒式姿勢。全程保持核心緊縮和脊椎中立位。

側棒式旋轉
SIDE PLANK WITH ROTATION

! **常見錯誤**

身體姿勢錯誤（身體保持正位很重要）和髖部下沉，會無法讓身體從頭到腳維持肌肉張力。髖部必須全程抬離地面。

這個在家就可輕鬆進行的運動可以強化核心，加上會運用到腹斜肌，因此還具有緊實腰部線條的效果。記得要全程放慢呼吸速度，訓練完一側之後換另一側。

概述

跟棒式旋轉（pp.156-157）一樣，身體要保持一直線並全程收緊腹部，差別在於這個運動是身體側面朝下。膝蓋和胸部要全程朝向前方，只有髖部在旋轉。

初學者可以從每組 8-10 次，總共 4 組開始做起。另外也可以參考 pp.201-214 依據不同目的採取所建議的目標組數。

髖部

動作過程中，髖屈肌群、髖內收肌群和髖外展肌群能維持下半身姿勢穩定，並協助脊椎保持中立位。

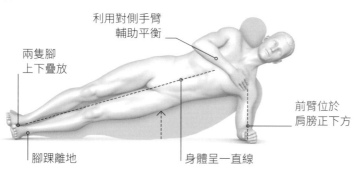

利用對側手臂
輔助平衡

兩隻腳
上下疊放

前臂位於
肩膀正下方

腳踝離地

身體呈一直線

預備階段
身體側躺，雙腳上下疊放，利用靠近地面這側的前臂支撐上半身。對側手臂彎曲胸前。將髖部抬離地面。身體從頭部到腳踝保持一直線。

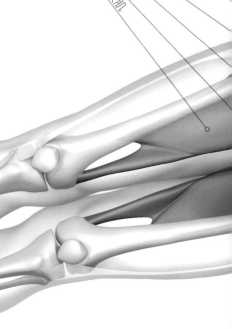

闊筋膜張肌
髖關節
臀大肌
臀中肌
髂腰肌
內收大肌

前視圖

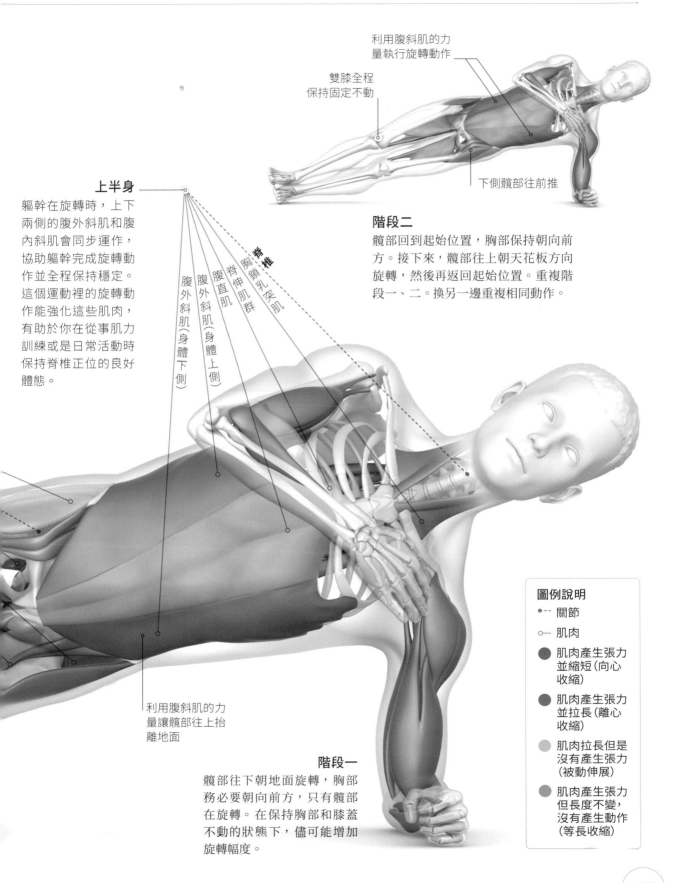

利用腹斜肌的力量執行旋轉動作

雙膝全程保持固定不動

下側髖部往前推

上半身

軀幹在旋轉時,上下兩側的腹外斜肌和腹內斜肌會同步運作,協助軀幹完成旋轉動作並全程保持穩定。這個運動裡的旋轉動作能強化這些肌肉,有助於你在從事肌力訓練或是日常活動時保持脊椎正位的良好體態。

胸鎖乳突肌

脊椎

脊伸肌群

腹直肌

腹外斜肌(身體上側)

腹外斜肌(身體下側)

階段二

髖部回到起始位置,胸部保持朝向前方。接下來,髖部往上朝天花板方向旋轉,然後再返回起始位置。重複階段一、二。換另一邊重複相同動作。

利用腹斜肌的力量讓髖部往上抬離地面

階段一

髖部往下朝地面旋轉,胸部務必要朝向前方,只有髖部在旋轉。在保持胸部和膝蓋不動的狀態下,儘可能增加旋轉幅度。

圖例說明

•-- 關節

○— 肌肉

● 肌肉產生張力並縮短(向心收縮)

● 肌肉產生張力並拉長(離心收縮)

● 肌肉拉長但是沒有產生張力(被動伸展)

● 肌肉產生張力但長度不變,沒有產生動作(等長收縮)

腹橫肌健身球捲腹
ABDOMINAL BALL CRUNCH

這是利用健身球的核心訓練運動，腹橫肌和腹直肌是主要鍛鍊目標。腹橫肌是深層的腹部肌肉，俗稱六塊肌的腹直肌則是靠近表層的肌肉。

概述

你需要準備一個直徑至少 55-65 公分的健身球（也稱為瑞士球）來做這個利用核心肌群捲起和降低上半身的捲腹動作。在執行這個動作時，腹橫肌會有收縮的感覺，而且位於雙手下方的下腹部會往上彎曲捲起。

初學者可以從每組 8-10 次，總共 4 組開始做起。另外也可以參考 pp.162-163 所介紹的變化式，以及 pp.201-214 依據不同目的採取所建議的目標組數。

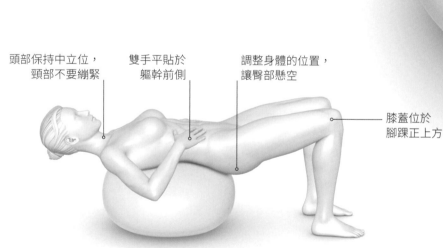

頭部保持中立位，頸部不要繃緊

雙手平貼於軀幹前側

調整身體的位置，讓臀部懸空

膝蓋位於腳踝正上方

預備階段
坐在健身球上面，雙腳打開與肩同寬，腳掌平貼地面。雙腳往前移動，讓身體只有下背部與球面接觸，然後上半身往後倒，形成仰躺於球上的姿勢。

階段一
吸氣，收緊腹部以協助穩定核心。吐氣同時利用腹肌的力量彎曲脊椎讓腹部往上捲起。捲腹時可想像腰部被勒緊的感覺。當腹肌完全彎曲並吐氣完畢，代表已至活動範圍的末端。此時髖部不要再進一步彎曲。若想增加挑戰性，可在動作在頂峰位置停留 1 秒。

三角肌
胸大肌
肱肌
前鋸肌
腹直肌
腹橫肌
腹內斜肌
腹外斜肌

上半身和手臂

這個運動需要啟動腹橫肌和腹直肌發力。在階段一收緊核心時會鍛鍊到腹橫肌；軀幹彎曲時需要腹直肌收縮用力。使用健身球有助於將身體抬離地面，增加捲腹動作的活動幅度。腹內斜肌和腹外斜肌都要施力，以防止身體往左右旋轉。

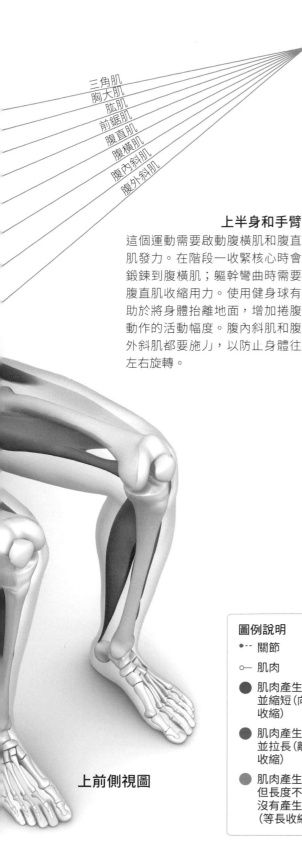

眼睛直視天花板

胸部敞開

腹肌收緊
以穩定軀幹

小腿脛骨
與地面呈垂直

圖例說明

•-- 關節

◦— 肌肉

● 肌肉產生張力
並縮短 (向心
收縮)

● 肌肉產生張力
並拉長 (離心
收縮)

● 肌肉產生張力
但長度不變，
沒有產生動作
(等長收縮)

上前側視圖

階段二

維持核心穩定，吸氣同時開始伸展脊椎，以適當的速度和力道讓軀幹回到起始姿勢。重新調整呼吸然後重複階段一、二。

≫ 變化式

這些運動都是以腹部肌肉為訓練重點，包括腹橫肌和腹直肌。要把注意力放在收緊核心和控制呼吸，而不是做的速度。

貓牛跪姿捲腹

這個源自於瑜伽的運動有個常見的名稱是「貓牛式」。其鍛鍊的重點是包括手臂、肩膀和背部在內的上半身肌肉以及腹部肌肉。

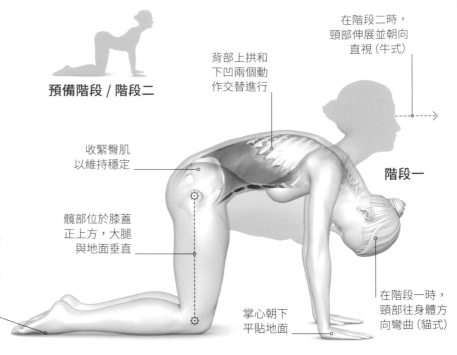

預備階段 / 階段二

腳背朝下貼地

背部上拱和下凹兩個動作交替進行

收緊臀肌以維持穩定

髖部位於膝蓋正上方，大腿與地面垂直

掌心朝下平貼地面

在階段二時，頸部伸展並朝向直視（牛式）

階段一

在階段一時，頸部往身體方向彎曲（貓式）

預備階段

身體採四足跪姿，膝蓋和腳掌呈一直線，雙膝打開與髖部同寬。小腿脛骨朝下平貼地面。手腕位於肩膀正下方，掌心朝下平貼地面。

階段一（貓式）

吸氣，收緊核心。吐氣同時收緊腹橫肌讓腰部往上抬高，並利用腹直肌的力量彎曲脊椎，讓背部往上拱起。

階段二（牛式）

吸氣讓背部往下降，收縮豎脊肌和上背部肌肉以敞開胸部和拉長腹肌。重複階段一、二。

瑞士球繞圈攪拌

這個運動因模擬攪拌鍋子的動作而得名。能強化髖部、核心和下背部之間的連結，同時能提升核心和下背部的肌力和耐力。

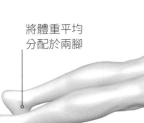

將體重平均分配於兩腳

全程收緊臀肌

脊椎保持中立位，上背部不要往上拱起

頭部保持中立位

手肘的位置

階段一

從比較小圈開始做起

進階至比較大圈

上視圖

放慢動作

這是個具挑戰性的運動，建議先從繞小圈開始做起，想像自己在用彎曲的手肘慢慢地畫圓圈。隨著肌力增強，你將能在維持棒式姿勢的狀態下完成更大的圓圈。

預備階段

兩隻前臂穩定地支撐在球上，身體呈棒式，雙腳打開與髖部同寬，手肘位於肩膀正下方頂住球面。腹肌和臀肌收縮，雙膝保持伸展。

階段一

有意識地控制呼吸，手肘下壓頂住球面，進行小圓周繞圈動作。保持髖部不動。等你掌握技巧之後，可以繞大圈以增加訓練難度。

死蟲式

這個腹部運動會鍛鍊到腹橫肌和腹直肌。它還能挑戰在
收緊核心以及維持脊椎和骨盆中立位的狀態下,如何協
調身體兩邊動作的能力,雙臂和雙腿的伸展程度或活動
幅度會受到這個能力的影響。

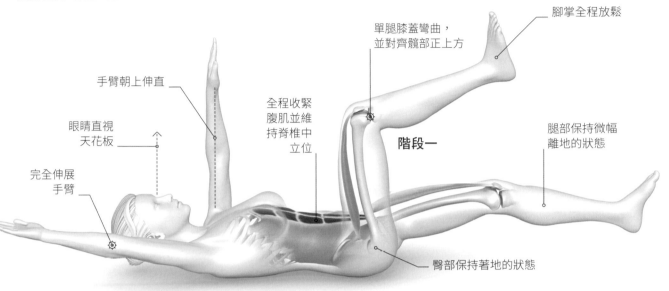

手臂朝上伸直

眼睛直視
天花板

完全伸展
手臂

全程收緊
腹肌並維
持脊椎中
立位

單腿膝蓋彎曲,
並對齊髖部正上方

腳掌全程放鬆

階段一

腿部保持微幅
離地的狀態

臀部保持著地的狀態

預備階段
仰躺於地面,雙臂朝上與軀幹呈垂
直,雙腿抬高,大腿與地面呈垂直
同時屈膝 90°。頭部離地並保持中
立位。

階段一
吸氣並收緊腹肌。吐氣,右手臂往
頭頂方向伸展同時左腿往反方向伸
直,臀部要始終保持著地的狀態。

階段二
吸氣並回到起始姿勢,然後軀幹屈
曲以緊縮腹直肌。換對側手臂和腿
部重複相同動作。

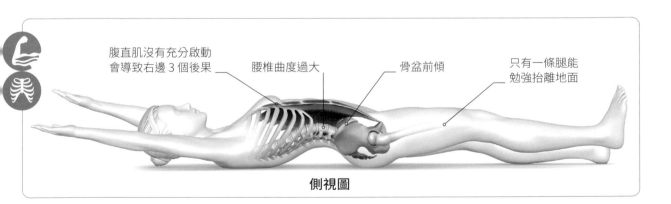

腹直肌沒有充分啟動
會導致右邊 3 個後果

腰椎曲度過大

骨盆前傾

只有一條腿能
勉強抬離地面

側視圖

沒有充分啟動腹肌的後果
在許多訓練動作裡,讓腹肌產生張力對於骨盆的穩定性和
脊椎的安全性非常重要。如上圖所示,這位訓練者因為沒
有啟動腹肌,因此只能勉強抬起一條腿,以致無法從仰臥
轉換成死蟲式階段一的姿勢。她的骨盆開始前傾,造成骨
盆不穩定,同時也會增加下背部受傷的風險。

懸垂屈膝抬腿
HANGING KNEE RAISE

此運動能訓練髖部和腹部的控制性和協調性，有助提升身體覺知能力。鍛鍊的主要目標是髖屈肌和腹直肌。僅是舉起自身體重就能提供足夠的訓練阻力。

概述

這個運動看似簡單，但是需要經過練習才能完成動作。懸掛在單槓上，只利用臀肌和腹肌的力量去彎曲髖部和脊椎，讓膝蓋儘可能往上抬高。收緊腹肌讓脊椎中立穩定。使用拉力帶可以提供額外的支撐力，讓你能夠專注在腹肌的發力。

　　初學者可以從每組 8-10 次，總共 4 組開始做起。另外也可以參考 pp.166-167 所介紹的變化式，以及 pp.201-214 依據不同目的採取所建議的目標組數。

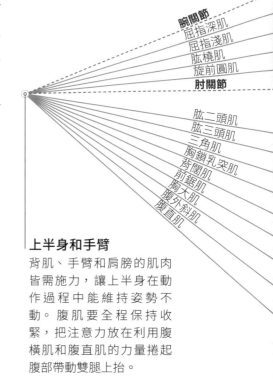

上半身和手臂

背肌、手臂和肩膀的肌肉皆需施力，讓上半身在動作過程中能維持姿勢不動。腹肌要全程保持收緊，把注意力放在利用腹橫肌和腹直肌的力量捲起腹部帶動雙腿上抬。

腕關節
屈指深肌
屈指淺肌
肱橈肌
旋前圓肌
肘關節

肱二頭肌
肱三頭肌
三角肌
胸鎖乳突肌
背闊肌
前鋸肌
胸大肌
腹外斜肌
腹直肌

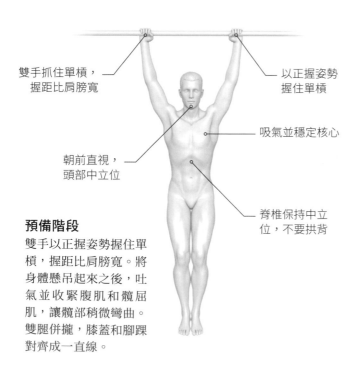

雙手抓住單槓，握距比肩膀寬

以正握姿勢握住單槓

吸氣並穩定核心

朝前直視，頭部中立位

脊椎保持中立位，不要拱背

不用刻意讓膝蓋去碰觸胸部，這不是訓練的目標

上前側視圖

預備階段

雙手以正握姿勢握住單槓，握距比肩膀寬。將身體懸吊起來之後，吐氣並收緊腹肌和髖屈肌，讓髖部稍微彎曲。雙腿併攏，膝蓋和腳踝對齊成一直線。

階段一

抬起膝蓋時慢慢吐氣。當你抬起並彎曲髖部時腹肌會縮短（向心收縮）。做動作時要記得先讓骨盆後傾，接著捲起腹部，帶動膝蓋往上抬。控制好動作的速度和力道，不要擺盪身體。若想增加挑戰性，可以在動作的頂峰位置停留 1-2 秒。

⚠ 常見錯誤

控制好動作的速度和節奏 (要配合呼吸) 很重要，以避免身體搖擺晃動。要專注在脊椎彎曲和髖部彎曲，讓骨盆能朝前方移動，使膝蓋充分地往上抬高。雙腿往上抬時，要克制住利用雙臂把身體往上拉的衝動。

圖例說明

- •-- 關節
- ○— 肌肉
- ● 肌肉產生張力並縮短 (向心收縮)
- ● 肌肉產生張力並拉長 (離心收縮)
- ● 肌肉產生張力但長度不變，沒有產生動作 (等長收縮)

雙臂維持穩定不動

全程收緊核心

啟動髖屈肌讓髖部微幅彎曲

保持雙膝併攏和微彎

腳踝位於膝蓋正下方

膝關節

股直肌 股外側肌 股二頭肌 臀大肌 闊筋膜張肌

腿部

利用髖部周圍的肌肉去協助下半身維持穩定，避免搖擺晃動。髖屈肌發力驅動髖關節和脊椎彎曲，讓雙腿往上抬高。

階段二

吐氣同時膝蓋從最頂端位置往下降，直到回到起始位置，過程中要控制好動作。全程收緊腹肌。重新調整呼吸並重複階段一、二。

» 變化式

這些很有效的變化式能讓腹肌的外觀更明顯。一個常見的錯誤是過度專注在從預備階段轉換到階段一的移動動作，手臂或髖部過度出力卻忽略腹肌發力才是重點。彎曲軀幹時持續吐氣，直到動作的最低點。

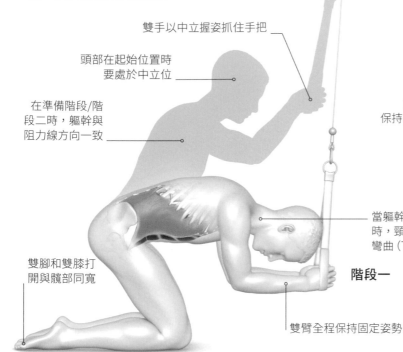

雙手以中立握姿抓住手把

頭部在起始位置時要處於中立位

在準備階段/階段二時，軀幹與阻力線方向一致

雙腳和雙膝打開與髖部同寬

當軀幹往前彎曲時，頸部也往下彎曲（下巴內收）

階段一

雙臂全程保持固定姿勢

在預備階段和階段二時身體站直

雙手各抓住一邊的握把，置於頸部兩側

雙臂全程保持固定姿勢

手肘朝外張開以保持穩定

雙腳站立。膝蓋保持微彎

階段一

雙腳打開與髖部同寬

跪姿繩索捲腹

此運動是讓腹肌最大程度收縮來達到訓練效果。訓練時要專注在讓胸骨往骨盆方向靠近，即髖部保持不動，全程由腹肌發力來完成動作。若想增加挑戰性，可以在階段一的動作最底端位置停留 1-2 秒。

預備階段
身體面向架設好滑輪繩、V 型手把或是拉環等配件裝置的滑索訓練機。雙手抓穩配件裝置。跪在地上，上半身往前傾。

階段一
吸氣，收緊腹肌。吐氣同時往前彎曲軀幹，腹直肌收緊。雙臂要保持固定姿勢。

階段二
吸氣，軀幹往後抬起。藉由啟動豎脊肌發力，把軀幹往上拉並拉長腹肌。重複階段一、二。

背向站姿捲腹

這個運動是在腹部伸展（軀幹直立）到往前彎曲一半的範圍內訓練腹肌。訓練時同樣也是要想著讓胸骨往骨盆靠近，並專注於利用腹肌的力量彎曲軀幹。若想增加挑戰性，可以在完成階段一的動作時停留 1-2 秒。

預備階段
身體背對架設好滑輪繩、V 型手把或是拉環等配件裝置的滑索訓練機。雙手抓住配件裝置的握把，置於頸部兩側。

階段一
吸氣，收緊腹肌。吐氣同時往前彎曲軀幹，腹直肌和腹橫肌收緊。

階段二
吸氣同時回到起始位置。藉由啟動豎脊肌發力，把軀幹往上拉並伸展腹肌。重複階段一、二。

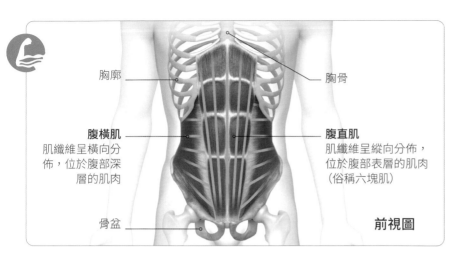

胸廓
胸骨

腹橫肌
肌纖維呈橫向分佈，位於腹部深層的肌肉

腹直肌
肌纖維呈縱向分佈，位於腹部表層的肌肉（俗稱六塊肌）

骨盆

前視圖

核心肌群
腹部肌肉能控制脊椎和骨盆的活動，並協助維持穩定和提供支撐。每一層腹肌的肌纖維 (p.170) 呈現不同走向，讓核心肌群能夠提供力量，同時承受人體進行所有活動平面的動作時所產生的衝擊力。核心肌群能為需要高協調性動作的運動、肌力訓練和日常活動提供穩定度和靈活度。

下斜捲腹
這個變化式是以自體負重的方式利用下斜訓練椅來鍛鍊核心。從最底端的起始位置往上抬時，不要試圖借助前後擺動去達到捲腹的目的，這樣做會消減腹部的肌肉張力。

圖例說明
● 主要目標肌群
● 次要目標肌群

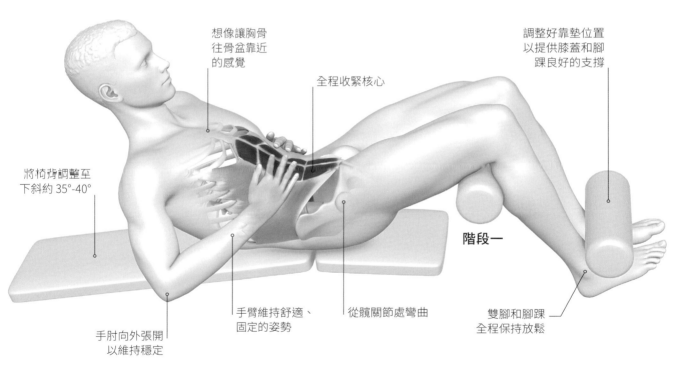

想像讓胸骨往骨盆靠近的感覺

全程收緊核心

調整好靠墊位置以提供膝蓋和腳踝良好的支撐

將椅背調整至下斜約 35°-40°

階段一

手肘向外張開以維持穩定

手臂維持舒適、固定的姿勢

從髖關節處彎曲

雙腳和腳踝全程保持放鬆

預備階段
躺在下斜訓練椅上，雙腳和腳踝靠緊腳靠墊，雙手放在肚子上或是頭部兩側。

階段一
吸氣，收緊腹肌。接著吐氣同時彎曲軀幹，往上捲起。記住不要用雙手將頭部往上抬。

階段二
吸氣同時回到起始位置。此離心收縮階段要控制好速度和力道，並維持腹部的肌肉張力。重複階段一、二。

滑索轉體斜拉
CABLE ROTATIONAL OBLIQUE TWIST

這個轉體運動能訓練位於身體兩側的腹外斜肌和腹內斜肌。增強這些肌肉的肌力和耐力有助於保護脊椎,也能提升屈體和轉體動作的表現。這裡的滑索示範是由下往上拉,也可以改成橫向水平拉或是由上往下拉。

概述

由下往上斜向旋轉的動作有助於建立核心肌力,進而提升日常生活的活動能力。這個版本的動作幅度比較小,受傷風險較低。設定好重量,調整滑索起始位置的高度,並裝設一支握把。如果你對這項運動還不熟練,請使用較輕的負重,先練習如何協調順暢地進行轉體動作。

初學者可以從每組 8-10 次,總共 4 組開始做起。另外也可以參考 pp.170-171 所介紹的變化式,以及 pp.201-214 依據不同目的採取所建議的目標組數。

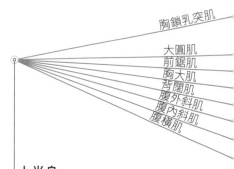

上半身
背部肌肉和軀幹肌肉作用讓你能平穩順暢地由下往上斜拉。身體兩側的腹外斜肌和腹內斜肌會同步運作讓軀幹能側向旋轉。在將握把拉越過身體前方的過程中,腹直肌也會發力協助腹斜肌。

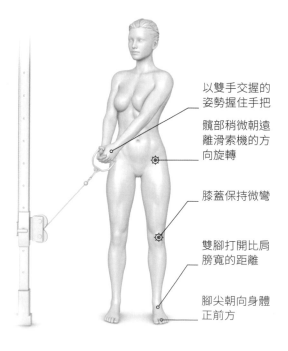

以雙手交握的姿勢握住手把

髖部稍微朝遠離滑索機的方向旋轉

膝蓋保持微彎

雙腳打開比肩膀寬的距離

腳尖朝向身體正前方

預備階段
設定好機器,身體右側朝向滑索裝置站立。往左側跨一大步並往後一步,找到能順暢拉動滑索的位置。靠近滑索機這側的手臂彎曲,對側手臂越過身體前方,雙手抓住握把,此時身體會稍微往滑索機方向旋轉。

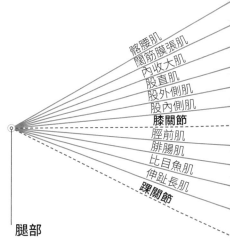

腿部
整個下半身都要維持肌肉張力,利用股四頭肌、臀肌、腿後肌、小腿肌肉的力量提供穩固的支撐。兩隻腳掌必須踩實地面以增加穩定性,如此才能對目標肌肉施加更大的張力。

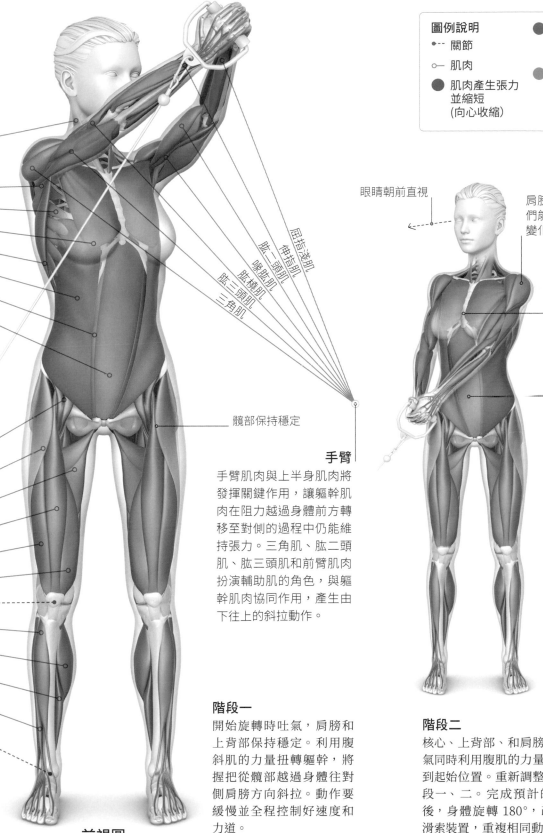

屈指淺肌

伸指肌

肱二頭肌

喙肱肌

肱橈肌

肱三頭肌

三角肌

髖部保持穩定

眼睛朝前直視

肩膀保持穩定，讓它們能跟著手臂位置的變化旋轉

上半身保持挺直，脊椎中立位

收緊腹肌以穩定核心

手臂

手臂肌肉與上半身肌肉將發揮關鍵作用，讓軀幹肌肉在阻力越過身體前方轉移至對側的過程中仍能維持張力。三角肌、肱二頭肌、肱三頭肌和前臂肌肉扮演輔助肌的角色，與軀幹肌肉協同作用，產生由下往上的斜拉動作。

前視圖

階段一

開始旋轉時吐氣，肩膀和上背部保持穩定。利用腹斜肌的力量扭轉軀幹，將握把從髖部越過身體往對側肩膀方向斜拉。動作要緩慢並全程控制好速度和力道。

階段二

核心、上背部、和肩膀保持穩定。吸氣同時利用腹肌的力量抵抗阻力，回到起始位置。重新調整呼吸並重複階段一、二。完成預計的反覆次數之後，身體旋轉 180°，改成左側朝向滑索裝置，重複相同動作。

» 變化式

這些轉體捲腹變化式會用到包括腹橫肌、腹直肌、腹外斜肌和腹內斜肌的所有腹肌。在進行這些變化式時，記得要讓身體兩側獲得均衡的訓練。每個運動都要注意呼吸，同時在下降和旋轉階段時，動作要流暢連貫，控制好速度和節奏。

腹外斜肌
位於表層的扁平肌肉，其肌肉纖維斜下往身體中線方向延伸

胸廓

腹內斜肌
位於深處，寬而薄的肌肉，其肌肉纖維往髖部方向斜行

骨盆

前視圖
表層

深層

腹外斜肌和腹內斜肌
這兩者的肌肉纖維走向相互垂直，當軀幹兩側的腹外斜肌和腹內斜肌同步運作，能讓身體產生旋轉動作。

槓片腹斜肌轉體

這個運動主要使用的肌肉是腹外斜肌和腹內斜肌，同時其它腹肌提供穩定性。若想增加挑戰性，在做每組動作的過程中讓雙腿全程離地。

圖例說明
● 主要目標肌群　　● 次要目標肌群

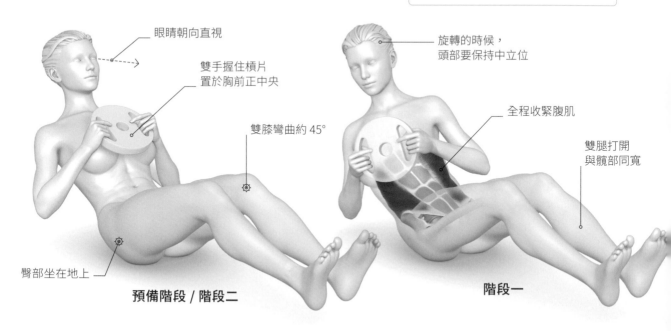

眼睛朝向直視

雙手握住槓片置於胸前正中央

雙膝彎曲約 45°

臀部坐在地上

預備階段 / 階段二

旋轉的時候，頭部要保持中立位

全程收緊腹肌

雙腿打開與髖部同寬

階段一

預備階段
身體採坐姿，上半身向後傾斜，髖關節和膝關節彎曲，軀幹和大腿之間形成 V 字形。雙手拿槓片置於胸前。

階段一
吸氣並收緊核心，然後吐氣同時上身往其中一側旋轉，雙腿保持不動同時核心要保持肌肉張力。

階段二
吸氣，上半身以適當的速度轉回起始位置，接著往另一側旋轉重複階段一、二，如此左右兩側來回交替轉體，完成預計執行的反覆次數。

單車式捲腹

相較於下面難度較高的交替 V 字捲腹，這個模擬單車選手動作的變化式是比較輕鬆的替代訓練方法。若想增加挑戰性，可以在動作的頂端位置停留 1-2 秒，並且在做每組動作的過程中，全程雙腿離地。

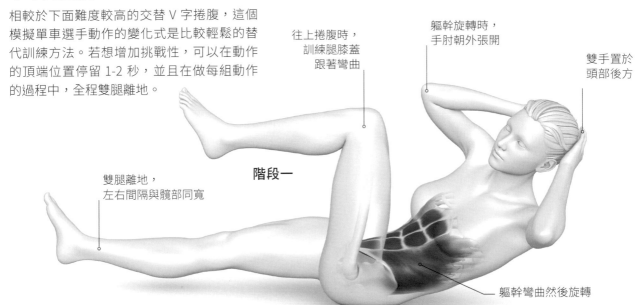

往上捲腹時，訓練腿膝蓋跟著彎曲

軀幹旋轉時，手肘朝外張開

雙手置於頭部後方

雙腿離地，左右間隔與髖部同寬

階段一

軀幹彎曲然後旋轉

預備階段
仰躺於地面，雙手置於頭部後方，髖關節和膝關節稍微彎曲，頭部稍微離地。

階段一
吸氣並收緊核心。吐氣，左膝蓋往軀幹方向上抬，同時對側手肘往膝蓋方向靠近。軀幹彎曲同時上半身往訓練腿（左腿）方向旋轉。

階段二
吸氣並以適當的速度轉回起始位置，抬起右腿和左手肘重複相同動作，如此左右來回交替，完成預計執行的反覆次數。

交替 V 字捲腹

這個運動需要在維持脊椎和骨盆中立的狀態下，協調平穩地進行身體對側交替動作。想增加挑戰性，可以在動作的頂端位置停留 1 秒，並且在做每組動作的過程中，全程雙腿離地。

預備階段
仰躺於地面，手臂往頭頂上方伸展（肩關節完全屈曲），雙腿伸直。頭部稍微抬離開地面。

階段一
吸氣並收緊核心。吐氣同時將左腿往上抬高，右手臂往左腿方向靠近，然後軀幹彎曲，上半身往抬高的左腿方向旋轉。

階段二
吸氣並以適當的速度返回起始位置。換對側腿和手臂抬起，重複相同動作，如此左右來回交替，完成預計執行的反覆次數。

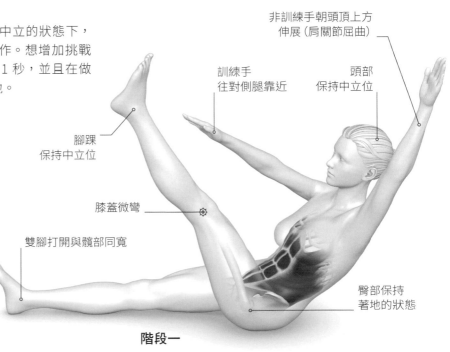

非訓練手朝頭頂上方伸展（肩關節屈曲）

訓練手往對側腿靠近

頭部保持中立位

腳踝保持中立位

膝蓋微彎

雙腳打開與髖部同寬

臀部保持著地的狀態

階段一

運動傷害
的預防

肌力訓練雖然是很安全的訓練方式，但仍然無法完全避免受傷的風險，若能對可能導致傷害的行為有更多的了解，就有助於傷害預防。動作正確是避免運動傷害最重要的一點，除此之外，訓練前的熱身運動和訓練後的緩和運動也千萬不要忽略。

延遲性肌肉痠痛

延遲性肌肉痠痛（Delayed Onset Muscle Soreness，簡稱 DOMS）是肌肉在訓練完數個小時之後才出現的痠痛僵硬感，通常會持續幾天。在這段期間，訓練部位的肌肉力量會下降，功能表現也會變差。雖然延遲性肌肉痠痛會帶來不便，但它是肌肉受到更高強度或更大量訓練的正常反應。

痠痛是正常現象嗎？

當你以更高的強度、頻率、持續時間和阻力（pp.198-199）進行訓練時（例如開始新的訓練計劃時），會帶來不同的機械張力、代謝壓力和輕微肌肉損傷（pp.18-21），這些都會刺激你的身體為了適應而生長更多肌肉、變得更強壯。一旦身體適應現有的訓練程度，就不會再覺得痠痛，直到再度迎接更多的挑戰。

如何分辨肌肉痠痛與受傷疼痛？

記錄訓練後的痠痛程度是有幫助的，因為它能作為目標肌肉獲得鍛鍊的有用指標。但是正常的痠痛與受傷的疼痛要如何區別呢？右表可以協助評估你的痠痛是延遲性肌肉痠痛還是受傷所引起。

延遲性肌肉痠痛	受傷
肌肉的觸感柔軟。	肌肉或關節附近產生劇烈疼痛。
比平常更快達到肌肉疲勞。	日常活動能力持續感到不適與受限。
肌力或功能表現下降。	肌肉或關節的活動度、力量和功能表現下降。
不適感在 24-96 小時後消退與改善	不適感持續超過 48-96 小時，且無改善跡象。
延遲性肌肉痠痛：讓肌肉活動度受限或功能表現下降的肌肉不適只是短暫現象，不會造成長期性的不良後果。隨著肌肉的恢復，不適感會消退。	運動傷害：持續性的不適或疼痛，並且影響到從事運動或日常活動的能力。請向物理治療師尋求醫療諮詢。

延遲性肌肉痠痛的症狀

瞭解延遲性痠痛症狀發生的時程，有助於應對在訓練初期或某個特別辛苦的訓練課程結束之後所產生的肌肉痠痛。時間是治療延遲性痠痛唯一的處方，所以訓練計劃裡一定要安排幾天休息日。

訓練日

艱苦的肌力訓練會刺激肌肉出現損傷，進而促進肌肉修復並生長。以高於平常水準的強度進行健身訓練會迫使身體去適應並提升體能。

痠痛出現

訓練後的隔天早上，通常會開始出現痠痛感。

訓練當天 ➤ 訓練後第 1 天

如何有效抑制延遲性肌肉痠痛?

為了避免在肌肉已經出現痠痛現象時過度訓練。訓練計劃必須妥善規劃並且採取漸進式的訓練方式,並在訓練前記錄身體的感覺。

大量未修復的肌肉損傷會讓訓練效果打折扣,長期下來會阻礙進步。所以,如果你計劃每週訓練數次,一定要妥善分配訓練計劃,讓每次訓練能夠鍛鍊到不同的肌群(見 p.201 有關每週訓練 3 次、4 次或 5 次分化訓練的介紹)。

圖例說明
● 肌肉受損
● 肌肉重建
● 肌肉生長

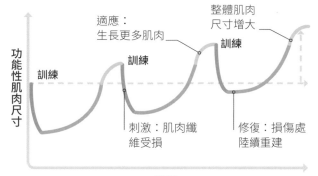

良好的訓練與休息週期安排

訓練之後會歷經短暫的肌肉破壞期,然後是修復和重建受損的肌肉纖維。之後會歷經一段適應期,肌肉此時會增生新的肌肉纖維作為辛苦訓練的回報。這個週期會讓整體的肌肉量增加。

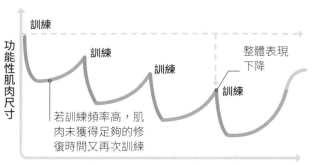

訓練頻率過高

尚未恢復就再次訓練,身體來不及重建受損的肌肉,更遑論建立新的肌肉纖維了。過於頻繁的訓練週期安排,縱使總訓練量增加,但肌力與肌肉尺寸的進步容易受限。

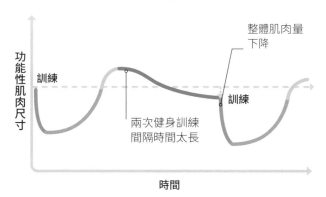

訓練頻率過低

如果一段期間內沒有安排足夠次數的訓練課程,會喪失適應期增生肌肉的機會。這樣的訓練週期安排無法建立肌肉,而且整體肌肉尺寸和訓練表現會下降。

痠痛感達到高峰	痠痛感減退	痠痛感消失
初學者或進階訓練者都一樣會在第 2 天左右達到 DOMS 的高峰。實施低強度活動的動態休息(例如步行或游泳)可以幫助肌肉恢復。	痠痛感大約在第 3 天會開始減退。保持適度活動有助於對抗 DOMS,但還是要選擇輕鬆溫和的低強度活動。動態休息能給予身體一段重建肌肉的恢復期。	到了第 4 天,訓練部位肌群的痠痛感會完全或幾乎消失。
第 2 天	第 3 天	第 4 天

常見的運動傷害

無關乎訓練經驗多寡或體能水準的高低，肌力訓練造成的傷害（肌肉損傷或過度使用傷害）可能會發生在每位訓練者的身上。學習察覺常見傷害的發生前兆和症狀，有助於預防受傷以及傷後復原。

傷害的自救措施

雖然肌力訓練是相對安全的運動，但還是有受傷的風險。如果你真的受傷了，請記住「**POLICE**」六個傷害處理重點：Protection 保護受傷的部位；Optimal Loading 適度負荷(不要運動過度)；Ice 冰敷（緩解疼痛）；Compress 壓迫（使用彈性繃帶）；Elevation 抬高受傷部位以減少腫脹現象。

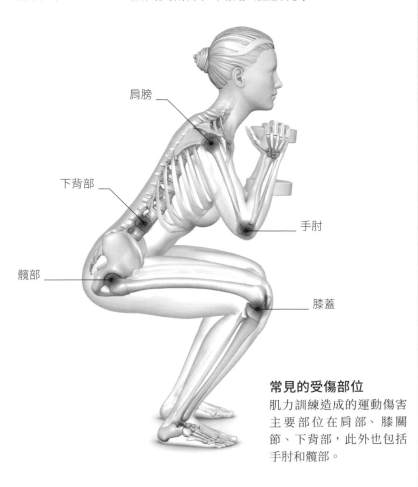

肩膀

下背部

髖部

手肘

膝蓋

常見的受傷部位
肌力訓練造成的運動傷害主要部位在肩部、膝關節、下背部，此外也包括手肘和髖部。

傷害的類型

肌力訓練傷害的兩種最常見類型是：過度使用傷害和肌肉拉傷。導致傷害的原因包括：身體沒有適當的熱身、肌肉過度伸展超出正常活動範圍、訓練量超出肌肉負荷程度（過度疲勞）。

過度使用傷害

肌腱炎 (Tendinitis) 是肌腱發炎或是肌肉肌腱單元因負荷過大或者猛然的動作而產生細微撕裂傷。

肌腱病變 (Tendinosis) 是因為長期過度使用，又沒有給予足夠的時間修復，而導致肌腱產生退化現象。

肌肉損傷

施加在肌肉上的張力可能造成肌肉纖維過度伸展，並導致在靠近肌肉肌腱結合處的地方產生撕裂傷 (pp.12-13、p.21)。

肩部的運動傷害

肩部是由結構複雜的球窩關節、許多小肌肉和一些支撐結構組成，讓肩部能做到許多複雜的動作。由於肌力訓練大部分動作都會使用到肩部，因此是很常見的受傷部位。

受傷原因和症狀

肩部的盂肱關節有很大的活動度，但也因此穩定性較差，必須仰賴周圍組織支撐，例如旋轉肌袖。反覆使用、猛烈動作和動作技巧錯誤都是造成傷害的常見原因。

- 撕裂傷：肌腱或是肌肉的細微撕裂傷，或是肌肉肌腱單元裡更大的撕裂傷
- 肌腱炎：關節附近的急性發炎
- 肌腱病變：肌腱因長期過度使用而產生退化現象
- 夾擠症候群：旋轉肌袖的肌腱被擠壓

症狀包括：
- 肩關節及週圍區域的疼痛
- 發炎現象

傷害的預防方法

妥善規劃訓練課程並注意正確的訓練技巧，有助於預防旋轉肌袖受傷。受傷有很高的比例是由於過度使用，因此必須限制訓練頻率（p.200），並確保充足的休息，讓肌肉和肌腱能夠獲得充分修復。

重返訓練

一旦受傷後，請記得在前 4-8 週內適度增加訓練量和訓練頻率（p.198）。訓練過量或過快重返訓練可能會造成反效果。可利用活動度運動來增強肩部和旋轉肌袖（pp.189-191）。更詳細的內容可參考《運動傷害圖解聖經 – 成因、預防、診斷、治療、復健 第二版》。

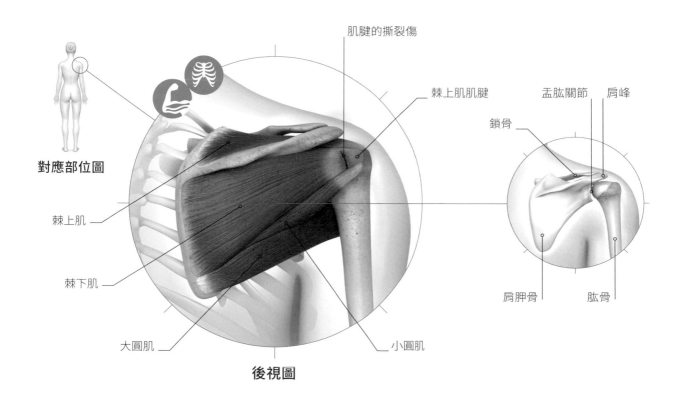

對應部位圖

肌腱的撕裂傷

棘上肌肌腱

盂肱關節　肩峰

鎖骨

棘上肌

棘下肌

肩胛骨　肱骨

大圓肌

小圓肌

後視圖

手肘的運動傷害

肘關節屬於鉸鏈關節（跟門鉸鏈相似），其只能在一個活動平面上做動作。手肘也是常見的受傷部位，因為大多數上半身動作都需要手肘的參與。

受傷原因和症狀

肌力訓練中最常遇到的手肘傷害是「網球肘」（又稱肱骨外上髁炎）。

常見受傷原因包括：
● 前臂伸肌的反覆過度使用或不當使用
● 不良的動作技巧
● 反覆使用槓鈴（可能會對手肘造成很大壓力）

症狀包括：
● 外上髁疼痛（手肘的骨突點）
● 用到腕關節或肘關節的重量訓練或阻抗訓練時覺得疼痛

傷害的預防方法

正確執行用到手肘的訓練動作，搭配能強化前臂伸肌的訓練，有助於降低傷害發生機率。受傷有很高的比例是由於過度使用，因此必須限制肘關節的訓練頻率，並確保充足的休息，讓肘部肌肉和肌腱能夠獲得修復。

重返訓練

在重返之前 4-8 週內適度增加訓練量和訓練頻率（p.198、p.200）。訓練過量或過快重返訓練可能會造成反效果。可利用活動度運動來增強前臂和手肘伸肌的肌力和穩定性。伸展伸肌群也有助於復原。

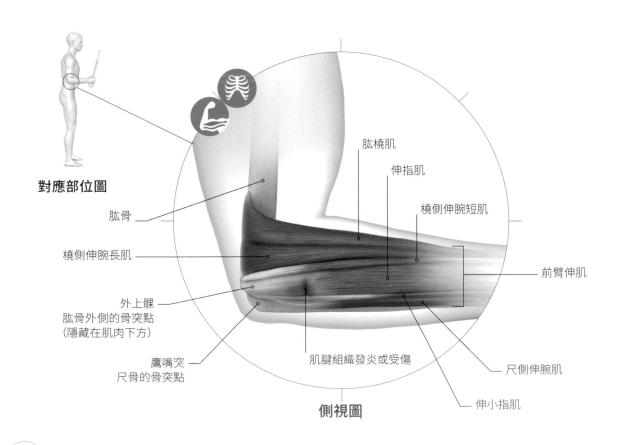

對應部位圖

肱骨

橈側伸腕長肌

外上髁
肱骨外側的骨突點
（隱藏在肌肉下方）

鷹嘴突
尺骨的骨突點

肱橈肌

伸指肌

橈側伸腕短肌

前臂伸肌

尺側伸腕肌

伸小指肌

肌腱組織發炎或受傷

側視圖

下背部的運動傷害

因為在下半身動作的生成和穩定當中參與了複雜的髖關節和軀幹肌肉，所以下背傷害也是肌力訓練當中，除了肩膀傷害之外最常見的傷害之一。

受傷原因和症狀

下背部肌肉拉傷通常是控制骨盆的能力不佳或是腹部肌肉缺乏協調性所造成。其它的原因還有：
- 反覆過度使用
- 進行運動時脊椎沒有保持正位

- 在沒有適當的支撐或控制的情況下承受過重的負荷

症狀包括：
- 劇烈疼痛
- 僵硬
- 發炎
- 關節整體的不適感

傷害的預防方法

正確的的訓練技巧能避免下背部肌肉過度緊繃，同時能強化腹部和核心的肌力。施加過度壓力或是頻繁進行相同動作會讓背部疼痛加劇，應盡量避免。

重返訓練

重返前 4-8 週內適度增加訓練量和訓練頻率 (p.198、p.200)。訓練過量或過快重返訓練可能會造成反效果。可利用活動度運動來增強下背部的肌力和穩定性（p.189、p.191），這類的運動能緩和並適度調整訓練強度，以減輕下背部的壓力。

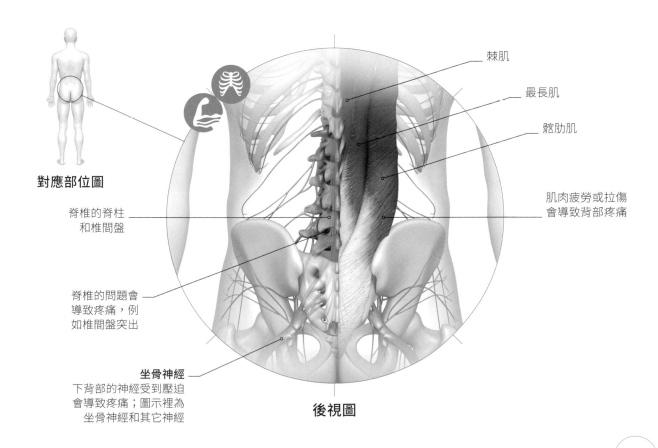

對應部位圖

脊椎的脊柱和椎間盤

脊椎的問題會導致疼痛，例如椎間盤突出

坐骨神經
下背部的神經受到壓迫會導致疼痛；圖示裡為坐骨神經和其它神經

棘肌

最長肌

髂肋肌

肌肉疲勞或拉傷會導致背部疼痛

後視圖

髖部的運動傷害

因為髖部有複雜的支撐結構和肌肉 (附著在臀部、膝關節和軀幹上)，所以能在多個平面上做大範圍的動作 (p.50)，也因此容易在各種不同的動作受傷。

受傷原因和症狀

肌力訓練中最常遇到的髖部傷害是「臀肌肌腱病」(又稱大轉子疼痛症候群)。

常見受傷原因包括：
- 臀中肌和臀小肌的肌腱附著處受到重複應力

- 髖關節滑囊炎。滑囊炎是指位於關節附近做為骨頭、肌腱和肌肉之間的緩衝，充滿液體的小囊產生發炎現象

症狀包括：
- 受傷處產生疼痛
- 行走或訓練時感到不適，甚至坐或躺著時壓到髖部受傷處就會覺得不舒服

傷害的預防方法

正確執行訓練動作能預防臀肌肌腱病。避免會對髖部造成過大壓力或反覆過度使用的動作，例如

髖關節外展動作或「彈力帶行走」(用彈力帶圍繞雙腿)。過量的活動度運動可能會讓髖部承受過大負荷，增加受傷或舊傷復發的風險。

重返訓練

重返前 4-8 週內適度增加訓練量和訓練頻率 (p.198、p.200)。訓練過量或過快重返訓練可能會造成反效果。可利用適量的活動度運動來增強臀肌和髖部肌肉的肌力和穩定性 (pp.191-193)。

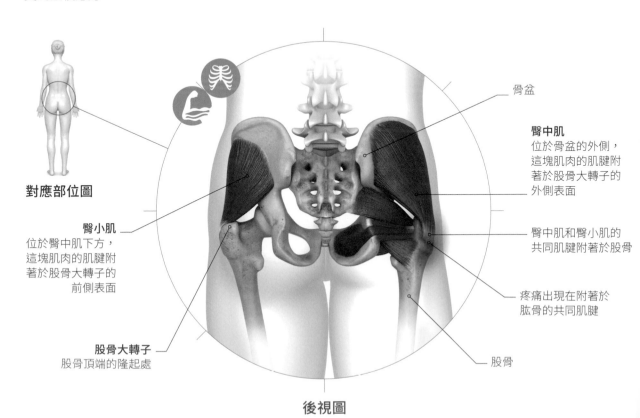

對應部位圖

臀小肌
位於臀中肌下方，這塊肌肉的肌腱附著於股骨大轉子的前側表面

股骨大轉子
股骨頂端的隆起處

後視圖

骨盆

臀中肌
位於骨盆的外側，這塊肌肉的肌腱附著於股骨大轉子的外側表面

臀中肌和臀小肌的共同肌腱附著於股骨

疼痛出現在附著於肱骨的共同肌腱

股骨

膝關節的運動傷害

由於許多肌力訓練需要膝關節彎曲和伸展的動作 (例如背蹲舉、弓步蹲和腿部伸展)，讓膝關節成為常見的受傷部位。

受傷原因和症狀

髕骨 (膝蓋骨) 附近、後方或下方的疼痛俗稱「跑者膝」，其正式名稱是「髕股骨症候群」，是訓練者膝關節前側疼痛最常見的病因。

常見受傷原因包括：
● 反覆過度使用 (最常見)

● 下肢、髕骨沒有保持正位
● 負荷過當

症狀包括：
● 膝蓋前側周圍、後方或下方疼痛
● 在做膝關節彎曲動作的負重訓練時，疼痛更加明顯

傷害的預防方法

正確的訓練技巧有助於預防受傷，除此之外，增強股四頭肌、腿後肌和小腿肌肉的肌力也會有幫助，前述這些肌肉都具有穩定膝關節的作用。膝關節偏位會讓

症狀更加明顯，因此必須設法改善這個問題。避免會讓膝關節損傷加劇或惡化的過度壓力或大量重複性動作。

重返訓練

在重返前 4-8 週內適度增加訓練量和訓練頻率 (p.198、p.200)。採取適當的訓練節奏和選擇合適的運動 (要限制會對膝關節造成壓力的運動)，以減輕膝關節不必要的壓力。

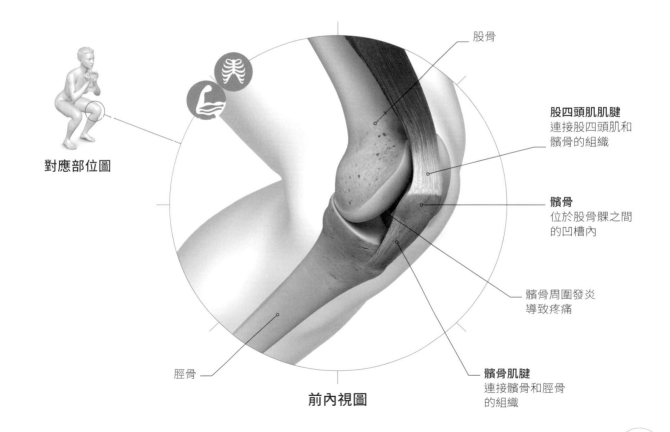

對應部位圖

股骨

股四頭肌肌腱
連接股四頭肌和髕骨的組織

髕骨
位於股骨髁之間的凹槽內

髕骨周圍發炎導致疼痛

脛骨

前內視圖

髕骨肌腱
連接髕骨和脛骨的組織

傷後重返訓練

受傷後重返常態訓練是段艱辛的過程。你或許很想完全恢復至受傷前的水準，但初期可能會因為運動表現能力受限而感到挫折。這裡有各種復健策略可供利用，可從中選擇對自己有效果的來進行。

> 利用多種策略可以縮短復原時間，並協助你恢復以前的表現水準。

復健策略

活動幅度、功能性以及整體肌力和運動表現的恢復狀況，將取決於復健過程中是否能保持耐心、採取正確方法並傾聽身體的感受。再度受傷或傷勢惡化的最常見原因就是訓練過多、操之過急。

想重返肌力訓練有很多種策略去確保你是否能開始訓練，並以安全的方式重建肌力和恢復運動表現。

調整訓練計劃

調整訓練計劃例如減少受傷部位的訓練量和訓練強度。受傷部位的訓練負荷、訓練量和訓練頻率必須適度調降以避免負荷過度或是過度使用，導致傷勢惡化或是疼痛不適的現象加劇。即便減輕特定肌肉群或關節的訓練量和強度，其他部位的肌肉和關節還是可以正常訓練。例如，肱二頭肌受傷的人，只要不會對傷害復原造成直接影響，還是可以繼續進行下半身的肌力訓練。

調整動作姿勢

訓練時遇到受傷或是疼痛不適的狀況，可以藉由改做其它變化式或是調整動作姿勢來因應。儘可能使用滑索訓練機或健身機器，減少使用自由重量，以確保能在安全可控的環境且有限的活動範圍內進行訓練。改變某特定訓練動作的活動範圍可以在避免受傷或不適加劇的情況下鍛鍊到特定區域。

例如，在做腿部伸展時，若膝關節進行全幅度動作會感到疼痛或不適（請見下一頁的改變活動範圍），可以調整動作在沒有不適感的活動範圍內訓練，例如腿部伸展範圍的頂端三分之二。

調整訓練節奏

改變反覆次數的節奏（離心與向心階段的時間，p.204）可以在避免肌肉或肌腱不適的情況下照常訓練。

在做 p.185 的腿部伸展運動時，如果因膝關節不適而無法使用大重量，可以改變訓練節奏，增加股四頭肌維持張力的時間，這樣依然可以給予肌肉足夠的刺激。例如，你可以在動作的頂端位置稍微暫停，讓股四頭肌維持張力並持續收縮 2-4 秒。同樣地，在離心動作階段也可以增加腿部往下降的時間來延長維持張力的時間。

血流阻斷訓練法（BFT）

KAATSU 訓練法是佐藤吉崎博士於 1970 年代在日本發展出來並獲得專利的訓練方式，它利用經過特殊設計的加壓帶來阻斷特定肢體的血液流動。此處要介紹的血流阻斷訓練法 (blood flow restriction，簡稱 BFR) 是 KAATSU 訓練法的變化版本，已被證實是傷者在復健期間仍能維持訓練的有效方法。

血流阻斷訓練法是在訓練時，於訓練肢體靠近身體連接處的位置使用加壓帶（見右圖加壓帶的使用位置）。加壓帶能部分限制動脈血流（流入肌肉的血液），並大幅或完全阻斷靜脈回流（從作用中肌肉流出的血液）。

這種訓練方法已被證明具有以下效果：
- 在不影響傷勢的情況下繼續訓練。
- 有助加速康復過程。
- 能減輕做運動時的疼痛感。
- 能以低負荷（可低至 20-30% 1RM）達到有效的訓練。

與高負荷肌力訓練通常建議的 70-85% 1RM 相比較，血流阻斷訓練法能以較低的負荷獲得良好的訓練成效，仍然能促進肌肉生長（肌肥大）、防止肌肉流失（萎縮）並改善肌力和肌肉功能。

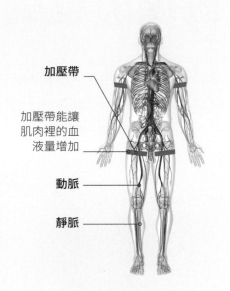

加壓帶

加壓帶能讓肌肉裡的血液量增加

動脈

靜脈

加壓帶的使用位置

著重局部訓練

選擇可以局部訓練特定肌群或關節的運動。例如，膝關節疼痛時可以用腿部伸展運動取代槓鈴背蹲舉，並調整反覆次數的節奏來繼續訓練股四頭肌。

復健不可躁進

運動傷害除了身體的復健之外，也需要心理的復健。依據受傷的嚴重程度，在回復到之前的訓練負荷或運動表現之前，可能需要重新建立自信心。復健過程不可躁進，如果感覺有任何不適，請利用調整訓練、藥物治療或者諮詢合格醫療人員來正確處理這種情況。

改變活動範圍

腿部伸展運動可以利用滑索機提供安全可控的訓練環境，不僅能夠調整活動範圍，且依然能給予肌肉允分的訓練效果。

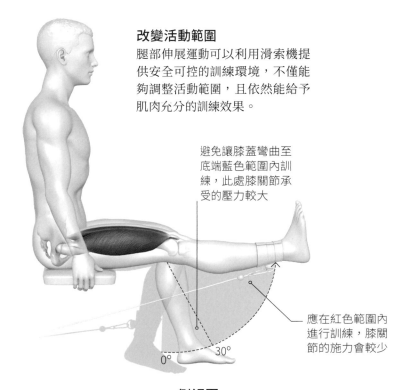

避免讓膝蓋彎曲至底端藍色範圍內訓練，此處膝關節承受的壓力較大

應在紅色範圍內進行訓練，膝關節的施力會較少

0° 30°

側視圖

訓練流程的規劃設計

安全有效地訓練是預防運動傷害的關鍵。每次進行肌力訓練課程之前，都要先做熱身運動以活動舒展身體，除了能避免受傷還能提升健身效果。肌力訓練課程的最後要以緩和運動做為結尾，讓身體、精神恢復到日常狀態。

相關的損傷（p.178）。

5-30 秒的靜態伸展運動，有助於減少肌肉肌腱

熱身運動

經過妥善設計的熱身運動有助於降低受傷的風險，做好進行訓練的準備而不會感到疲累。

熱身的目的包括：

- 增加心跳率和血液流量
- 提高體溫
- 啟動神經系統
- 讓身體準備好接受體能訓練
- 讓精神狀態進入專注模式，以集中注意力在動作姿勢、訓練技巧的學習與掌握以及整體的協調性。

伸展的類型

維持某個姿勢一段時間的靜態伸展不是熱身的必要項目；短時間的伸展（小於 45 秒）不會影響肌力和運動表現。

　　動態伸展是在該動作的正常活動平面上，讓肢體從中立位移動到其活動範圍的末端位置，是進行肌力訓練前最建議做的伸展類型。其目的是在特定時間或是反覆次數內，以適當節奏連貫流暢地執行一系列足以活動肢體的動作。

肌力訓練課表的固定流程

養成好的訓練習慣，從熱身運動開始、活動度運動、到正式的肌力訓練，再到結束時的緩和運動，經過這一連串有系統且循序的流程可以讓你免於訓練傷害。

　　這當中的關鍵是喚醒身體並使身體準備好做運動，也就是將身體微調到能夠適當應對接下來要面對的各種活動。你的肌力訓練課表將視你當天狀況而異，但是在訓練結尾一定要做緩和運動。

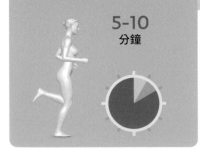

熱身運動
即便是只有 5 分鐘的高強度體能活動也能幫助身體做好準備。你可以選擇任何喜歡的運動並搭配一些動態伸展，以增加血液循環並提升心跳率。

5-10
分鐘

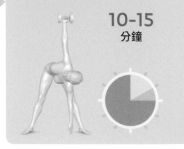

活動度運動
現在身體已經熱起來了，動作變得更輕鬆靈活。一開始也許可以做個頸部屈曲運動（p.188），然後再活動一下之後肌力訓練所要鍛鍊的部位。請留意任何覺得僵硬的部位。

10-15
分鐘

活動度運動的目的

活動度代表身體在特定的活動範圍內，能夠不受限制自主移動的能力。

活動度運動的選擇

活動度運動很適合納入熱身活動裡，能讓你了解當天身體的感覺和活動狀況。身體在特定活動範圍內自由活動的能力，每一天都會受之前的狀況或壓力因素影響而有差異。

活動度運動的目的是讓身體做好應對當天訓練需求的準備。例如，預計要訓練上半身，那最好能在訓練之前進行肩膀和上半身的活動度運動，為當天的各種挑戰做好準備。若當天的訓練目標是下半身，則活動度運動就要以下半身為主。

緩和運動

緩和運動有被動緩和與主動緩和兩種常見的類型，選擇適合的施行，並限制在 30 分鐘內完成。被動緩和運動包含靜坐、三溫暖、滾筒放鬆筋膜、靜態伸展、按摩或緩慢有節奏的呼吸。主動緩和運動包括一系列低強度活動，例如游泳和步行。

緩和運動的目的是：

- 去除血液和肌肉裡累積的乳酸鹽 (p.28)
- 防止免疫細胞數量下降
- 增進呼吸和心血管系統恢復
- 降低受傷風險
- 改善心理情緒
- 協助你從劇烈的運動狀態逐漸放鬆下來

滾筒放鬆筋膜

訓練前或訓練後都可以用滾筒放鬆筋膜。利用自身體重下壓滾筒，緩慢地滾動滾筒，直到找到痠痛處（激痛點），然後針對那個點來回滾動，直到能感覺該處變得柔軟或放鬆。

在訓練前進行這類的自我按摩（筋膜放鬆）可以短暫地改善柔軟度，而且又不會降低肌肉表現。

訓練後做滾筒放鬆筋膜可以舒緩肌肉疼痛並加速肌肉復原。其作用的生理機制尚不確定。有種說法認為它的效果來自於安慰劑效應，但因為效果顯著，所以還是值得去做。

肌力訓練運動

無論是每週訓練 3 次、4 次還是 5 次，都要確實遵循訓練計劃，以確保獲得最大成效。你可以參考 pp.201-213 已編排好的訓練計劃範本，裡面包含初學者的初級訓練計劃，以及適合有經驗者的進階訓練計劃。

腿部訓練 (pp.52-53)	胸部訓練 (pp.90-91)	背部訓練 (pp.108-109)
肩部訓練 (pp.122-123)	手臂訓練 (pp.140-141)	腹部訓練 (pp.154-155)

緩和伸展運動

一定要給自己足夠的時間讓心跳率恢復正常，並讓心情從訓練中逐漸放鬆下來。請好好享受這段伸展運動的時間。

5-10
分鐘

活動度運動

活動度運動能讓你了解當天身體的感覺和活動狀況。這裏安排的運動順序是沿著身體由上往下,從頸部開始,然後肩部,再到髖部和腿部,你也可以按照喜歡的順序進行。

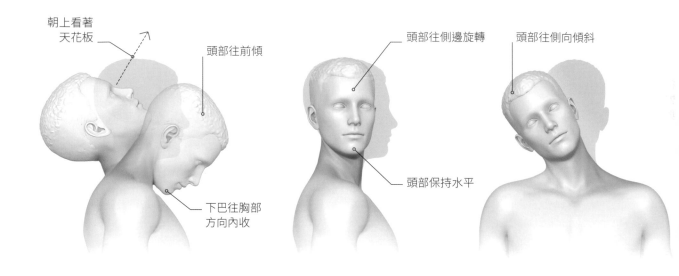

朝上看著天花板

頭部往前傾

下巴往胸部方向內收

頭部往側邊旋轉

頭部保持水平

頭部往側向傾斜

頸部前曲 / 後伸

由於現代人每天長時間低頭看手機,因此肌力訓練前要先讓頸部在活動範圍內進行熱身,讓頸部和上背部的肌肉做好準備,能夠承受接下來的訓練負荷。

預備階段
身體站立,全身維持中立位,雙腳打開與肩同寬並收緊核心。

階段一
下巴往胸部方內收,往前彎曲頸部以伸展頸部後側和上背部的肌肉。頭部回到中立位的位置。

階段二
頭部後仰伸展頸部前側肌肉,眼睛往上看著天花板。在感覺舒適的範圍內進行伸展,不要勉強。頭部回到中立位的位置。反覆 5-10 次。

頸部旋轉

電腦螢幕和手機讓人們習慣於視線長時間朝向前方,而較少有旋轉頭部的機會。這個運動能讓頸部和上背部的肌肉做好應付健身訓練的準備。

預備階段
身體站立,全身維持中立位,雙腳打開與肩同寬並收緊核心。

階段一
頭部往右側旋轉,感受頸部肌肉輕微拉伸的感覺,讓緊繃僵硬的頸部在訓練之前能獲得放鬆。

階段二
頭部回到中立位(臉朝向正前方),接著頭部往左側旋轉,感受頸部肌肉輕微拉伸的感覺。左右兩側反覆5-10 次。

頸部側屈

頸部活動範圍內以頭部為中心的動作除了前屈後伸和旋轉之外,還包括側屈。這個簡單的運動能在開始訓練時避免頸部和上背部肌肉的傷害(很常見的傷害)。

預備階段
身體站立,全身維持中立位,雙腳打開與肩同寬並收緊核心。

階段一
頸部往側向彎曲,感受上斜方肌和頸部肌肉拉伸的感覺,在覺得舒適的範圍內,耳朵盡量往肩膀靠近。

階段二
頭部回到中立位,接著頸部往另一側彎曲。左右兩側反覆 5-10 次。

啞鈴風車式

此運動能夠改善肩部的活動度和穩定度，同時也是訓練胸部伸展和旋轉活動能力很好的運動。這類肩部的活動度運動能幫助上半身做好承受阻力的準備。

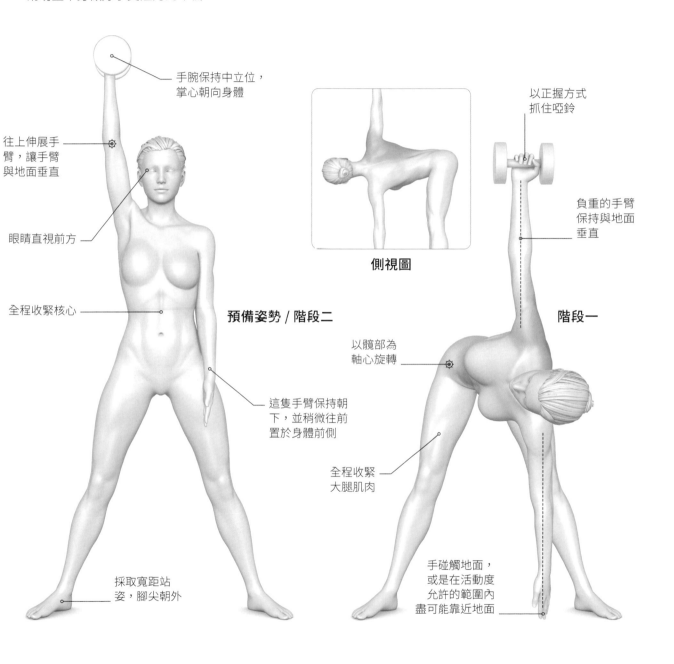

手腕保持中立位，掌心朝向身體

往上伸展手臂，讓手臂與地面垂直

眼睛直視前方

全程收緊核心

預備姿勢 / 階段二

側視圖

以正握方式抓住啞鈴

負重的手臂保持與地面垂直

以髖部為軸心旋轉

階段一

這隻手臂保持朝下，並稍微往前置於身體前側

全程收緊大腿肌肉

採取寬距站姿，腳尖朝外

手碰觸地面，或是在活動度允許的範圍內盡可能靠近地面

預備姿勢
一隻手抓住啞鈴（或壺鈴）並舉至肩膀高度，然後手臂往上高舉過頭，讓啞鈴位於肩膀正上方。另一隻手臂朝下伸直置於身體前側。

階段一
負重手臂的掌心轉向前方，同時身體旋轉，另一隻手碰觸地面。

階段二
旋轉回起始位置，負重手臂保持往上筆直伸展的姿勢，重複階段一、二，反覆 5-10 次。然後換邊重複相同動作。

單臂啞鈴過頭推舉

這個運動可以鍛鍊旋轉肌袖在承受外部阻力時穩定肩部的能力。改善高舉過頭動作的活動度和增加由下往上推舉的負重重量將有助於穩定和強化旋轉肌袖的肌肉，也有助於改善肩部在將大重量高舉過頭時維持穩定的能力。若想挑戰這個運動的最高難度，可以改用壺鈴，因為它的阻力與啞鈴不同。

圖例說明
● 針對的肌肉部位

非負重手放鬆置於髖部

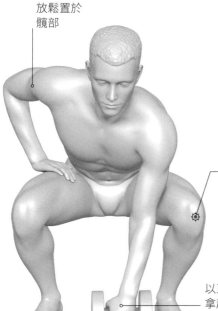

雙膝彎曲下蹲伸手拿啞鈴

以正握方式拿起啞鈴

頭部中立位

在階段一時以手掌朝內抓握啞鈴

全程收緊核心以穩定身體

後視圖

在階段二往上推舉時旋轉啞鈴至手掌朝向前方

調整站姿以維持穩定

預備階段
啞鈴置於身體前方的地板上，身體站立，雙腳打開等於或大於髖部的距離。下蹲以單手拿起啞鈴。當你拿起啞鈴起身進入階段一時可以調整站姿。

階段一
利用雙腿的力量協助你將啞鈴往上舉至肩膀高度。啞鈴要與手腕成一直線，前臂與地面呈垂直。

階段二
當你上推啞鈴高舉過頭時，要旋轉手腕讓掌心向前方。回到階段一的位置，然後重複階段一、二，反覆 5-10 次。換另一隻手臂重複相同動作。

彈力帶外轉運動

旋轉肌袖具有穩定肩部的作用，是最大化提升活動度和穩定度的重要肌群。外轉動作是許多人在進行過頭推舉訓練時經常做不好之處。這個運動能夠訓練肩部外轉肌群的肌力和穩定性。

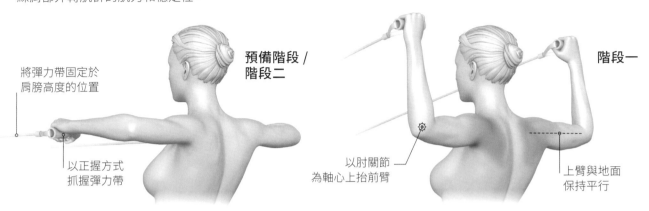

將彈力帶固定於肩膀高度的位置

預備階段 / 階段二

以正握方式抓握彈力帶

以肘關節為軸心上抬前臂

階段一

上臂與地面保持平行

預備階段

將低阻力彈力帶固定於肩膀高度的位置，身體站立，脊椎中立位同時雙腳打開與肩膀同寬。面向彈力帶固定處，彎曲手肘讓上臂與地面呈平行。

階段一

手肘向外旋轉，前臂將彈力帶往上拉，直到前臂與地面呈垂直，上臂要全程保持水平。做動作時，手肘要保持與肩膀同高。

階段二

抵抗彈力帶的阻力，以適當的速度讓手臂旋轉回到起始位置。重複階段一、二，反覆 5-10 次。

毛毛蟲爬行

這個活動度運動能提供全身極好的熱身效果。當雙腳往前行走，雙手往前移動時，能刺激全身所有跨越主要關節的肌肉組織，讓身體準備好應付後續的主要訓練。

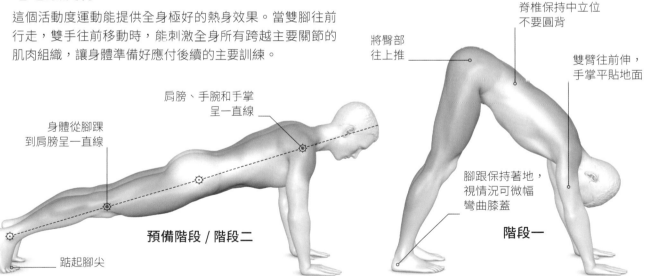

肩膀、手腕和手掌呈一直線

身體從腳踝到肩膀呈一直線

預備階段 / 階段二

踮起腳尖

將臀部往上推

脊椎保持中立位不要圓背

雙臂往前伸，手掌平貼地面

腳跟保持著地，視情況可微幅彎曲膝蓋

階段一

預備階段

身體成伏地挺身的起始姿勢（p.95）。收緊核心，身體從腳踝到肩膀呈一直線，頭部中立位。

階段一

一次一隻腳朝雙手方向往前小步行走，過程中脊椎要保持中立位並收緊核心，不要圓背。

階段二

當雙腳到達最終位置時，換成一次一隻手往前移動，直到身體回到伏地挺身的起始姿勢。反覆 5-10 次。

仰臥彈力帶屈髖運動

髖屈肌群，尤其是腰肌和股直肌，能在進行髖部彎曲動作的同時讓骨盆維持穩定。這個運動的姿勢會讓股直肌和腰肌參與更多的收縮發力，進而有效活化這些肌肉，做好承受下半身訓練負荷的準備。

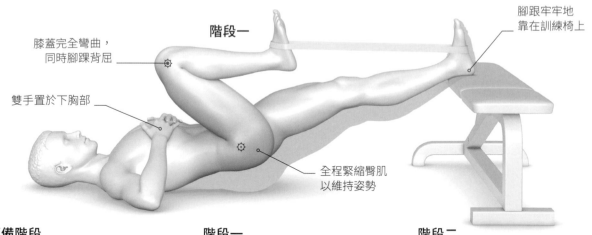

階段一

膝蓋完全彎曲，同時腳踝背屈

雙手置於下胸部

腳跟牢牢地靠在訓練椅上

全程緊縮臀肌以維持姿勢

預備階段
身體仰臥於地，兩隻腳掌置於訓練椅上，拿一條彈力帶套在兩隻腳掌上，臀部往上抬。形成臀部橋式（p.78）。手肘保持著地。

階段一
維持臀部橋式的姿勢，訓練腿的髖部和膝蓋彎曲，在覺得舒適的範圍內，讓膝蓋盡可能往上朝身體方向移動。

階段二
伸展訓練腿讓腳掌回到訓練椅上，過程中要控制好速度和力道。換另一條腿重複相同動作。重複階段一、二，每一條腿反覆 5-10 次。

90/90 髖關節伸展運動

這項運動能有效鍛鍊髖關節整體活動度（外轉和內轉），而且具有開髖的作用，能協助改善臀部緊繃僵硬的問題。良好的髖關節外轉和內轉能力有助於舒緩常見的臀部和下背部疼痛。

預備階段 / 階段二

軀幹挺直坐在地上

旋轉後腿膝蓋讓大腿和小腿呈 90 度

大腿和小腿呈 90 度

階段一

軀幹往前傾，感受拉伸的感覺

後腿膝蓋保持 90 度

利用雙[手]輔助支[撐]

預備階段
軀幹挺直坐在地上，一條腿置於身體前方，一條腿置於後方，雙腿彎曲 90 度，前腿膝關節向內旋轉，後腿膝關節向外旋轉。

階段一
移動軀幹，使膝蓋位於肚臍正前方。軀幹往前傾，保持挺胸，停留 3-5 秒感受前腿臀肌拉伸的感覺。

階段二
回到軀幹挺直的起始姿勢。重複階段一、二，反覆 3-5 次，然後換另一腿重複相同動作。

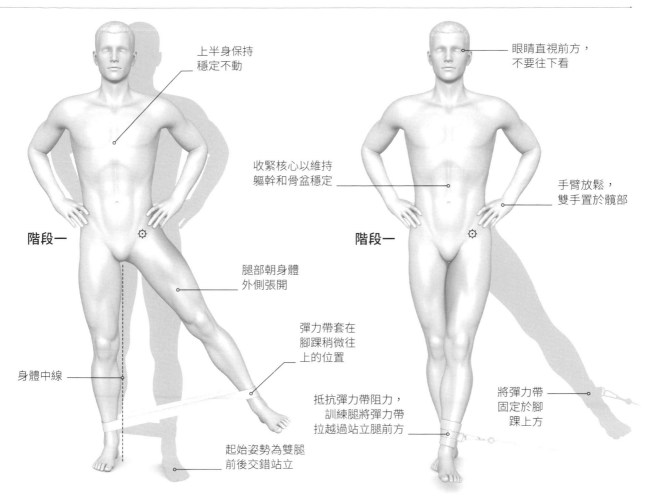

上半身保持
穩定不動

收緊核心以維持
軀幹和骨盆穩定

腿部朝身體
外側張開

彈力帶套在
腳踝稍微往
上的位置

身體中線

起始姿勢為雙腿
前後交錯站立

階段一

眼睛直視前方,
不要往下看

手臂放鬆,
雙手置於髖部

將彈力帶
固定於腳
踝上方

抵抗彈力帶阻力,
訓練腿將彈力帶
拉越過站立腿前方

階段一

彈力帶腿部外展運動

這個運動能幫助髖外轉肌和髖外展肌熱身。對於經常整天久坐的人來說,維持髖外展肌的穩定性和肌力非常重要。

預備階段
雙腳套進彈力帶,訓練腿稍微往前,雙腿前後交錯站立。身體站直,雙手置於髖部。

階段一
收緊核心,脊椎保持中立位。訓練腿往外側朝遠離身體中線方向張開,過程中要維持骨盆穩定。

階段二
訓練腿抵抗彈力帶的阻力,返回起始位置,過程中要控制好動作的速度和力道。重複階段一、二,反覆 5-10 次。每次反覆之間可以讓腳觸地,重新調整平衡。

彈力帶腿部內收運動

這個運動能幫助髖內轉肌和髖內收肌熱身。久坐的生活模式鮮少有機會使用到髖內收肌,這個運動可搭配外展運動(請見左邊),對於增進髖關節的健康和穩定度有加成效果。

預備階段
身體站直,彈力帶固定於訓練腿的腳踝上方,訓練腿稍微往前,雙腿前後交錯站立。調整好訓練腿與彈力帶固定處的距離和相對位置以獲得足夠的阻力。

階段一
收緊核心,脊椎保持中立位。訓練腿往內側朝身體中線方向移動,過程中要維持骨盆穩定。

階段二
訓練腿抵抗彈力帶的阻力,返回起始位置,過程中要控制好動作的速度和力道。重複階段一、二,反覆 5-10 次。每次反覆之間可以讓腳觸地,重新調整平衡。

緩和伸展運動

緩和伸展運動又稱被動緩和運動，在進行低強度動態活動諸如游泳、自行車和步行等比較長時間的緩和運動時，可以將其納入其中。緩和運動的伸展部分能幫助身體放鬆並進入「休息和消化」的狀態（副交感神經系統機制），並加速恢復和帶來平靜。

呼吸有助於恢復

緩慢有節奏地控制呼吸能夠刺激迷走神經，促進休息、放鬆和恢復。有節奏地控制呼吸搭配短暫的靜態伸展，可以加速恢復，同時提振心情。進行伸展運動時，呼吸節奏要緩慢而有規律（每分鐘呼吸約 6-10 次），這樣能讓你進入平靜放鬆的狀態，進而有助於加深伸展程度。

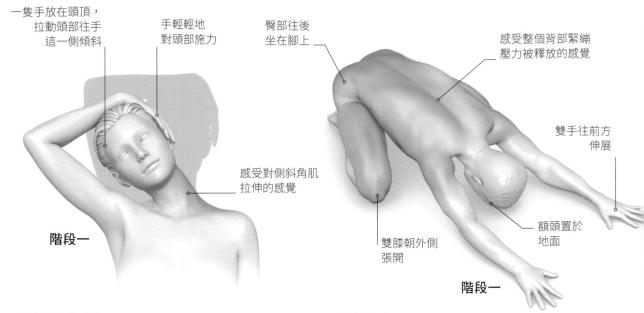

一隻手放在頭頂，拉動頭部往手這一側傾斜

手輕輕地對頭部施力

臀部往後坐在腳上

感受整個背部緊繃壓力被釋放的感覺

雙手往前方伸展

感受對側斜角肌拉伸的感覺

階段一

額頭置於地面

雙膝朝外側張開

階段一

斜角肌伸展

進行訓練時經常會對上背部（斜方肌）和頸部肌肉（斜角肌）直接或間接（為了維持穩定）施加大量張力。這個伸展運動有助於拉長這些肌肉和舒緩緊繃壓力。

預備階段
身體站直。頭部保持中立位，一隻手臂越過頭頂，將手放在對側耳朵頂端。

階段一
手輕輕地施力拉動頭部往手這一側傾斜，藉此伸展頸部。

階段二
頭部回到中立位，然後換邊重複階段一、二。每一邊伸展時停留 5 秒，總共反覆 3-5 次。

嬰兒式

嬰兒式來自於瑜伽，是以坐姿的方式進行。其藉由呼吸釋放緊繃壓力，同時伸展背部肌肉以及髖關節、膝關節和踝關節周圍的肌肉，是相當安全的釋放壓力方法。

預備階段
起始姿勢為四足跪姿。

階段一
膝蓋稍微朝外側移動，這樣雙手往前伸展時，臀部可以往後下沉，讓背部和肩膀獲得伸展。從跪姿轉換到往後坐的姿勢的過程中，要專注於呼吸，並儘可能控制呼吸。

階段二
臀部往前同時往上抬，回到四足跪姿的起始姿勢。反覆 05 次，過程中要控制好動作和呼吸。

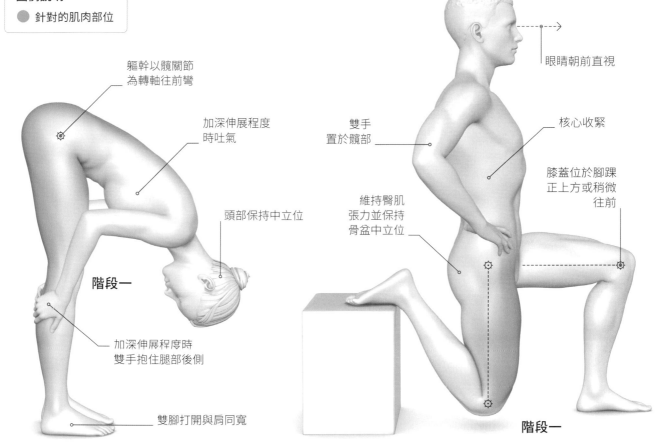

軀幹以髖關節
為轉軸往前彎

加深伸展程度
時吐氣

雙手
置於髖部

眼睛朝前直視

核心收緊

膝蓋位於腳踝
正上方或稍微
往前

維持臀肌
張力並保持
骨盆中立位

頭部保持中立位

階段一

加深伸展程度時
雙手抱住腿部後側

雙腳打開與肩同寬

階段一

站姿前彎

這個伸展運動也是來自瑜伽。站姿前彎可視個人的限制或需求做調整。它是能夠釋放下背部和髖部緊繃壓力很好的伸展動作。

預備階段
身體站直,雙腳打開與肩同寬。

階段一
軀幹從髖關節往前彎曲,在舒適的範圍內讓軀幹儘可能往雙腿靠近。保持核心緊縮和脊椎中立位,上背部允許微幅拱起。感受在下背部、腿後肌和臀肌輕度到中度拉伸的感覺。

階段二
控制呼吸,軀幹往前彎曲時吐氣,往上回到起始位置時吸氣。反覆 3-5 次。每次到達動作底端位置時,維持伸展 5-10 秒。

股四頭肌伸展運動

這個動作又稱沙發伸展(couch stretch)。這個緩和伸展運動有助於紓解緊繃,同時能改善髖屈肌活動度受限的問題,並且可以提升骨盆周圍肌肉的活動度和穩定度。

預備階段
身體站直,將一個高約 60 公分的瑜伽磚置於訓練腿後側。將訓練腿的腳背放在瑜伽磚上。

階段一
訓練腿的膝蓋往地面下降,直到大腿與地面呈垂直,下降過程中感受股四頭肌被拉伸的感覺。

階段二
回到身體站直的起始位置。反覆 3-5 次。換另一條腿重複相同動作。

肌力訓練指南

肌力訓練最困難的一件事就是挑選出各種動作，並將之規劃為幫助自
己達到目標、屬於自己的訓練課程。本篇將闡述最重要的訓練原則以
及執行方法，並用例子說明如何將所有動作整合以幫助你建立肌肉、
力量和耐力。

肌力訓練變數

此處擬訂的訓練計劃是用以下幾個關鍵變數為基礎：訓練量、訓練強度、訓練動作選擇和疲勞管理。這些訓練計劃會依照難度和頻率來安排，因此可以根據自身的訓練經驗以及一週可投入訓練的天數或時間來選擇適合的課程。

訓練量

訓練量是指在特定期間內進行的運動量總和（通常是以一次訓練課表或一週訓練來計算），一般會以反覆次數 × 組數 × 負荷量（重量）來表示。

隨著訓練經驗增加，就可以藉由改變訓練動作項目、訓練動作的活動範圍和不同位置的阻力變化，以及訓練節奏和組間休息時間，來進一步調整訓練量。

一週訓練量

記錄並計算在一週的訓練週期內，各肌群共做多少訓練量。

範例

假設一次訓練會做 4 組胸部訓練運動，每週健身 3 次，那麼胸部訓練運動總共會做 12 組，這就是胸肌的一週訓練量。

4 組 × 每週 3 次 = 每週 12 組
（胸肌一週訓練量）

根據訓練計劃的目標訂定訓練量

訓練計劃應按照增加肌肉量、肌力或肌耐力等不同目的來擬訂，訓練量的訂定取決於這三項何者為最終目標。可以藉由增加反覆次數、負荷量（重量）或組數來調整訓練量。

增加肌肉量	增強肌力	增加肌耐力
訓練重點是針對目標肌群逐週增加總訓練量。可藉由調整反覆次數、負荷量或組數來逐步提升訓練量。	訓練重點是提高訓練課表的強度。目標是達到更高的相對強度以訓練神經系統。	訓練重點是放在訓練密集度，目標是增加每個訓練課表的密集度，也就是在相同的時間內完成更多的訓練。

訓練強度

負荷強度是以某個訓練動作執行一次反覆可以承受的最大重量（稱為一次最大反覆，記為 1RM）的百分比來表示。

訓練負荷將決定你一組可以做多少次反覆。高強度能做到的反覆次數較少，一般是每組反覆 6 次或更少（低反覆次數），適合用來增強肌力。中等強度一般能做到每組反覆 6-12 次（中等反覆次數），適合用來增加肌肉量。低強度則能做到每組反覆 12-20 次（高反覆次數），適合用來增加肌耐力。

低 反覆次數	中等 反覆次數	高 反覆次數
1-6 次	6-12 次	12+次
適合用於增強肌力	適合用於增肌	適合用於增加肌耐力

肌力－肌耐力 區間

訓練動作選擇

每個訓練動作都是在特定活動範圍內對肌肉進行鍛鍊。不同的動作其鍛鍊肌肉的方式可能會有偏向離心收縮或向心收縮（pp.14-15）的差異。

比方說，背蹲舉（p.54）是在股四頭肌的伸展範圍內對其進行鍛鍊，而腿部伸展（p.74）則是在股四頭肌收縮範圍的中段位置對其進行鍛鍊。這兩個動作都是訓練股四頭肌，即使負重和反覆次數相同，但訓練到的位置就有差異，而且使用不同機器所刺激到的部位也會不同。找到適合自己的技能水準、身體結構和活動度限制的運動非常重要。

訓練的活動範圍

肌肉發力程度會受到關節角度和訓練動作類型的影響。在活動範圍內的每個位置點，會動員到肌肉的不同部位，因此訓練時最好儘可能達到全幅度活動，但前提是必須考量個人先天的身體構造限制條件。

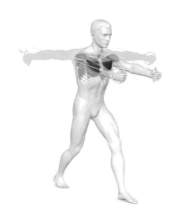

訓練目標肌肉

在選擇訓練動作時要考慮個人的能力。例如，在做飛鳥（pp.100-103）時可視情況調整滑索高度，讓肩膀能順暢地轉動。

疲勞管理

想讓肌肉與肌力最大程度的成長，就要注重疲勞管理，這同時也能降低受傷風險。

接近力竭

疲勞管理方法是利用 1-10 的數字（見右邊的量表）來表示「保留次數」（RIR，reps in reserve），意指每一組離力竭還能做幾次反覆。它與自覺費力程度（RPE，rate of perceived exertion）有相關性。

自我調節

自我調節（autoregulation）的概念係指依據當天自覺承受負荷的能力去調整訓練的內容。例如某天你感覺疲勞卻又想保持運動的習慣，那就用輕鬆一點的訓練課表。這種可彈性調整的訓練方式能維持訓練動力並防止受傷。

減量訓練

減量訓練（deload）是指在一段期間（例如一週）以較輕鬆的方式進行訓練，在此期間只採取能維持肌肉量或肌力的最小訓練量，以促進身體恢復和肌肉修復。原本的訓練強度越大，就需要越長的減量訓練時間才足以讓身體恢復。每四週之間安插一週減量訓練時間是最理想的安排方式。初級訓練者在減量週的訓練量應比最大訓練量減少約 10-20%，進階訓練者則應減少約 30-50%，同時將 RIR 減少 2 個級數。

以 RIR 為衡量基礎的 RPE 判斷量表

級數	費力程度
10	竭盡全力
9.5	無法再多做 1 次，但可以增加負重
9	還能再多做 1 次（1 RIR）
8.5	肯定還能再多做 1 次，也許能多做 2 次
8	還能再多做 2 次（2 RIR）
7.5	肯定還能再多做 2 次，也許能多做 3 次
7	還能再多做 3 次（3 RIR）
5-6	還能再多做 4-6 次（4-6 RIR）
3-4	輕鬆
1-2	完全不費力

組間休息的重要性

組間休息是指組與組之間的休息時間，可以在繼續下一組之前獲得短暫的恢復。在執行進階訓練計劃時，要視個人訓練目標（見右圖）、訓練強度、每組持續時間和訓練經驗，去設定 15 秒到 5 分鐘不等的組間休息時間。肌力訓練的初學者建議設定較長的組間休息，可獲得較佳的訓練成效。

00:15 – 1:00
增強肌耐力訓練

00:30 – 3:00
增加肌肉量訓練

2:00 – 5:00
增強肌力訓練

» 訓練頻率

訓練頻率代表在一個訓練週裡訓練相同肌群的次數（p.198）。

要增加肌肉量或肌力，每週每個肌群需達到一定程度的訓練量，增加每週的訓練天數可以讓訓練內容有更多的變化。

增加訓練頻率

可以增加每個肌群的訓練日數，但每個訓練日要降低訓練組數。

減少訓練頻率

可以針對某個肌群在兩個訓練日之間安排更多休息天數，但在訓練日要增加該肌群的訓練組數。

除了調整訓練頻率，也可以藉由增加反覆次數、訓練負荷或組數來調整訓練量。請注意！只要上調其中任何一個變數都會增加訓練課表的總壓力。

如何讓訓練持續進步

漸進式超負荷（progressive overload）係指隨著時間逐漸增加對肌肉施加的壓力或刺激（藉由增加組數、反覆次數或負荷），以求在訓練上能有所突破和進步。

若自己對特定重量能做到更多反覆次數或者有能力舉起更大的重量，就代表需要增加訓練量了。有以下幾個訓練變數可做調整，以確保訓練能隨著時間持續進步。

增加反覆次數和負荷量

一次反覆係指執行一次完整的訓練動作，涵蓋離心階段和向心階段。增加反覆次數或重量能增加施加於目標肌肉上的總張力，是讓訓練進步很好的方式。張力越大，就能活化越多的肌肉組織，無論是從收縮和代謝的角度來看都是如此。

增加組數

提高訓練量或訓練強度的一個普遍做法是增加訓練的組數。提高訓練量雖然能促進肌肉生長，但是有一定的限度，如果訓練量過大，超出身體的恢復能力，反而會導致訓練效果下降。

漸進式 RIR

監控保留次數（RIR）時，要把焦點放在藉由提高訓練總強度來增加計劃的整體疲勞程度。選擇適當的 RIR 有助於疲勞管理（p.199），並能維持穩定的運動表現。

訓練恢復

恢復是訓練最重要的影響因素。由於肌力訓練會破壞肌肉纖維（pp.18-21），充足的恢復時間會有助於身體自我修復，並增長肌肉、增強肌力和肌耐力。

若沒有充分地恢復，除了會影響運動表現，同時對訓練也無法產生向上適應的效果。這就是為什麼除了良好的睡眠、營養和壓力管理之外，訓練休息日也很重要的原因。

漸進式超負荷

增加反覆次數和負荷量	增加組數	漸進式 RIR	訓練恢復
如果訓練遇到停滯期，可以考慮藉由增加負荷量或每組的反覆次數來提高訓練量。	對於某特定肌群來說，要達到有成效的訓練量大約介於每週 10-18 組之間，因此可在此區間增加訓練組數。	建議初學者將 RIR 設定在力竭前估計還可以再做 2-4 個反覆次數的程度。進階訓練者可以每週減少 1 次 RIR。	不要天天都訓練，在訓練計劃裡必須安排休息日，讓身體有恢復的機會。

訓練計劃的安排

接下來介紹的訓練計劃是以分化訓練 (training split，依不同肌群分開訓練) 的
方式來安排，有三個初級訓練計劃是針對初學者設計的，另外還有三個是針對
有經驗者的高階訓練計劃。每個計劃還有不同訓練頻繁程度的版本可供選擇。

分化訓練

根據你的訓練經驗、目標以及
能投入的時間，可以選擇初級
計劃或進階計劃，這兩者的訓
練頻率又分成一週訓練 3 天、
4 天或 5 天。請視個人需求從
中挑選符合訓練目標 (增加肌
肉量、增強肌力或是增加肌耐
力) 的計劃來施行。

● 一週訓練 3 天：屬於全身分化
訓練。在整個訓練週內針對各
肌群做最佳的訓練量分配。重
點是放在主要肌群並能鍛鍊到
較小肌群 (例如肩部) 的多關節
整合性訓練。

● 一週訓練 4 天：屬於半身分化
訓練。多出一天訓練日，能更
有效地分配每個肌群的訓練頻
率，讓各肌群在每次課表中獲
得更多的訓練量。

● 一週訓練 5 天：屬於全身三分
之一分化訓練。每次大約訓練
身體三分之一的部位，每個肌
群在分配到的訓練日會有較高
的訓練量，但是各肌群在每週
的訓練頻率會比較少。

計劃期間內的訓練量調整

圖例說明
— 訓練量趨勢變化
● 初級計劃的訓練量
○ 進階計劃的訓練量

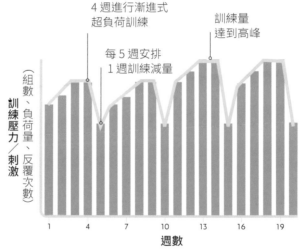

初級訓練計劃

在針對初學者的初
級訓練計劃裡，有
4 週的漸進式超負
荷訓練，然後在第
5 週訓練減量讓身
體恢復，然後重複
此訓練模式。逐步
往上增加訓練量，
在第 14 週時達到
高峰。

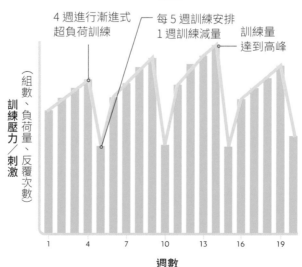

進階訓練計劃

進階訓練計劃也採
取與前述相同的模
式，但是整個期間
內的訓練量比較
大，而且每週遞增
的訓練量也比較
多，在第 16-19 週
時減輕訓練壓力以
促進恢復。

增加肌肉量訓練計劃 — 初級

利用肌肥大過程達到增肌效果的訓練 (p.18)，其執行的方式是以一定水準的強度或接近力竭的程度進行高品質的反覆次數並達到特定的訓練量。

如果每一組都訓練到力竭的程度就長期而言是無益的，反而比較建議利用 p.199 的自覺費力程度量表 (RPE) 去衡量自己的保留次數 (RIR)。研究顯示做到距離力竭約 4-5 次的程度就能提供足夠刺激去促進肌肉生長。

每次健身訓練都要從熱身開始 (p.186)。訓練計劃裡若寫到「或變化式」，代表你可以根據個人喜好和狀況選擇該訓練動作的變化式。

主要肌群	
● 腿部	● 肩部
● 胸部	● 手臂
● 背部	● 腹部

共通健身指示

所有初級增肌訓練計劃，無論採取何種訓練頻率，都是依循下列的反覆次數、組數、組間休息、保留次數 (RIR) 和訓練節奏指示。

8-10 次反覆
4 組
60-90 秒的組間休息
3-4 RIR
良好控制的節奏

訓練節奏的指示說明

訓練節奏係指每次反覆的執行速度或時間。「良好控制」的節奏是指在每次反覆的速度和時間都是受自己控制的。例如在離心階段控制在 2-3 秒內完成動作，向心階段則用 1 秒完成動作，過程中要確保動作正確性並維持肌肉張力。

增加肌肉量 每週 3 次

	訓練動作
訓練日 1	槓鈴背蹲舉或變化式 (pp.54-57)
	腿部彎舉 (站姿或俯臥) (pp.68-70)
	啞鈴仰臥推舉 (p.96) 或伏地挺身 (p.95)
	寬握高位下拉 (p.110) 或正握引體向上 (p.113)
	啞鈴肩上推舉 (p.127)
	棒式旋轉 (p.156)
訓練日 2	槓鈴仰臥推舉或變化式 (pp.92-95)
	羅馬尼亞硬舉 (p.89)
	對握水平划船 (p.114)
	機械式肩上推舉或啞鈴肩上推舉 (pp.126-127)
	腿部伸展或變化式 (pp.74-77)
	腹橫肌健身球捲腹 (p.160) 或貓牛跪姿捲腹 (p.162)
訓練日 3	傳統硬舉 (p.86) 或啞鈴登階 (p.66)
	對握高位下拉 (p.112) 或反握引體向上 (p.113)
	中位滑索飛鳥 (p.103) 或機械式飛鳥 (p.104)
	腿部彎舉 (站姿或俯臥) (pp.68-70)
	機械式肩上推舉或啞鈴肩上推舉 (pp.126-127)
	滑索轉體斜拉 (p.168)

增加肌肉量 每週 4 次

訓練動作

訓練日 1
- 槓鈴仰臥推舉或變化式 (pp.92-95)
- 腿部推舉 (p.58)
- 繩索肱三頭肌下拉或變化式 (pp.150-153)
- 啞鈴側平舉或變化式 (pp.128-131)
- 跪姿繩索捲腹 (p.166)

訓練日 2
- 對握高位下拉或反握引體向上 (pp.112-113)
- 腿部彎舉或變化式 (pp.68-71)
- 啞鈴臀部橋式或變化式 (pp.80-81)
- 啞鈴肱二頭肌彎舉或變化式 (pp.142-145)
- 腿部伸展或變化式 (pp.74-77)

訓練日 3
- 站姿小腿提踵 (p.82)
- 上斜滑索飛鳥或變化式 (pp.100-103)
- 啞鈴肱三頭肌伸展或變化式 (pp.146-149)
- 啞鈴肩上推舉或變化式 (pp.126-127)
- 滑索轉體斜拉 (p.168)

訓練日 4
- 對握水平划船 (p.114)
- 羅馬尼亞硬舉 (p.89)
- 啞鈴臀部橋式或變化式 (pp.80-81)
- 彈力帶肱二頭肌彎舉 (p.144)
- 坐姿小腿提踵 (p.84)

增加肌肉量 每週 5 次

訓練動作

訓練日 1
- 上斜槓鈴推舉或變化式 (pp.94-95)
- 對握高位下拉 (p.112)
- 俯臥啞鈴後三角肌上舉 (p.138)
- 啞鈴肱二頭肌彎舉 (p.142)
- 繩索肱三頭肌下拉 (p.150) 或 窄握槓鈴仰臥推舉 (p.94)
- 跪姿繩索捲腹 (p.166)

訓練日 2
- 羅馬尼亞硬舉 (p.89)
- 哈克深蹲 (p.60)
- 啞鈴臀部橋式或變化式 (pp.80-81)
- 腿部伸展 (p.74)
- 站姿小腿提踵 (p.82)

訓練日 3
- 啞鈴肩上推舉或變化式 (pp.126-127)
- 啞鈴側平舉或變化式 (pp.128-131)
- 彈力帶肱二頭肌彎舉 (p.144)
- 交叉滑索肱三頭肌下拉 (p.153)
- 滑索轉體斜拉 (p.168)
- 下斜捲腹 (p.167)

訓練日 4
- 對握水平划船 (p.114)
- 寬握高位下拉 (p.110)
- 啞鈴仰臥推舉 (p.96) 或伏地挺身 (p.95)
- 啞鈴俯身划船 (p.116)
- 自選胸部或背部訓練

訓練日 5
- 腿部推舉 (p.58) 或啞鈴深蹲 (p.56)
- 腿部伸展或變化式 (pp.74-77)
- 腿部彎舉 (站姿或俯臥) (pp.68-70)
- 啞鈴臀部橋式或變化式 (pp.80-81)
- 俯臥啞鈴後三角肌上舉 (p.138)
- 啞鈴側平舉或變化式 (pp.128-131)

增加肌肉量訓練計劃 — 進階

這些進階增肌訓練計劃，主要是藉由提高訓練量和增加訓練動作種類來達到進步的效果。

與初級訓練計劃比起來，這些進階訓練計劃的訓練動作比較多樣化，並且增加訓練量以提高肌肉的代謝壓力和承受的張力。你應該衡量自己的 RIR 或 RPE (p. 199)，儘量讓每一組訓練達到接近力竭的程度。注意每個訓練動作所要求的訓練節奏 (請見左下文說明)。

主要肌群	
● 腿部	● 肩部
● 胸部	● 手臂
● 背部	● 腹部

共通健身指示

所有進階增肌訓練計劃，無論採取何種訓練頻率，都是按照下列的組間休息和保留次數（RIR）。

60-90 秒的組間休息
2-3 RIR

訓練節奏的指示說明

進階訓練計劃的節奏欄位是用四個數字來表示，每個數字分別對應每次反覆裡四個階段的秒數，也就是離心收縮階段所花的時間、動作底端位置的停留時間、向心收縮階段所花的時間以及在動作頂端位置的停留時間。

在此以深蹲為例說明 3011 訓練節奏代表：
3：離心收縮階段 (深蹲的下降階段) 時間為 3 秒
0：在動作底端位置停留 0 秒
1：向心收縮階段 (從深蹲的位置起身) 時間為 1 秒
1：在動作頂端位置停留 1 秒，讓目標肌肉維持收縮。

訓練計劃中常用的訓練節奏除了 3011，還有 3010 和 3110，也都是代表四個階段的秒數。

有關超級組訓練的指示說明

訓練計畫中的超級組 (p.212) 配對訓練動作，會用藍色網底和外框線加粗的方式呈現。

增加肌肉量 每週 3 次

	訓練動作	組數	反覆次數	訓練節奏
訓練日 1	槓鈴背蹲舉 (p.54) 或腿部推舉 (p.58)	4	6–8	3010
	腿部彎舉 (坐姿或俯臥) (pp.68-70)	4	6–8	3010
	啞鈴仰臥推舉 (p.96) 或是槓鈴仰臥推舉 (p.92)	4	6–8	3010
	寬握高位下拉 (p.110) 或正握引體向上 (p.113)	4	6–8	3010
	啞鈴肩上推舉 (p.127)	4	6–8	3010
	棒式旋轉 (p.156)	4	6–8	良好控制
訓練日 2	槓鈴仰臥推舉 (p.92) 或啞鈴仰臥推舉 (p.96)	4	6–8	3010
	羅馬尼亞硬舉 (p.89)	4	6–8	3010
	對握水平划船 (p.114)	4	6–8	3010
	機械式肩上推舉或啞鈴肩上推舉 (pp.126-127)	4	6–8	3010
	腿部伸展 (p.74)	4	6–8	3010
	腹橫肌健身球捲腹或變化式 (pp.160-163)	4	6–8	良好控制
訓練日 3	傳統硬舉或變化式 (pp.86-89)	4	8–10	2010
	對握高位下拉或反握引體向上 (pp.112-113)	4	8–10	3010
	中位滑索飛鳥 (p.103) 或機械式飛鳥 (p.104)	4	8–10	3010
	腿部彎舉 (站姿或俯臥) (pp.68-70)	4	8–10	3010
	機械式肩上推舉 (p.126) 或前三角肌肩上推舉 (p.135)	4	8–10	3010
	滑索轉體斜拉 (p.168)	4	8–10	良好控制

增加肌肉量 每週 4 次

	訓練動作	組數	反覆次數	訓練節奏
訓練日 1	啞鈴仰臥推舉或變化式 (pp.96-99)	4	6–8	3110
	槓鈴背蹲舉 (p.54) 或腿部推舉 (p.58)	5	6–8	3010
	交叉滑索肱三頭肌下拉 (p.153)	4	8–10	3011
	上斜滑索飛鳥 (p.100)	4	8–10	3011
	啞鈴側平舉或變化式 (pp.128-131)	4	8–10	3010
	啞鈴肱三頭肌伸展或變化式 (pp.146-149)	4	8–10	3010
	跪姿繩索捲腹 (p.166)	5	8–10	良好控制
訓練日 2	對握高位下拉或反握引體向上 (pp.112-113)	4	6–8	3010
	俯臥腿部彎舉或變化式 (pp.68-71)	5	6–8	3011
	啞鈴臀部橋式或變化式 (pp.78-81)	4	6–8	3011
	機械式肱二頭肌彎舉 (p.144)	4	6–8	3011
	啞鈴肱二頭肌彎舉或變化式 (pp.142-145)	4	8–10	3011
	啞鈴俯身划船 (p.116)	4	8–10	3010
	站姿小腿提踵或變化式 (pp.82-85)	5	8–10	良好控制
訓練日 3	腿部伸展或變化式 (pp.74-77)	5	8–10	3011
	中位滑索飛鳥 (p.103)	4	8–10	3010
	啞鈴肱三頭肌伸展或變化式 (pp.146-149)	4	8–10	3110
	槓鈴肩上推舉或變化式 (pp.124-127)	4	8–10	3010
	啞鈴側平舉或變化式 (pp.128-131)	4	8–10	3010
	滑索轉體斜拉 (p.168)	5	6–8	良好控制
訓練日 4	對握水平划船 (p.114)	4	6–8	3010
	羅馬尼亞硬舉 (p.89)	5	6–8	3010
	槓鈴臀部橋式或變化式 (pp.78-81)	4	6–8	3011
	彈力帶肱二頭肌彎舉 (p.144)	4	8–10	3011
	坐姿小腿提踵 (p.84)	5	8–10	3011

增加肌肉量 每週 5 次

	訓練動作	組數	反覆次數	訓練節奏
訓練日 1	上斜啞鈴推舉或變化式 (p.98)	4	6–8	3110
	對握高位下拉 (p.112)	4	6–8	3010
	啞鈴後三角肌飛鳥 (p.136)	4	8–10	3011
	仰臥啞鈴飛鳥 (p.106)	4	8–10	3010
	啞鈴肱二頭肌彎舉 (p.142)	4	8–10	3011
	繩索肱三頭肌下拉 (p.150)	4	8–10	3011
	背向站姿捲腹 (p.166)	4	8–10	良好控制
訓練日 2	羅馬尼亞硬舉 (p.89)	4	6–8	3010
	哈克深蹲 (p.60)	3	8–10	3110
	槓鈴臀部橋式或變化式 (pp.78-81)	4	8–10	3011
	腿部彎舉 (p.68)	4	8–10	3011
	腿部伸展 (p.74)	3	8–10	3011
	站姿小腿提踵 (p.82) 或腿推舉提踵 (p.85)	4	8–10	3011
訓練日 3	機械式肩上推舉或啞鈴肩上推舉 (pp.126-127)	4	6–8	3110
	啞鈴側平舉或變化式 (pp.128-129)	4	8–10	3010
	啞鈴前平舉或變化式 (pp.132-135)	4	8–10	3010
	彈力帶肱二頭肌彎舉 (p.144)	4	8–10	3011
	啞鈴後三角肌飛鳥或變化式 (pp.136-139)	4	8–10	3011
	交叉滑索肱三頭肌下拉 (p.153)	4	8–10	3011
	側棒式旋轉 (p.158)	4	8–10	良好控制
	瑞士球繞圈攪拌 (p.162)	4	8–10	良好控制
訓練日 4	對握水平划船 (p.114)	4	6–8	3010
	寬握高位下拉 (p.110)	4	8–10	3011
	啞鈴仰臥推舉 (p.96) 或伏地挺身 (p.95)	3	8–10	3110
	下斜滑索飛鳥 (p.103)	3	8–10	3011
	啞鈴聳肩 (p.118)	4	8–10	3010
	自選胸部或背部訓練	4	8–10	良好控制
訓練日 5	槓鈴背蹲舉 (p.54) 或哈克深蹲 (p.60)	4	8–10	3110
	腿部伸展或變化式 (pp.74-77)	4	8–10	3011
	腿部彎舉 (站姿或俯臥) (pp.68-70)	4	8–10	3011
	啞鈴臀部橋式或變化式 (pp.80-81)	4	8–10	3011
	俯臥啞鈴後三角肌上舉 (p.138)	4	8–10	3011
	啞鈴側平舉或變化式 (pp.128-131)	4	10–12	3010
	跪姿繩索捲腹 (p.166) 或懸垂屈膝抬腿 (p.164)	4	8–10	良好控制

增強肌力訓練計劃 ─ 初級

若是以增強肌力為目標，必須採取高強度（高負荷）、低次數和較長組間休息的訓練方式。

增強肌力訓練計劃的目的是利用肌肉產生收縮力並訓練神經系統，讓神經系統能夠更有效率地徵召和啟動肌肉去產生更強大的力量 (p.38)。肌力訓練同時也有助於提升技能表現和協調性。

在進行這些訓練計劃裡的主要訓練動作時，要由輕到重，逐步遞增每組使用的負荷。視需要可在主要訓練動作之前加進熱身動作，讓身體做好承受更大負重的準備。訓練計劃裡若寫到「或變化式」，代表可根據個人喜好和狀況選擇該訓練動作的變化式。

主要肌群

- 腿部
- 肩部
- 胸部
- 手臂
- 背部
- 腹部

共通健身指示

所有初級增強肌力訓練計劃，無論採取何種訓練頻率，都是按照下列的反覆次數、組數、組間休息、保留次數 (RIR) 和訓練節奏指示。

訓練節奏的指示說明

組數為 2 組的訓練動作，組間休息為 1 分鐘。
其餘的訓練動作，除了標註 * 的部分為 **2–5** 分鐘之外，組間休息皆為 **2-3** 分鐘

增強肌力 每週 3 次

	訓練動作	組數	反覆次數	保留次數
訓練日 1	機械式水平划船 (p.116)	2	6–8	3–4
	機械式肩上推舉 (p.126)	2	6–8	3–4
	槓鈴仰臥推舉 (p.92) 或啞鈴仰臥推舉 (p.96) *	5	5	2–3
	槓鈴過頭肩上推舉 (p.124) 或啞鈴肩上推舉 (p.127)	3	6	2–3
	交叉滑索肱三頭肌下拉或變化式 (pp.152-153)	3	6	2–3
訓練日 2	站姿小腿提踵 (p.82)	2	6–8	3–4
	啞鈴臀部橋式 (p.80)	2	6–8	3–4
	槓鈴背蹲舉 (p.54) 或哈克深蹲 (p.60) *	5	5	2–3
	腿部推舉 (p.58)	3	6	2–3
	坐姿小腿提踵 (p.84)	3	6	2–3
訓練日 3	站姿小腿提踵 (p.82)	2	6–8	3–4
	啞鈴臀部橋式 (p.80)	2	6–8	3–4
	槓鈴俯身划船 (p.117) 或機械式水平划船 (p.116) *	5	5	2–3
	對握高位下拉 (p.112)	3	6	2–3
	啞鈴肱二頭肌彎舉 (p.142) 或機械式肱二頭肌彎舉 (p.144)	3	6	2–3

增強肌力 每週 4 次

訓練動作	組數	反覆次數	保留次數
站姿小腿提踵 (p.82)	2	6–8	3–4
啞鈴臀部橋式 (p.80)	2	6–8	3–4
槓鈴背蹲舉 (p.54) 或 哈克深蹲 (p.60) *	5	5	2–3
腿部推舉 (p.58)	3	6	2–3
腿部伸展 (p.74)	3	6	2–3
坐姿小腿提踵 (p.84)	3	6	2–3
機械式水平划船 (p.116)	2	6–8	3–4
機械式肩上推舉 (p.126)	2	6–8	3–4
槓鈴仰臥推舉 (p.92) 或 啞鈴仰臥推舉 (p.96) *	5	5	2–3
槓鈴過頭肩上推舉 (p.124) 啞鈴肩上推舉 (p.127)	3	6	2–3
中位滑索飛鳥 (p.103) 或 啞鈴側平舉 (p.128)	3	6	2–3
交叉滑索肱三頭肌下拉或 變化式 (pp.152-153)	3	6	2–3
站姿小腿提踵 (p.82)	2	6–8	3–4
啞鈴跨步蹲 (p.65)	2	6–8	3–4
羅馬尼亞硬舉 (p.89) *	5	5	2–3
腿部彎舉（站姿或俯臥）(pp.68-70)	3	6	2–3
槓鈴臀部橋式或變化式 (pp.78-81)	3	6	2–3
站姿小腿提踵 (p.82)	3	6	2–3
彈力帶肱二頭肌彎舉 (p.144)	2	6–8	3–4
寬握高位下拉 (p.110)	2	6–8	3–4
槓鈴俯身划船 (p.117) 或 機械式水平划船 (p.116) *	5	5	2–3
對握高位下拉 (p.112)	3	6	2–3
俯臥啞鈴後三角肌上舉 (p.138)	3	6	2–3
啞鈴肱二頭肌彎舉 (p.142) 或 機械式肱二頭肌彎舉 (p.144)	3	6	2–3

訓練日 1 / 訓練日 2 / 訓練日 3 / 訓練日 4

增強肌力 每週 5 次

訓練動作	組數	反覆次數	保留次數
站姿小腿提踵 (p.82)	2	6–8	3–4
啞鈴臀部橋式 (p.80)	2	6–8	3–4
槓鈴背蹲舉 (p.54) 或 哈克深蹲 (p.60) *	5	5	2–3
腿部推舉 (p.58)	3	6	2–3
腿部伸展 (p.74)	3	6	2–3
坐姿小腿提踵 (p.84)	3	6	2–3
機械式水平划船 (p.116)	2	6–8	3–4
機械式肩上推舉 (p.126)	2	6–8	3–4
槓鈴仰臥推舉 (p.92) 或 啞鈴仰臥推舉 (p.96)	5	5	2–3
槓鈴過頭肩上推舉 (p.124) 或 啞鈴肩上推舉 (p.127)	3	6	2–3
中位滑索飛鳥 (p.103) 或 啞鈴側平舉 (p.128)	3	6	2–3
交叉滑索肱三頭肌下拉或 變化式 (pp.152-153)	3	2 3	
站姿小腿提踵 (p.82)	2	6–8	3–4
啞鈴跨步蹲 (p.65)	2	6–8	3–4
羅馬尼亞硬舉 (p.89) *	5	5	2–3
腿部彎舉（站姿或俯臥）(pp.68-70)	3	6	2–3
槓鈴臀部橋式或變化式 (pp.78-81)	3	6	2–3
站姿小腿提踵 (p.82)	3	6	2–3
彈力帶肱二頭肌彎舉 (p.144)	2	6–8	3–4
寬握高位下拉 (p.110)	2	6–8	3–4
槓鈴俯身划船 (p.117) 或 機械式水平划船 (p.116) *	5	5	2–3
對握高位下拉 (p.112)	3	6	2–3
俯臥啞鈴後三角肌上舉 (p.138)	3	6	2–3
啞鈴肱二頭肌彎舉 (p.142) 或 機械式肱二頭肌彎舉 (p.144)	3	6	2–3
機械式水平划船 (p.116)	2	6–8	3–4
機械式肩上推舉 (p.126)	2	6–8	3–4
上斜啞鈴推舉 (p.98) 或 中位滑索飛鳥 (p.103) *	3	6–8	2–5
啞鈴肩上推舉或機械式肩上推舉 (pp.126-127)	3	6–8	2–3
啞鈴側平舉 (p.128)	3	6–8	2–3
繩索肱三頭肌下拉或 變化式 (pp.150-153)	3	6–8	2–3

訓練日 1 / 訓練日 2 / 訓練日 3 / 訓練日 4 / 訓練日 5

增強肌力訓練計劃 — 進階

進階增強肌力訓練計劃是藉由提高訓練量和增加訓練動作種類來達到進步的效果。

進階版的增強肌力訓練主要是利用增加訓練負荷來提高訓練難度，每一次健身的每個訓練動作要採取每組遞增負荷的方式，由輕到重，在最後一組時達到最大負荷。同樣可視需要，在主要訓練動作之前加進熱身動作，讓身體能適應更大的負重。

主要肌群

- 腿部
- 胸部
- 背部
- 肩部
- 手臂
- 腹部

共通健身指示

所有進階增強肌力訓練計劃，無論採取何種訓練頻率，都依照下列的組間休息時間。

訓練動作的組數：
2 組，組間休息 **1** 分鐘
4 組，組間休息 **2–3** 分鐘
5 組，組間休息 **2–5** 分鐘

訓練節奏的指示說明
請見 p.202、p.204

加強鍛鍊特定肌群

很多人都有希望改善的特定肌群。只要肌肉和肌力達到一定程度的基礎，你就可以開始針對特定目標肌群，增加每個訓練週的組數去提高訓練量。

訓練時要小心避免超過自己承受的極限，也就是說，如果增加了目標肌群的訓練量，就要適度減少其它部位的訓練量，以避免訓練過度。

增強肌力 每週 3 次

	訓練動作	組數	反覆次數	保留次數	訓練節奏
訓練日 1	機械式水平划船 (p.116)	2	6–8	3–4	良好控制
	機械式肩上推舉 (p.126)	2	6–8	3–4	良好控制
	槓鈴仰臥推舉 (p.92) 或 啞鈴仰臥推舉 (p.96)	5	5	2	3110
	槓鈴過頭肩上推舉 或 啞鈴肩上推舉 (pp.124-127)	4	6	2	3110
	交叉滑索肱三頭肌下拉 (p.153)	4	6	2	3110
訓練日 2	站姿小腿提踵 (p.82)	2	6–8	3–4	良好控制
	啞鈴臀部橋式 (p.80)	2	6–8	3–4	良好控制
	槓鈴背蹲舉 (p.54) 或 哈克深蹲 (p.60)	5	5	2	3110
	腿部推舉 (p.58)	4	6	2	3110
	坐姿小腿提踵 (p.84)	4	6	2	3110
訓練日 3	彈力帶肱二頭肌彎舉 (p.144)	2	6–8	3–4	良好控制
	寬握高位下拉 (p.110)	2	6–8	3–4	良好控制
	槓鈴俯身划船或機械式水平划船 (pp.116-117)	5	5	2	3110
	對握高位下拉 (p.112)	4	6	2	3110
	啞鈴肱二頭肌彎舉 或 機械式肱二頭肌彎舉 (pp.142-144)	4	6	2	3010

增強肌力 每週 4 次

	訓練動作	組數	反覆次數	保留次數	訓練節奏
訓練日 1	站姿小腿提踵 (p.82)	2	6–8	3–4	良好控制
	啞鈴臀部橋式 (p.80)	2	6–8	3–4	良好控制
	槓鈴背蹲舉 (p.54) 或 哈克深蹲 (p.60)	5	5	2	3110
	腿部推舉 (p.58) 或 六角槓鈴硬舉 (p.88)	4	6	2	3110
	腿部伸展 (p.74)	4	6	2	3010
	坐姿小腿提踵 (p.84)	4	6	2	3110
訓練日 2	機械式水平划船 (p.116)	2	6–8	3–4	良好控制
	機械式肩上推舉 (p.126)	2	6–8	3–4	良好控制
	槓鈴仰臥推舉 (p.92) 或 啞鈴仰臥推舉 (p.96)	5	5	2	3110
	槓鈴過頭肩上推舉或 啞鈴肩上推舉 (pp.124-127)	4	6	2	3110
	中位滑索飛鳥 (p.103) 或 啞鈴側平舉 (p.128)	4	6	2	3010
	交叉滑索肱三頭肌下拉 (p.153)	4	6	2	3110
訓練日 3	站姿小腿提踵 (p.82)	2	6–8	3–4	良好控制
	啞鈴跨步蹲 (p.65)	2	6–8	3–4	良好控制
	羅馬尼亞硬舉 (p.89)	5	5	2	3110
	腿部彎舉 (站姿或俯臥) (pp.68-70)	4	6	2	3110
	槓鈴臀部橋式或變化式 (pp.78-81)	4	6	2	3010
	站姿小腿提踵 (p.82)	4	6	2	3110
訓練日 4	彈力帶肱二頭肌彎舉 (p.144)	2	6–8	3–4	良好控制
	寬握高位下拉 (p.110)	2	6–8	3–4	良好控制
	槓鈴俯身划船或機械式水平划船 (pp.116-117)	5	5	2	3110
	對握高位下拉 (p.112)	4	6	2	3110
	俯臥啞鈴後三角肌上舉 (p.138)	4	6	2	3010
	啞鈴肱二頭肌彎舉或機械式肱二頭肌彎舉 (pp.142-144)	4	6	2	3110

增強肌力 每週 5 次

	訓練動作	組數	反覆次數	保留次數	訓練節奏
訓練日 1	站姿小腿提踵 (p.82)	2	6–8	3–4	良好控制
	啞鈴臀部橋式 (p.80)	2	6–8	3–4	良好控制
	槓鈴背蹲舉 (p.54) 或 哈克深蹲 (p.60)	5	5	2	3110
	腿部推舉 (p.58) 或 六角槓鈴硬舉 (p.88)	4	6	2	3110
	腿部伸展 (p.74)	4	6	2	3010
	坐姿小腿提踵 (p.84)	4	6	2	3110
訓練日 2	機械式水平划船 (p.116)	2	6–8	3–4	良好控制
	機械式肩上推舉 (p.126)	2	6–8	3–4	良好控制
	槓鈴仰臥推舉 (p.92) 或 啞鈴仰臥推舉 (p.96)	5	5	2	3110
	槓鈴過頭肩上推舉或啞鈴肩上推舉 (pp.124-127)	4	6	2	3110
	中位滑索飛鳥 (p.103) 或啞鈴側平舉 (p.128)	4	6	2	3010
	交叉滑索肱三頭肌下拉或變化式 (pp.152-153)	4	6	2	3110
訓練日 3	站姿小腿提踵 (p.82)	2	6–8	3–4	良好控制
	啞鈴跨步蹲 (p.65)	2	6–8	3–4	良好控制
	羅馬尼亞硬舉 (p.89)	5	5	2	3110
	腿部彎舉 (站姿或俯臥) (pp.68-70)	4	6	2	3110
	槓鈴臀部橋式或變化式 (pp.78-81)	4	6	2	3010
	站姿小腿提踵 (p.82)	4	6	2	3110
訓練日 4	彈力帶肱二頭肌彎舉 (p.144)	2	6–8	3–4	良好控制
	寬握高位下拉 (p.110)	2	6–8	3–4	良好控制
	槓鈴俯身划船或機械式水平划船 (pp.116-117)	5	5	2	3110
	對握高位下拉 (p.112)	4	6	2	3110
	俯臥啞鈴後三角肌上舉 (p.138)	4	6	2	3010
	啞鈴肱二頭肌彎舉或機械式肱二頭肌彎舉 (pp.142-144)	4	6	2	3110
訓練日 5	機械式水平划船 (p.116)	2	6–8	3–4	良好控制
	機械式肩上推舉 (p.126)	2	6–8	3–4	良好控制
	上斜啞鈴推舉 (p.98) 或上斜滑索飛鳥 (p.100)	4	6–8	2–3	3010
	啞鈴肩上推舉或機械式肩上推舉 (pp.126-127)	4	6–8	2–3	3010
	啞鈴側平舉 (p.128)	4	6–8	2–3	3010
	繩索肱三頭肌下拉或變化式 (pp.150-153)	4	6–8	2–3	3010

增加肌耐力訓練計劃 — 初級

肌耐力訓練主要是利用低到中等負荷 (高反覆次數) 與較短組間休息的方式來訓練局部肌肉耐力。

這些訓練計劃的重點是放在增加總訓練量承受能力和訓練密集度。這種訓練方式也有助於提升肌肉量和肌力，搭配其它形式的訓練或運動也能達到不錯的效果。運動組合 (稱為超級組或巨人組) 的訓練方式能加深肌肉疲勞程度，進而提升身體的訓練量承受能力。

每次健身之前一定要先熱身。訓練計劃裡若寫到「或變化式」，代表你可以選擇該訓練動作的變化式。

主要肌群	
● 腿部	● 肩部
● 胸部	● 手臂
● 背部	● 腹部

共通健身指示

所有初級增加肌耐力訓練計劃，無論採取何種訓練頻率，都是按照下列的反覆次數、組數、組間休息、保留次數 (RIR) 和訓練節奏指示。

12-15 次反覆
3 組 (若一週訓練 **4** 或 **5** 次為 **4** 組)
45-60 秒的組間休息
3-4 RIR
規律的訓練節奏

增加肌耐力 每週 3 次

	訓練動作
訓練日 1	腿部推舉 (p.58) 或啞鈴深蹲 (p.56)
	腿部彎舉 (站姿或俯臥) (pp.68-70)
	啞鈴仰臥推舉 (p.96) 或伏地挺身 (p.95)
	寬握高位下拉 (p.110) 或正握引體向上 (p.113)
	啞鈴肩上推舉 (p.127) 或啞鈴側平舉 (p.128)
	交替 V 字捲腹 (p.171)
訓練日 2	中位滑索飛鳥 (p.103) 或伏地挺身 (p.95)
	坐姿腿部彎舉或變化式 (pp.70-71)
	對握水平划船 (p.114)
	機械式肩上推舉 (p.126) 或啞鈴側平舉 (p.128)
	腿部伸展或變化式 (pp.74-77)
	腹橫肌健身球捲腹 (p.160)
訓練日 3	腿部伸展或變化式 (pp.74-77)
	對握高位下拉或反握引體向上 (pp.112-113)
	啞鈴仰臥推舉 (p.96) 或機械式飛鳥 (p.104)
	健身球腿後肌彎舉 (p.72)
	機械式肩上推舉 (p.126) 或前三角肌肩上推舉 (p.135)
	單車式捲腹 (p.171)

增加肌耐力 每週 4 次

訓練動作

訓練日 1
- 中位滑索飛鳥 (p.103) 或伏地挺身 (p.95)
- 腿部推舉 (p.58) 或啞鈴深蹲 (p.56)
- 繩索肱三頭肌下拉或變化式 (pp.150-153)
- 啞鈴肩上推舉 (p.127) 或啞鈴側平舉 (p.128)
- 跪姿繩索捲腹 (p.166)

訓練日 2
- 對握高位下拉或反握引體向上 (pp.112-113)
- 坐姿腿部彎舉或變化式 (pp.70-71)
- 啞鈴臀部橋式或變化式 (pp.80-81)
- 啞鈴肱二頭肌彎舉或變化式 (pp.142-145)
- 站姿小腿提踵 (p.82)

訓練日 3
- 腿部伸展或變化式 (pp.74-77)
- 啞鈴仰臥推舉 (p.96) 或伏地挺身 (p.95)
- 啞鈴肱三頭肌伸展或變化式 (pp.146-149)
- 啞鈴肩上推舉或機械式肩上推舉 (pp.126-127)
- 滑索轉體斜拉 (p.168)

訓練日 4
- 對握水平划船 (p.114)
- 坐姿腿部彎舉或變化式 (pp.70-71)
- 啞鈴臀部橋式或變化式 (pp.80-81)
- 彈力帶肱二頭肌彎舉 (p.144)
- 坐姿小腿提踵 (p.84)

增加肌耐力 每週 5 次

訓練動作

訓練日 1
- 中位滑索飛鳥或變化式 (pp.102-103)
- 寬握高位下拉 (p.110)
- 啞鈴後三角肌飛鳥或變化式 (pp.136-139)
- 啞鈴肱二頭肌彎舉或變化式 (pp.142-145)
- 交叉滑索肱三頭肌下拉或變化式 (pp.152-153)
- 跪姿繩索捲腹或變化式 (pp.166-167)

訓練日 2
- 羅馬尼亞硬舉或變化式 (pp.88-89)
- 腿部推舉 (p.58)
- 啞鈴臀部橋式或變化式 (pp.80-81)
- 腿部伸展 (p.74)
- 站姿小腿提踵 (p.82)

訓練日 3
- 啞鈴肩上推舉 (p.127)
- 啞鈴側平舉 (p.128)
- 錘式彎舉 (p.145)
- 交叉滑索肱三頭肌下拉 (p.153)
- 滑索轉體斜拉 (p.168)
- 下斜捲腹 (p.167) 或死蟲式 (p.163)

訓練日 4
- 對握水平划船 (p.114) 或槓鈴俯身划船 (p.117)
- 寬握高位下拉或機械式下拉 (pp.110-112)
- 啞鈴仰臥推舉 (p.96) 或伏地挺身 (p.95)
- 啞鈴俯身划船 (p.116)
- 自選胸部或背部訓練

訓練日 5
- 腿部推舉 (p.58) 或啞鈴深蹲 (p.56)
- 腿部伸展或變化式 (pp.74-77)
- 腿部彎舉 (站姿或俯臥) (pp.68-70)
- 啞鈴臀部橋式或變化式 (pp.80-81)
- 機械式後三角肌飛鳥 (p.138)
- 啞鈴側平舉或變化式 (pp.128-131)

增加肌耐力訓練計劃 ─ 進階

這些進階增加肌耐力訓練計劃，主要是藉由提高訓練量和增加訓練動作種類來達到進步的效果。

這些訓練計劃是以初級增加肌耐力訓練計劃為基礎，在每次健身課表裡加入更多種類的訓練動作。超級組訓練將組間休息較短的訓練動作與初級計劃裡面低到中等負荷的訓練動作做搭配，能進一步地增加訓練密集度，訓練肌肉在開始疲勞之前，在壓力狀態下持續出力更久的時間。

共通健身指示

所有進階增強肌力訓練計劃，無論採取何種訓練頻率，都是按照下列的反覆次數和保留次數（RIR）。

12-15 次反覆
2-3 RIR

訓練節奏的指示說明
見 p.202、p.204

超級組訓練（supersets）

超級組是將兩個訓練動作配對並接續進行。例如，在做胸部推舉搭配下拉動作的超級組時，你必須進行一組胸部推舉，然後組間休息，再接著執行一組下拉動作。

這個例子是將主動肌和拮抗肌訓練動作做配對的超級組：它的目的是訓練相互拮抗的肌群，既能節省時間又不影響訓練效果。其它的配對方式包括相同部位的兩個訓練動作，上半身搭配下半身，以及主動肌搭配協同肌。你不一定要做超級組，但它是一種有效率的健身方式。

超級組的配對訓練動作會用藍色網底和外框線加粗的方式呈現

增加肌耐力 每週 3 次

	訓練動作	組數	組間休息	訓練節奏
訓練日 1	哈克深蹲 (p.60) 或腿部推舉 (p.58)	4	45秒	良好控制
	腿部彎舉（站姿或俯臥）(pp.68-70)	4	45秒	良好控制
	啞鈴仰臥推舉 (p.96) 或中位滑索飛鳥 (p.103)	4	45秒	良好控制
	寬握高位下拉 (p.110) 或正握引體向上 (p.113)	4	45秒	良好控制
	啞鈴肩上推舉 (p.127) 或啞鈴側平舉 (p.128)	4	45秒	良好控制
	跪姿繩索捲腹 (p.166)	4	45秒	良好控制
訓練日 2	中位滑索飛鳥 (p.103) 或伏地挺身 (p.95)	4	45秒	良好控制
	坐姿腿部彎舉或變化式 (pp.68-71)	4	45秒	良好控制
	對握水平划船 (p.114)	4	45秒	良好控制
	機械式肩上推舉 (p.126) 或啞鈴側平舉 (p.128)	4	45秒	良好控制
	腿部伸展或變化式 (pp.74-77)	4	45秒	良好控制
	腹橫肌健身球捲腹 (p.160)	4	45秒	良好控制
訓練日 3	腿部伸展或變化式 (pp.74-77)	4	45秒	良好控制
	機械式下拉 (p.112) 或反握引體向上 (p.113)	4	45秒	良好控制
	啞鈴仰臥推舉 (p.96) 或機械式飛鳥 (p.104)	4	45秒	良好控制
	坐姿腿部彎舉 (p.70)	4	45秒	良好控制
	機械式肩上推舉 (p.126) 或前三角肌肩上推舉 (p.135)	4	45秒	良好控制
	滑索轉體斜拉 (p.168)	4	45秒	良好控制

主要肌群

- 腿部
- 胸部
- 背部
- 肩部
- 手臂
- 腹部

增加肌耐力 每週 4 次

訓練動作	組數	組間休息	訓練節奏
中位滑索飛鳥或機械式飛鳥 (pp.103-104)	3	30秒	3010
腿部推舉 (p.58) 或啞鈴深蹲 (p.56)	3	45-60秒	3010
啞鈴仰臥推舉 (p.96) 或伏地挺身 (p.95)	3	30秒	3010
腿部伸展 (p.74)	3	45-60秒	3010
繩索肱三頭肌下拉或變化式 (pp.150-153)	3	30秒	3010
啞鈴肩上推舉 (p.127)	3	45-60秒	3010
啞鈴肱三頭肌伸展 (p.146)	3	30秒	3010
啞鈴側平舉 (p.128)	3	45-60秒	3010
跪姿繩索捲腹 (p.166)	4	30-45秒	良好控制
對握高位下拉或反握引體向上 (pp.112-113)	3	30秒	3010
坐姿腿部彎舉或變化式 (pp.70-71)	3	45-60秒	3010
對握水平划船 (p.114)	3	30秒	3010
羅馬尼亞硬舉 (p.89)	3	45-60秒	3010
啞鈴臀部橋式或變化式 (pp.80-81)	3	30秒	3010
啞鈴肱二頭肌彎舉 (p.142) 或彈力帶肱二頭肌彎舉 (p.144)	3	45-60秒	3010
站姿滑索臀部後踢 (p.80)	3	30秒	3010
錘式彎舉 (p.145)	3	45-60秒	3010
站姿小腿提踵 (p.82)	4	30-45秒	良好控制

(訓練日 1 / 訓練日 2)

訓練動作	組數	組間休息	訓練節奏
腿部伸展或變化式 (pp.74-77)	3	30秒	3010
啞鈴仰臥推舉 (p.96) 或伏地挺身 (p.95)	3	45-60秒	3010
啞鈴高腳杯深蹲 (p.56) 或啞鈴弓步蹲 (p.62)	3	30秒	3010
中位滑索飛鳥或變化式 (pp.102-103)	3	45-60秒	3010
啞鈴肱三頭肌伸展或變化式 (pp.146-149)	3	30秒	3010
機械式肩上推舉或啞鈴肩上推舉 (pp.126-127)	3	45-60秒	3010
交叉滑索肱三頭肌下拉 (p.153)	3	30秒	3010
啞鈴側平舉或變化式 (pp.128-131)	3	45-60秒	3010
側棒式旋轉 (p.158)	4	30-45秒	良好控制
對握水平划船 (p.114)	3	30秒	3010
羅馬尼亞硬舉 (p.89)	3	45-60秒	3010
寬握高位下拉 (p.110) 或正握引體向上 (p.113)	3	30秒	3010
坐姿腿部彎舉或變化式 (pp.70-71)	3	45-60秒	3010
站姿滑索臀部後踢 (p.80)	3	30秒	3010
錘式彎舉 (p.145)	3	45-60秒	3010
啞鈴臀部橋式或變化式 (pp.80-81)	3	30秒	3010
啞鈴肱二頭肌彎舉 (p.142) 或彈力帶肱二頭肌彎舉 (p.144)	3	45-60秒	3010
坐姿小腿提踵 (p.84)	4	30-45秒	良好控制

(訓練日 3 / 訓練日 4)

213

》 增加肌耐力訓練計劃 － 進階

增加肌耐力 每週 5 次

訓練動作	組數	組間休息	訓練節奏
中位滑索飛鳥或機械式飛鳥 (pp.102-103)	3	30秒	3010
寬握高位下拉 (p.110)	3	45-60秒	3010
啞鈴仰臥推舉或變化式 (pp.96-99)	3	30秒	3010
啞鈴俯身划船或變化式 (pp.116-117)	3	45-60秒	3010
機械式後三角肌飛鳥或變化式 (pp.138-139)	4	30秒	3010
啞鈴肱二頭肌彎舉或變化式 (pp.142-145)	4	45-60秒	3010
交叉滑索肱三頭肌下拉 (p.153)	4	30秒	3010
跪姿繩索捲腹或變化式 (pp.166-167)	4	45-60秒	3010
羅馬尼亞硬舉 (p.89)	3	30秒	3010
腿部推舉 (p.58)	3	45-60秒	3010
腿部彎舉或變化式 (pp.68-71)	3	30秒	3010
腿部伸展或變化式 (pp.74-77)	3	45-60秒	3010
啞鈴臀部橋式或變化式 (pp.80-81)	3	30秒	3010
後腳抬高啞鈴分腿蹲 (p.64)	3	45-60秒	3010
站姿小腿提踵 (p.82)	4	30-45秒	良好控制
啞鈴肩上推舉或變化式 (pp.126-127)	3	30秒	3010
啞鈴側平舉 (p.128)	3	45-60秒	3010
錘式彎舉 (p.145)	3	30秒	3010
交叉滑索肱三頭肌下拉 (p.153)	3	45-60秒	3010
滑索直立划船 (p.121)	3	30秒	3010
下斜捲腹 (p.167)	3	45-60秒	3010
滑索前平舉或彈力帶前平舉 (pp.134-135)	3	30秒	3010
滑索轉體斜拉或變化式 (pp.168-171)	3	45-60秒	3010

訓練日 1（中位滑索飛鳥～跪姿繩索捲腹）
訓練日 2（羅馬尼亞硬舉～站姿小腿提踵）
訓練日 3（啞鈴肩上推舉～滑索轉體斜拉）

主要肌群

- ● 腿部
- ● 胸部
- ● 背部
- ● 肩部
- ● 手臂
- ● 腹部

訓練動作	組數	組間休息	訓練節奏
槓鈴俯身划船 (p.117)	3	30秒	3010
機械式下拉 (p.112)	3	45-60秒	3010
啞鈴仰臥推舉 (p.96) 或伏地挺身 (p.95)	3	30秒	3010
對握水平划船 (p.114)	3	45-60秒	3010
上斜滑索飛鳥或變化式 (pp.100-103)	3	30秒	3010
啞鈴俯身划船 (p.116)	3	45-60秒	3010
自選胸部或背部變化式	4	30-45秒	良好控制
腿部推舉 (p.58)	3	30秒	3010
啞鈴跨步蹲 (p.65)	3	45-60秒	3010
腿部彎舉 (p.68)	3	30秒	3010
啞鈴臀部橋式或變化式 (pp.80-81)	3	45-60秒	3010
俯臥啞鈴後三角肌上舉 (p.138)	3	30秒	3010
啞鈴側平舉或變化式 (pp.128-131)	3	45-60秒	3010
腹橫肌健身球捲腹 (p.160)	3	30秒	3010
跪姿繩索捲腹 (p.166)	3	45-60秒	3010

訓練日 4（槓鈴俯身划船～自選胸部或背部變化式）
訓練日 5（腿部推舉～跪姿繩索捲腹）

動作索引

參考書目

6-7 G. Ashdown-Franks et al., "The evidence for physical activity in the management of major mental illnesses", *Curr Opin Psychiatry* 32, no. 5 (2019), 375–380. K. I. Erickson et al., "Exercise training increases size of hippocampus and improves memory", *Proc Natl Acad Sci USA* 108, no. 7 (2011), 3017–3022. F. Herold et al., "Functional and/or structural brain changes in response to resistance exercises and resistance training lead to cognitive improvements", *Eur Rev Aging Phys Act* 16, no. 10 (2019). J. Mcleod et al., "Resistance Exercise Training as a Primary Countermeasure to Age-Related Chronic Disease", *Front Physiol* 10 (2019), 645. D. Tavoian et al., "Perspective: Pragmatic Exercise Recommendations for Older Adults", *Front Physiol* 11 (2020), 799. J. M. Northey et al., "Exercise interventions for cognitive function in adults older than 50", *Br J Sports Med* 52, no. 3 (2018), 154–160. F. J. Penedo and J. R. Dahn, "Exercise and well-being: a review of mental and physical health benefits associated with physical activity", *Curr Opin Psychiatry* 18, no. 2 (2005), 189–193. S. Walker, "Neural Adaptations to Strength Training", in M. Schumann and B. Rønnestad (eds), *Concurrent Aerobic and Strength Training*, Cham, Springer, 2019. J. Xiao (ed), *Physical Exercise for Human Health*, Singapore, Springer Singapore, 2020. **8-9** A. D. Faigenbaum et al., "Youth resistance training: updated position statement paper from the national strength and conditioning association", *J Strength Cond Res* 23, no. 5 (2009), S60–S79. J. Mcleod et al., "Resistance Exercise Training as a Primary Countermeasure to Age-Related Chronic Disease" (2019). G. Nuckols, "The Effects of Biological Sex on Fatigue During and Recovery from Resistance Exercise" (2019). J. M. Northey et al., "Exercise interventions for cognitive function in adults older than 50" (2018). F. J. Penedo and J. R. Dahn, "Exercise and well-being" (2005). B. Schoenfeld, *Science and Development of Muscle Hypertrophy*, 2nd ed., Champaign, IL, Human Kinetics, 2020. D. Tavoian et al., "Perspective: Pragmatic Exercise Recommendations for Older Adults: The Case for Emphasizing Resistance Training" (2020). J. Xiao (ed), *Physical Exercise for Human Health*, Springer Singapore, 2020. **12-13** T. W. Nesser (ed), *The Professional's Guide to Strength & Conditioning: Safe and Effective Principles for Maximizing Athletic Performance*, Provo, UT, BYU Academic Publishing, 2019. **14-15** G. Haff and N. T. Triplett (eds), *Essentials of Strength Training and Conditioning*, 4th ed., Champaign, IL, Human Kinetics, 2016. M. L. Latash, "Muscle coactivation: definitions, mechanisms, and functions", *J Neurophysiol* 120, no. 1 (2018), 88–104. J. G. Betts et al., *Anatomy and Physiology*, Houston, TX, OpenStax, 2013. B. Schoenfeld, *Science and Development of Muscle Hypertrophy*, 2020. **16-17** B. R. MacIntosh et al., *Skeletal Muscle: Form and Function*, Champaign, IL, Human Kinetics, 2006. T. W. Nesser (ed), *The Professional's Guide to Strength & Conditioning*, 2019. **18-19** R. Csapo et al., "Skeletal Muscle Extracellular Matrix – What Do We Know About Its Composition,

Regulation, and Physiological Roles?", *Front Physiol* 11 (2020). C. T. Haun et al., "A Critical Evaluation of the Biological Construct Skeletal Muscle Hypertrophy", *Front Physiol* 10 (2019). E. Helms, A Progression Framework for Hypertrophy, MASS Research Review, July 2020. S. K. Powers et al., "Disease-Induced Skeletal Muscle Atrophy and Fatigue", *Med Sci Sport Exer* 48, no. 11 (2016), 2307–2319.

R. A. Saxton and D. M. Sabatini, "mTOR Signaling in Growth, Metabolism, and Disease", *Cell* 169, no. 2 (2017), 361–371. B. Schoenfeld, *Science and Development of Muscle Hypertrophy*, 2020. T. Snijders et al., "Satellite cells in human skeletal muscle plasticity", *Front Physiol* 6 (2015). J. Xiao (ed), *Physical Exercise for Human Health*, Springer Singapore, 2020. **20-23** R. J. Bloch and H. Gonzalez-Serratos, "Lateral force transmission across costameres in skeletal muscle", *Exerc Sport Sci Rev* 31, no. 2 (2003), 73–78. C. A. Goodman, "The Role of mTORC1 in Regulating Protein Synthesis and Skeletal Muscle Mass in Response to Various Mechanical Stimuli", *Rev Physiol Bioch P* 166 (2013), 43–95. T. A. Hornberger, "Mechanotransduction and the regulation of mTORC1 signaling in skeletal muscle", *Int J Biochem Cell B* 43, no. 9 (2011), 1267–1276. T. W. Nesser (ed), *The Professional's Guide to Strength & Conditioning*, 2019. B. Schoenfeld, *Science and Development of Muscle Hypertrophy*, 2020. **24 25** N. H. Hart et al., "Mechanical basis of bone strength", *J Musculoskeletal Neuronal Interactions* 17, no. 3 (2017), 114–139. H. P. Hirschfeld et al., "Osteosarcopenia: where bone, muscle, and fat collide", *Osteoporosis Int* 28, no. 10 (2017), 2781–2790. S. K. Powers and E. T. Howley, *Exercise Physiology: Theory and Application to Fitness and Performance*, 10th ed., New York, NY, McGraw Hill Education, 2018. R. Nikander et al., "Targeted exercise against osteoporosis", *BMC Medicine* 8, no. 1 (2010). **26-27** R.S. Behnke, Kinetic Anatomy, 3rd ed., Champaign, IL, Human Kinetics, 2016. T. W. Nesser (ed), *The Professional's Guide to Strength & Conditioning*, 2019. D. A. Neumann et al., *Kinesiology of the Musculoskeletal System: Foundations for Rehabilitation*, 3rd ed., Amsterdam, Elsevier, 2016. **28-29**

O. K. Berg et al., "Maximal strength training increases muscle force generating capacity and the anaerobic ATP synthesis flux without altering the cost of contraction in elderly", *Exp Gerontol* 111 (2018), 154–161. G. Haff and N. T. Triplett (eds), *Essentials of Strength Training and Conditioning*, 2016. T. W. Nesser (ed), *The Professional's Guide to Strength & Conditioning*, 2019. **30-31** B. M. Roberts et al., "Nutritional Recommendations for Physique Athletes", *J Hum Kinet 7*, no. 1 (2020), 79–108. B. Pramuková et al., "Current knowledge about sports nutrition", *Australas Med J* 4, no. 3 (2011), 107–110. T. W. Nesser (ed), *The Professional's Guide to Strength & Conditioning*, 2019. B. Schoenfeld, *Science and Development of Muscle Hypertrophy*, 2020. **32-33** E. Derbyshire, "Micronutrient Intakes of British Adults Across Mid-Life", *Front Nutrition* 5 (2018). B. Misner, "Food Alone May Not

Provide Sufficient Micronutrients for Preventing Deficiency", *J Int Soc Sport Nutr* 3, no. 1 (2006), 51–55. B. M. Roberts et al., "Nutritional Recommendations for Physique Athletes" (2020). R. Jäger et al., "International Society of Sports Nutrition Position Stand: protein and exercise", *J Int Soc Sport Nutr* 14, no. 20 (2017).
J. Iraki et al., "Nutrition Recommendations for Bodybuilders in the Off-Season", *Sports (Basel)* 7, no. 7 (2019), 154. T. W. Nesser (ed), *The Professional's Guide to Strength & Conditioning*, 2019. B. Schoenfeld, *Science and Development of Muscle Hypertrophy*, 2020. E. T. Trexler et al., "Metabolic adaptation to weight loss", *J Int Soc Sport Nutr* 11, no. 1 (2014), 7. **34–35** M. J. Arnaud and T. D. Noakes, "Should humans be encouraged to drink water to excess?", *Eur J Clin Nutr* 65, no. 7 (2011), 875–876. S. M. Arent et al., "Nutrient Timing: A Garage Door of Opportunity?" *Nutrients* 12, no. 7 (2020), 1948. J. Berardi et al., *The Essentials of Sport and Exercise Nutrition: Certification Manual*, 3rd ed., Toronto, Precision Nutrition Inc., 2017. "Calcium: Fact Sheet for Health Professionals", NIH Office of Dietary Supplements [web article], 26 March 2020, ods.od.nih.gov/factsheets/Calcium-HealthProfessional/. D. Liska et al., "Narrative Review of Hydration and Selected Health Outcomes in the General Population", *Nutrients* 11, no. 1 (2019), 70. E. Jéquier and F. Constant, "Water as an essential nutrient: the physiological basis of hydration", *Eur J Clin Nutr* 64, no. 2 (2010), 115–123.
P. R. Harris et al., "Fluid type influences acute hydration and muscle performance recovery in human subjects", *J Int Soc Sport Nutr* 16, no. 15 (2019). J. McKendry et al., "Nutritional Supplements to Support Resistance Exercise in Countering the Sarcopenia of Aging", *Nutrients* 12, no. 7 (2020), 2057. B. J. Schoenfeld and A. A. Aragon, "How much protein can the body use in a single meal for muscle-building?", *J Int Soc Sport Nutr* 15, no. 10 (2018). T. Snijders et al., "The Impact of Pre-sleep Protein Ingestion on the Skeletal Muscle Adaptive Response to Exercise in Humans", *Front Nutrition* 6, no. 17 (2019). J. Trommelen and L.J. van Loon, "Pre-Sleep Protein Ingestion to Improve the Skeletal Muscle Adaptive Response to Exercise Training", *Nutrients* 8, no. 12 (2016), 763. B. Schoenfeld, *Science and Development of Muscle Hypertrophy*, 2020. **36–37** A. Banaszek et al., "The Effects of Whey vs. Pea Protein on Physical Adaptations Following 8 Weeks of High-Intensity Functional Training (HIFT)", *Sports (Basel)* 7, no. 1 (2019), 12. I. Berrazaga et al., "The Role of the Anabolic Properties of Plant- versus Animal-Based Protein Sources in Supporting Muscle Mass Maintenance", *Nutrients* 11, no. 8 (2019), 1825. D. Rogerson, "Vegan diets: practical advice for athletes and exercisers", *J Int Soc Sport Nutr* 14, no. 36 (2017). F. Mariotti and C.D. Gardner, "Dietary Protein and Amino Acids in Vegetarian Diets", *Nutrients* 11, no. 11 (2019), 2661. B. Schoenfeld, *Science and Development of Muscle Hypertrophy*, 2020. S. H. M. Gorissen et al., "Protein content and amino acid composition of commercially available plant-based protein isolates", *Amino Acids* 50, no. 12 (2018), 1685–1695. **38–39** R. K. Barry and R. G. Carson, "The consequences of resistance training for movement control in older adults", *J Gerontol A Biol Sci Med Sci* 59, no. 7 (2004), 730–754. K. I. Erickson et al., "Exercise training increases size of hippocampus and

improves memory" (2011). J. M. Northey et al., "Exercise interventions for cognitive function in adults older than 50" (2018). F. Herold et al., "Functional and/or structural brain changes in response to resistance exercises and resistance training" (2019). Y. Netz, "Is There a Preferred Mode of Exercise for Cognition Enhancement in Older Age?", *Front Med (Lausanne)* 6, no. 57 (2019).
N. J. Gates et al., "Study of Mental Activity and Regular Training (SMART) in at-risk individuals", *BMC Geriatrics* 11, no. 1 (2011). A. Törpel et al., "Strengthening the Brain – Is Resistance Training with Blood Flow Restriction an Effective Strategy for Cognitive Improvement?", *J Clin Med* 7, no. 10 (2018), 337. S. Walker, "Neural Adaptations to Strength Training", in *Concurrent Aerobic and Strength Training*, 2019. **40–41** G. Ashdown-Franks et al., "The evidence for physical activity in the management of major mental illnesses" (2019). U. Arnautovska et al., "Applying the Integrated Behavior Change Model to Understanding Physical Activity Among Older Adults", *J Sport Exer Psychol* 39, no. 1 (2017), 43–55. R. Brand and B. Cheval, "Theories to Explain Exercise Motivation and Physical Inactivity", *Front Psychol* 10 (2019), 1147. T. J. H. Bovend' Eerdt et al., "Writing SMART rehabilitation goals and achieving goal attainment scaling", *Clin Rehabil* 23, no. 4 (2009), 352–361. J. Clear, *Atomic Habits: an Easy & Proven Way to Build Good Habits & Break Bad Ones*, New York, NY, Penguin Random House LLC, 2018. K. I. Erickson et al., "Exercise training increases size of hippocampus and improves memory" (2011). K. Geller et al., "Intrinsic and Extrinsic Motives Support Adults' Regular Physical Activity Maintenance", *Sports Med Int Open* 2, no. 3 (2018), E62–E66. A. W. Kruglanski and E. Szumowska, "Habitual Behavior Is Goal-Driven", *Perspect Psychol Sci* 15, no. 5 (2020), 1256–1271. H. H. Lee et al., "The Exercise–affect–adherence pathway: An evolutionary perspective", *Front Psychol* 7, no. 1285 (2016).
E. K. Olander et al., "What are the most effective techniques in changing obese individuals' physical activity self-efficacy and behaviour", *Int J Behav Nutr Phys Act* 10, no. 29 (2013). F. J. Penedo and J. R. Dahn, "Exercise and well-being" (2005). B. S. McEwen, "Physiology and neurobiology of stress and adaptation", *Physiol Rev* 87, no. 3 (2007), 873–904. J. M. Northey et al., "Exercise interventions for cognitive function in adults older than 50" (2018). N. Ntoumanis et al., "A meta-analysis of self-determination theory-informed intervention studies in the health domain", *Health Psychol Rev* (2020), 1–31. H. Raison et al., "A systematic review of interventions using cue-automaticity to improve the uptake of preventive healthcare in adults", *Community Dent Health* 35, no. 1 (2018), 37–46. **68–69** D. Landin et al., "Actions of Two Bi-Articular Muscles of the Lower Extremity", *J Clin Med Res* 8, no. 7 (2016), 489–494. **80–81** D. A. Neumann et al., *Kinesiology of the Musculoskeletal System*, 2017. **98–99** R. Paine and M. L. Voight, "The role of the scapula", *Int J Sports Phys Ther* 8, no. 5 (2013), 617–629. **112–113** J. A. Dickie et al., "Electromyographic analysis of muscle activation during pull-up variations", *J Electromyogr Kinesiol* 32 (2017), 30–36. **172–173** R. Aicale et al., "Overuse injuries in sport", *J Orthop Surg Res* 13, no. 1 (2018). J. W. Keogh and P. W. Winwood, "The Epidemiology of Injuries Across the

Weight-Training Sports", *Sports Med* 47, no. 3 (2017), 479–501. **176–177** P. M. Clarkson et al., "Muscle function after exercise-induced muscle damage and rapid adaptation", *Med Sci Sports Exerc* 24, no. 5 (1992), 512–520. K. Cheung et al., "Delayed onset muscle soreness: treatment strategies and performance factors", *Sports Med* 33, no. 2 (2003), 145–164. D. Chapman et al., "Greater muscle damage induced by fast versus slow velocity eccentric exercise", *Int J Sports Med* 27, no. 8 (2006), 591–598. D. A. Connolly et al., "Treatment and prevention of delayed onset muscle soreness", *J Strength Cond Res* 17, no. 1 (2003), 197–208. T. Mori et al., "Stretch speed-dependent myofiber damage and functional deficits in rat skeletal muscle induced by lengthening contraction", *Physiol Rep* 2, no. 11 (2014), E12213. **178–183** E. Bass, "Tendinopathy: Why the Difference Between Tendinitis and Tendinosis Matters", *Int J Ther Massage Bodywork* 5, no. 1 (2012), 14–17.

C. M. Bleakley et al., "PRICE needs updating, should we call the POLICE?", *Br J Sports Med* 46, no. 4 (2011), 220–221. J. M. Bump and L. Lewis, "Patellofemoral Syndrome", in *StatPearls*, Treasure Island, FL, StatPearls Publishing, 2020. J. Charnoff and U. Naqvi, "Tendinosis (Tendinitis)", in *StatPearls*, Treasure Island, FL, StatPearls Publishing, 2020. T. L. Fernandes et al., "Muscle Injury – Physiopathology, Diagnosis, Treatment and Clinical Presentation", *Rev Bras Ortop* 46, no. 3 (2015), 247–255. M. Gupton et al., "Anatomy, Hinge Joints", in *StatPearls*, Treasure Island, FL, StatPearls Publishing, 2020. "Tennis elbow: Strengthening and stretching exercises", InformedHealth.org [web article], Cologne, Institute for Quality and Efficiency in Health Care (IQWiG), 30 May 2018, https://www.ncbi.nlm.nih.gov/books/NBK506995/. D. A. Neumann et al., *Kinesiology of the Musculoskeletal System*, 2017. **184–185** B. S. Baker et al., "Does Blood Flow Restriction Therapy in Patients Older Than Age 50 Result in Muscle Hypertrophy, Increased Strength, or Greater Physical Function?", *Clin Orthop Relat Res* 478, no. 3 (2010), 593–606. Q. Henoch, *ClinicalAthlete*, www.clinicalathlete.com, 2020. L. Hughes et al., "Blood flow restriction training in clinical musculoskeletal rehabilitation", *Br J Sports Med* 51, no. 13 (2017), 1003–1011. W. Kraemer et al., "Recovery from injury in sport", *Sports Health* 1, no. 5 (2009), 392–395. S. D. Patterson et al., "Blood Flow Restriction Exercise", *Front Physiol* 10 (2019), 533. **186–187** H. Chaabene et al., "Acute Effects of Static Stretching on Muscle Strength and Power", *Front Physiol* 10 (2019), 1468. T. W. Nesser (ed), *The Professional's Guide to Strength & Conditioning*, 2019. J. L. Nuzzo, "The Case for Retiring Flexibility as a Major Component of Physical Fitness", *Sports Med* 50, no. 5 (2020), 853–870. B. Van Hooren and J. M. Peake, "Do We Need a Cool-Down After Exercise?", *Sports Med* 48, no. 7 (2018), 1575–1595. T. Wiewelhove et al., "A Meta-Analysis of the Effects of Foam Rolling on Performance and Recovery", *Front Physiol* 10 (2019), 376. **198–201** G. Haff and N. T. Triplett (eds), *Essentials of Strength Training and Conditioning*, 2016. E. Helms, *A Progression Framework for Hypertrophy*, MASS Research Review, July 2020. E. Helms et al., *The Muscle and Strength Pyramid: Training*, 2nd ed., 2019. T. W. Nesser (ed), *The Professional's Guide to Strength & Conditioning*, 2019. B. Schoenfeld, *Science and Development of Muscle Hypertrophy*, 2020. M. C. Zourdos et al., "Novel Resistance Training- Specific Rating of Perceived Exertion Scale Measuring Repetitions in Reserve", *J Strength Cond Res* 30, no. 1 (2016), 267–275. **206–207** G. Haff and N. T. Triplett (eds), *Essentials of Strength Training and Conditioning*, 2016. E. Helms et al., *The Muscle and Strength Pyramid: Training*, 2019. **210–211** G. Haff and N. T. Triplett (eds), *Essentials of Strength Training and Conditioning*, 2016. J. A. Mettler and L. Griffin, "Muscular endurance training and motor unit firing patterns during fatigue", *Exp Brain Res* 234, no. 1 (2016), 267–276.

圖片來源

感謝允許本書重製他們提供的照片與插圖：

12 Science Photo Library: Professors P.M. Motta, P.M. Andrews, K.R. Porter & J. Vial (clb), **17 tr** Original diagram created by **Dr PD Langton**, School of Physiology, Pharmacology and Neuroscience, University of Bristol. **23 br** Adapted from Figure 2 - Continuum of SRA curves to reach a higher level of fitness, How often should you train your Glutes? By: **Stijn van Willigen**, https://bretcontreras.com/your-optimal-training-frequency-for-the-glutes-part-i-exercise-type/. **28** Adapted from **Colberg, S.** *Diabetic Athlete's Handbook*. Human Kinetics, 2009. **32 bl** Adapted from fig.1 - **Trexler, Eric & Smith-Ryan, Abbie & Norton, Layne. (2014).** Metabolic adaptation to weight loss: Implications for the athlete. *Journal of the International Society of Sports Nutrition*. 11. 7. 10.1186/1550-2783-11-7 / Open Access – Creative Commons Attribution License (http://creativecommons.org/licenses/by/2.0). **34 (plates)** https://www.precisionnutrition.com/pn-my-plate. **34 b** **Trommelen, J.; Van Loon, L.J.C.** Pre-Sleep Protein Ingestion to Improve the Skeletal Muscle Adaptive Response to Exercise Training. *Nutrients* 2016, 8, 763 / Open Access - Creative Commons Attribution 4.0 International License (http://creativecommons.org/licenses/by/4.0/). **37 t** https://www.precisionnutrition.com/pn-my-plate. **37 bl** Adapted from **Gorissen, Stefan H M et al.** "Protein content and amino acid composition of commercially available plant-based protein isolates." *Amino Acids* vol. 50, 12 (2018): 1685-1695. doi:10.1007/s00726-018-2640-5 / Open Access - Creative Commons Attribution 4.0 International License (http://creativecommons.org/licenses/by/4.0/). **39 Science Photo Library:** Thomas Deerinck, NCMIR (cl), **41 br** Adapted from *Atomic Habits* by **James Clear**, Published by Avery, 2018, Penguin Random House. **177** Adapted from Figure 2- Continuum of SRA curves to reach a higher level of fitness, and Figure 3- Too big of a stimulus may deform the SRA curve, How often should you train your Glutes? By: **Stijn van Willigen**, https://bretcontreras.com/your-optimal-training-frequency-for-the-glutes-part-i-exercise-type/.

All other images © **Dorling Kindersley**

For further information see: **www.dkimages.com**

作者簡介

奧斯汀‧科倫特 (Austin Current) 是健身教練和教育家。他擁有運動科學學士學位以及美國國家肌力體能訓練協會的肌力與體能訓練專家 (NSCA-CSCS) 證照，以及國際運動營養學會的運動營養師證照 (CISSN)。

他是體格發展顧問公司 (physiquedevelopment. com) 的共同所有人，為全世界各地的客戶提供面對面和線上教練服務。自 2018 年初以來持續在北美和歐洲等地舉辦研討會，教授解剖學、運動執行技巧、生物力學、營養學和訓練課表設計。

他同時也在自然體格健美運動員的競賽生涯取得卓越成就，於 2014 年以 20 歲的年輕之姿在國際健美總會 (IFBB) 取得職業資格，成為該組織史上獲得此資格第二年輕的男性。在與全世界各地的客戶和私人教練合作的過程中，他因為能夠將複雜的主題化為淺顯易懂的資訊，並以教育和能力培訓的方式將成果與學習經驗融合，而備受讚賞。

想了解作者更多資訊，請上網：

www.CoachAustinCurrent.com

或是在 Instagram 搜尋 @austincurrent。

作者誌謝

撰寫這本書是我職業生涯裡最具挑戰性和收穫性的經歷之一。要感謝每一位教練、教育學者以及所有前輩先進們所做的努力和貢獻，開創出許多可供我們研究、吸收、內化和分享流傳的知識和資訊。

首先要感謝妻子 KaSandra 對我的耐心、體諒和鼓勵。謝謝妳，我愛妳！感謝一直給我支持的爸媽和岳父岳母，Kelly、Frank、Keith 和 Michele。沒有你們，我不可能有今日的成就。謝謝你們給我的每一個機會。感謝我摯愛的祖父母，Ted 和 Maureen，給了我許多幫助和支持，你們是指引我人生的明燈。還有我的哥哥 Zach，我要對你說：謝謝你一直在背後支持我，我愛你。

謝謝我的工作伙伴，Alex 和 Sue，在這漫長艱辛的過程中付出的耐心。還要感激好朋友 Miguel Blacutt 在我撰寫本書的期間所付出的時間和努力，提供了非常有價值的回饋。

本書與心理學有關的內容要感謝 Miranda Card 的幫忙。有關訓練計劃的部分要特別感謝 Adam Miller 的協助。感謝 Jarrad Griffin 和 PRIME Fitness 健身中心的團隊成員在我為第 2 篇拍攝時的盛情款待，讓我在處理超過 1000 張照片的過程變得輕鬆許多！感謝 Cody Haun 博士和 Brandon Roberts 博士提供諮詢和相關資訊。

最後，感謝 DK 出版社團隊：Nikki、Alastair、Arran、Clare、Megan、Karen等人。因為有你們給予的機會，才能讓這本書出版。

facebook：優質運動健身書

● FB 官方粉絲專頁：優質運動健身書、旗標知識講堂

● 旗標「線上購買」專區：您不用出門就可選購旗標書！

● 如您對本書內容有不明瞭或建議改進之處, 請連上
  旗標網站, 點選首頁的 聯絡我們 專區。

若需線上即時詢問問題, 可至上方粉絲專頁留言詢
問, 小編客服隨時待命, 盡速回覆。

若是寄信聯絡旗標客服 email, 我們收到您的訊息後,
將由專業客服人員為您解答。

我們所提供的售後服務範圍僅限於書籍本身或內
容表達不清楚的地方, 至於軟硬體的問題, 請直接
連絡廠商。

學生團體　　訂購專線：(02)2396-3257 轉 362
　　　　　　傳真專線：(02)2321-2545

經銷商　　　服務專線：(02)2396-3257 轉 331
　　　　　　將派專人拜訪
　　　　　　傳真專線：(02)2321-2545

國家圖書館出版品預行編目資料

肌力訓練科學解析 – 從解剖學與生理學的觀點打好根基
/奧斯汀‧科倫特 Austin Current 作；
謝靜玫 譯 許育達 審校
臺北市：旗標科技股份有限公司, 2021.10　面；　公分
譯自：Science of strength training : understand the
anatomy and physiology to transform your body.

ISBN 978-986-312-686-7 (軟精裝)

1. 體能訓練 2. 肌肉

528.9　　　　　　　　　　　　　110014914

作　　者／奧斯汀‧科倫特 Austin Current

插　　圖／Arran Lewis

翻譯著作人／旗標科技股份有限公司

發 行 所／旗標科技股份有限公司
　　　　　　台北市杭州南路一段15-1號19樓

電　　話／(02)2396-3257(代表號)

傳　　真／(02)2321-2545

劃撥帳號／1332727-9

帳　　戶／旗標科技股份有限公司

監　　督／陳彥發

執行編輯／孫立德

美術編輯／陳慧如

封面設計／陳慧如

校　　對／孫立德

新台幣售價：620 元

西元 2024 年 6 月 初版 5 刷

行政院新聞局核准登記-局版台業字第 4512 號

ISBN　978-986-312-686-7

 Penguin Random House　　For the curious　www.dk.com

Original Title: Science of Strength Training:
Understand the anatomy and physiology to
transform your body
Copyright © Dorling Kindersley Limited, 2021
A Penguin Random House Company

Copyright © 2021 Flag Technology Co., Ltd.
All rights reserved.